U0142563

圖解
犯罪心理學

楊士隆 著

自序

　　近年犯罪事件持續在全球及台灣社會發生，造成民眾生命與財產之巨大傷害與損失。根據聯合國毒品與犯罪辦公室（2019）之全球殺人研究（Global Study on Homicide）統計，在 2017 年全球每 10 萬人中有 6.1 人遭殺害，亦即約有 464,000 人被殺。其中 89,000 人在武裝衝突中被殺，26,000 人遭受恐怖主義暴行殺害。在性別分布方面，大約有 87,000 名女性，及 377,000 名男性被殺。此外，在 2019 年全球毒品報告（World Drug Report）亦指出 2017 年間，全球任何毒品的過去一年使用者的估計數量增加到 2.71 億，占全球 15～64 歲人口的 5.5%；全世界注射毒品的人數為 1,130 萬人，約有 140 萬人因此感染愛滋病毒，560 萬人患有 C 型肝炎，且有 58 萬 5,000 人最後死於吸毒。在台灣近年富商遭綁架、台北捷運殺人事件及華山分屍案及各類性侵、毒品交易與施用致死等案件之持續發生亦造成各界極端不安與恐慌。為防止民眾被害，作者除彙整國內外最新研究文獻與科研心得編寫犯罪學、犯罪心理學、暴力犯罪、藥物濫用與毒品防治、少年犯罪等專書，詳細介紹各類型犯罪之類型、成因與防治對策外，本次編寫圖解犯罪心理學一書，主要鑑於市面一般之圖解書多數為翻譯之著作，較缺乏本土實證性之研究，為彌補此缺憾，並提供給一般民眾較容易閱讀之便利，故彙整文獻編寫，期以增加民眾對各類型罪犯心理之了解，減少犯罪被害。

　　本圖解書涵蓋犯罪心理學之意涵與發展、相關理論、精神疾病與犯罪等基礎學理，並分就藥物濫用、酗酒、擄人勒贖、殺人、孤狼恐怖暴力攻擊、性攻擊行為、縱火、校園暴力、竊盜、詐欺等犯罪類型之特性與犯罪模式加以圖解介紹，並於最後就如何犯罪預防，提出具體對策供民眾參考。

　　本圖解犯罪心理學一書於 2020 年 10 月出版，特別感謝五南圖書楊董事長榮川之支持及劉靜芬副總編輯提供之寶貴建議，研究助理許俊龍之協助功不可沒，惟圖解書首次編寫，限於篇幅，難免臚列之內容有遺珠之憾，且校勘訂誤，或有缺漏。書中有未竟完備之處，仍祈犯罪防治先進予以指教。

楊士隆　謹誌於
國立中正大學犯罪防治學系暨研究所
國立中正大學犯罪研究中心
2021 年 5 月

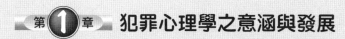

本書目錄

第 3 章　精神疾病與犯罪

本書目錄

本書目錄

第5章　酗酒與犯罪

第6章 擄人勒贖犯罪

本書目錄

第 7 章　殺人犯罪

被害者的基本特性

加害者與被害者之關係

被害者所扮演的角色

生物因素

心理因素

行為互動因素

社會結構因素

暴力副文化與不良友伴，團體接觸因素

案件偵查之困難

破案之關鍵

其他犯罪之觸發

加速破案時間之要件

預防腦部功能受創並加強保護與治療

發揮教育功能，避免潛在惡性發展

加強親職教育，落實兒童少年保護工作

學校傳授人際溝通與憤怒情緒管理課程

淨化大眾傳播媒體

及早從事少年偏差行為輔導

改善貧富不均、資源分配不公等機會結構問題

提升優良社區文化與社區意識

致力酗酒預防宣導與戒治工作

援用環境設計及情境預防策略

杜絕走私，嚴懲槍枝犯罪

加強檢警偵防犯罪能力，強化嚇阻效能

本書目錄

定義

強制性交犯罪對被害者之影響

強制性交犯罪之型態

強制性交犯之類型

強制性交犯之特性

強制性交犯罪之成因

戀童狂意涵

戀童症之類型

戀童狂之特性

戀童狂之成因

暴露狂

窺視狂

戀物狂

觸摸癖

性攻擊行為之一般預防措施

性攻擊行為之處遇

性攻擊行為之再犯預防

第 10 章 縱火犯罪

意涵

本書目錄

言語霸凌
關係霸凌
轉移型霸凌
性別霸凌（性霸凌）
網路霸凌

行為日趨暴力化
任何時間、地點均可能發生校園暴力事件
校園暴力施暴者低齡化
幫派勢力介入校園事件
共犯之情況普遍化
施暴者與受害者經常相熟識

生理方面
心理方面
家庭方面
學校方面
人際關係

家庭方面
學校方面
社會方面

第 12 章　竊盜犯罪

竊盜犯之特性
竊盜犯之地域選擇

必須互相協助

第 14 章 犯罪預防

第 **1** 章

犯罪心理學之
意涵與發展

●●●●●●●●●●●●●●●●●●●● 章節體系架構 ▼

UNIT **1-1**
犯罪心理學之意涵與範疇

圖解犯罪心理學

(一) 犯罪心理學之意涵

學者 Andrews 及 Bonta 曾指出犯罪行為心理學（Psychology of Criminal Conduct, PCC）屬人類心理學（human psychology）暨科際整合犯罪學（interdisciplinary criminology）之副領域，惟日本學者杉田直另指出，犯罪心理學（criminal psychology or criminological psychology），其係應用心理學之一部分，以研究犯罪動機為中心，而推究犯罪者之性格、環境與犯罪行為之過程，作為研究之主題，並用心理學之方法來解釋闡明犯罪本身，進而揭發罪證，協助偵查、審判與矯治，以達遏阻犯罪為目的的心理學。

(二) 犯罪心理學之範疇

犯罪心理學在定義上並無太大爭議，然其在研究內涵與範疇上，學界卻有不同之見解。如：1991 年，美國學者 Bartol 指出，犯罪心理學以研究犯罪人行為與心智歷程為主；日本學者山根清道則認為犯罪心理學之研究範疇，包括：研究犯罪之人格結構、犯罪者之類型、犯罪者人格的形成、形成犯罪情境的心理、犯罪的臨床、對犯罪者之心理治療、對犯罪者之處遇和治療、犯罪之預測、家庭環境、腦波、少年偏差與犯罪行為、性犯罪、殺人犯罪心理、組織犯罪心理、慣犯心理等（張大華譯，1986）。

但美國紐約州立大學教授 Toch 及學者 Hollin 卻認為犯罪心理學之應用範疇日趨廣大，故刑事司法相關機構、人員及其對犯罪人之影響，均應納入探討之範疇。

1992 年馬傳鎮認為犯罪心理學之研究內容（範疇）從廣義觀之，應包括：❶犯罪行為性質及其心理歷程；❷個人特質與環境、情境互動對犯罪行為之影響；❸人格、智能、心理疾病與犯罪；❹動機、情緒、潛意識與犯罪；❺犯罪心理學理論；❻各類型犯罪之心理特質；❼犯罪預測與犯罪預防；❽犯罪之處遇與感化（以上八項乃狹義之犯罪心理學範疇）；❾犯罪偵訊心理學；❿審判心理學；⓫法庭心理學與質證（後三項為法律心理學）等十一項。

1973 年學者周震歐綜合各家學說後指出，犯罪心理學之研究範疇，係以犯罪原因的探討為主，包括：犯罪者之智能、人格及精神狀態，犯罪時的心理現象，以及反社會行為的性質，並包括心理學的智識與技術適用於偵訊、審判與矯治等方面的科學技術。

有關犯罪心理學之研究範疇依學者研究見解之不同而異其界定，但鑑於犯罪心理學研究倘採狹義之觀點，則無法以更寬廣之視野了解犯罪人與刑事司法部門互動之概況，此未免是一大缺憾。學者 Toch 於 1986 年原先所主編之《法律與犯罪心理學》（*Legal and Criminal Psychology*）更名為《犯罪心理學與刑事司法》（*Psychology of Crime and Criminal Justice*），即為因應此趨勢之變化。

犯罪心理學之意涵

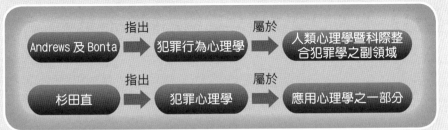

犯罪心理學之研究範疇

美國 Bartol ▶ 以研究犯罪人行為與心智歷程為主。

日本山根清道 ▶ 研究犯罪之人格結構、犯罪者之類型、犯罪者人格的形成、形成犯罪情境的心理、犯罪的臨床、對犯罪者之心理治療、對犯罪者之處遇和治療、犯罪之預測、家庭環境、腦波、少年偏差與犯罪行為、性犯罪、殺人犯罪心理、組織犯罪心理、慣犯心理。

美國 Toch 及 Hollin ▶ 應納入刑事司法相關機構、人員及其對犯罪人之影響。

犯罪心理學研究範疇

❶ 犯罪行為性質及其心理歷程	
❷ 個人特質與環境、情境互動對犯罪行為之影響	
❸ 人格、智能、心理疾病與犯罪	
❹ 動機、情緒、潛意識與犯罪	狹義之犯罪心理學
❺ 犯罪心理學理論	
❻ 各類型犯罪之心理特質	
❼ 犯罪預測與犯罪預防	
❽ 犯罪之處遇與感化	
❾ 犯罪偵訊心理學	
❿ 審判心理學	法律心理學
⓫ 法庭心理學與質證	

資料來源：馬傳鎮，1992。

UNIT **1-2** 犯罪心理學研究之肇始與發展重點

圖解犯罪心理學

(一) 犯罪心理學研究的起源

　　最早對犯罪心理學進行科學研究之開始，以 1872 年德國精神病學家埃賓（Krafft Ebing）出版之《犯罪心理學綱要》為標誌。1889 年奧地利司法官格爾斯（Gross）、1902 年渥爾夫（Wulfflen）、1904 年薩默爾（Sommer）相繼出版犯罪心理學著作。此外，德國學者阿沙芬堡（Aschaffenburg, 1866-1944）及施耐德（Schneider）亦對犯罪心理學之研究有特殊貢獻。阿沙芬堡是著名精神醫學家 Kraepelin 之學生，其在 1904 年創辦犯罪心理學及刑法改革月刊，並著有《犯罪及其抗制》等書，對德語系國家及北美之研究影響深遠。施耐德在 1923 年發表〈精神病態人格〉，探討其與犯罪之關聯，對德語系國家影響極大。

　　在英國早期有關犯罪之心理學研究並不多，1853 年，Mary Carpenter 出版之書籍為第一部犯罪心理學探討之著作，大部分之犯罪心理相關研究係由監獄之醫生所進行。

　　在義大利，犯罪學之父 —— 龍布羅梭（Lombroso, 1835-1907），出版〈犯罪人〉專論，實際之觀點對犯罪人之生物、遺傳、生理特徵進行研究，為犯罪人之研究奠定良好之基礎。費利（Freei, 1852-1929）亦撰寫〈殺人〉（The Homicide）專論，對犯罪人進行分類研究，成績斐然；另外，學者加洛法洛（Garofalo, 1852-1934）在所著《犯罪學》（Criminology）一書中，特別強調心理或道德異常之概念，以說明犯罪行為之發生，其內容被翻譯成數種語文，對後世之犯罪心理學研究影響至鉅。

　　在 20 世紀初之美國對犯罪心理學研究較具影響力者，包括：郭達德（Goddard）、希利及布洛妮（Healy and Bronner, 1936）等人。郭達德不僅就犯罪家族遺傳進行研究，同時亦以心理測驗對犯罪矯正機構中之犯罪人進行施測；希利及布洛妮則運用精神醫學和心理學之方法，對少年犯進行多年研究，成果豐碩，這些 19 與 20 世紀初之研究，為當代犯罪心理學研究奠立良好基礎。

(二) 犯罪心理學之研究重點

　　目前，犯罪心理學之研究在繼承前述學者之經驗下，已在各領域展開研究，歸納近年研究重點取向大致包括：

❶ 重視犯罪人生物（生理）機制在決定偏差與暴力行為上之研究。

❷ 建議更新研究方法與統計技術，兼採實驗設計、縱貫型研究，並運用高等統計進行分析，以求問題鑑別之精確性。

❸ 主張應減少單打獨鬥之研究取向，以跨領域科際整合（interdisciplinary）之方式代之，使研究臻於周延。

❹ 提倡實用主義，強調研究成果廣泛應用於刑事司法偵查、預防與犯罪矯正實務。

犯罪心理學進行科學研究之開始

德語系國家	1872 年　德國精神病學家埃賓（Krafft Ebing）。 1889 年　奧地利司法官格爾斯（Gross）。 1902 年　渥爾夫（Wulfflen）。 1904 年　薩默爾（Sommer）。 1904 年　德國學者阿沙芬堡（Aschaffenburg）創辦犯罪心理學及刑法改革月刊，並著有《犯罪及其抗制》等書。 1923 年　德國學者施耐德（Schneider）發表〈精神病態人格〉，探討其與犯罪之關聯。
英國	1853 年　Mary Carpenter 出版之書籍為第一部犯罪心理學探討之著作。
義大利	❶ 犯罪學之父 —— 龍布羅梭（Lombroso），出版〈犯罪人〉專論，實際之觀點對犯罪人之生物、遺傳、生理特徵進行研究，為犯罪人之研究奠定良好之基礎。 ❷ 費利（Freei）亦撰寫〈殺人〉（The Homicide）專論，對犯罪人進行分類研究，成績斐然。 ❸ 學者加洛法洛（Garofalo）在所著《犯罪學》（Criminology）一書中特別強調心理或道德異常之概念，以說明犯罪行為之發生。
美國	❶ 郭達德不僅就犯罪家族遺傳進行研究，同時亦以心理測驗對犯罪矯正機構中之犯罪人進行施測。 ❷ 希利及布洛妮運用精神醫學和心理學之方法，對少年犯進行研究。

犯罪心理學近年研究重點取向

重視犯罪人生物（生理）機制在決定偏差與暴力行為上之研究。
建議更新研究方法與統計技術，兼採實驗設計、縱貫型研究，並運用高等統計進行分析，以求問題鑑別之精確性。
主張應減少單打獨鬥之研究取向，以跨領域科際整合（interdisciplinary）之方式代之，使研究臻於周延。
提倡實用主義，強調研究成果廣泛應用於刑事司法偵查、預防與犯罪矯正實務。

UNIT 1-3
犯罪心理學研究對犯罪防治之貢獻

犯罪心理學研究在晚近發展中已累積豐碩成果,雖曾遭遇犯罪原因詮釋之抨擊及面臨應報主義抬頭及部分曖昧(欠缺公平)矯正實務之衝擊,但並不影響其在犯罪研究中承先啟後之地位,茲扼要敘述其對犯罪防治之貢獻:

(一) 深入探索犯罪行為之成因

在犯罪心理學研究中,晚近發現缺乏 MAO-A 酶之基因缺陷、注意力缺乏過動疾患(ADHD)、腦部功能受創、反社會人格、妄想型思覺失調症、低自我控制人格、過度控制、認知扭曲、情緒控制失調、自卑感、挫折感、高自我評價、行為之制約、學習、強化與情境因素等與各類型偏差與犯罪行為密切關聯,有助於揭開犯罪行為之關鍵因素。

(二) 協助犯罪偵查工作

犯罪心理學之原理與技術非常有助於協助犯罪偵查工作。在此領域成效較為卓越者,包括以心理學原則觀察嫌疑犯可能說謊與罪疚情緒之心理徵候,進而操縱、引導其自白;運用心理描繪技術,對特定犯罪人進行犯罪心理痕跡檢視、剖析;以多項記錄器(又稱測謊器)對嫌疑犯進行測驗,了解其說謊情形;以催眠術、解讀潛意識之資料,協助目擊證人、被害人恢復記憶,重建犯罪現場,提供偵查之參考。

(三) 提供法官審判量刑之參考

在國外心理學家常被法庭視為作證專家,其對於分析目擊證人證詞,改進受害者及目擊者回憶力,提升證詞之品質貢獻至鉅。我國精神醫學專家進行之精神鑑定工作,如生理、心理、精神檢查等,對於判定被告責任能力、了解被告訴訟能力、鑑定證人證言能力及鑑定被害人精神障礙程度甚具關鍵之影響。

(四) 促成有效犯罪矯正管理與教化工作,協助犯罪人成功復歸社會

無論對犯罪人施予心理測驗或對其在監獄生活適應型態與拒禁心理變化之心理學研究,均有助於提供適切之犯罪矯治作為,並協助犯罪矯正管理與教化工作之進行。此外,犯罪心理學專家亦在設計、實施與評估矯治處遇方案之效能上亦有顯著貢獻,其有助於犯罪人之改悔向上,成功復歸社會。

(五) 廣泛應用於犯罪預防實務

犯罪心理學研究成果已廣泛應用於犯罪預防實務,例如警察人員運用錄影裝置以監控街角型罪犯之做法,即具心理嚇阻之作用。其他情境犯罪預防措施之引進於校園、工商場所等,致力於控制與管理衍生犯罪之環境與情境,降低犯罪之機會,則對於實際防止犯罪之發生具有實質貢獻。此外,以犯罪人認知扭曲之心理學研究為例,已發展出認知行為療法等處遇技術,以協助偏差與犯罪行為者改變不合乎邏輯與負向思考,以減少再犯。另從犯罪心理學理性抉擇觀點研究獲致之啟示,對於理性之罪犯,如竊盜慣犯、職業賭場之負責人或職業強盜犯等,必須予以嚴正量刑,且不輕予假釋,在釋放後更須予以密集觀護監督,始能遏止其再犯。

(六) 有助於適任刑事司法人員之甄選工作

合乎常理認知判斷、情緒與保持公正無私的態度,對刑事司法執法人員甚為重要,因此心理學之研究目前亦擴展至執法人員之甄選上,以協助鑑別出不適任執法人員之精神狀況與人格特質,俾有效率且公正的達成執法之任務。

犯罪心理學研究對犯罪防治之貢獻		
	深入探索犯罪行為之成因 	在犯罪心理學研究中，晚近發現缺乏MAO-A酶之基因缺陷、注意力缺乏過動疾患（ADHD）、腦部功能受創、反社會人格、妄想型思覺失調症、低自我控制人格、過度控制、認知扭曲、情緒控制失調、自卑感、挫折感、高自我評價、行為之制約、學習、強化與情境因素等與各類型偏差與犯罪行為密切關聯。
	協助犯罪偵查工作 	在此領域成效較為卓越者，包括以心理學原則觀察嫌疑犯可能說謊與罪疚情緒之心理徵候，進而操縱、引導其自白；運用心理描繪技術，對特定犯罪人進行犯罪心理痕跡檢視、剖析；以多項記錄器（又稱測謊器）對嫌疑犯進行測驗，了解其說謊情形；以催眠術、解讀潛意識之資料，協助目擊證人、被害人恢復記憶，重建犯罪現場，提供偵查之參考。
	提供法官審判量刑之參考 	我國精神醫學專家進行之精神鑑定工作，如生理、心理、精神檢查等，對於判定被告責任能力、了解被告訴訟能力、鑑定證人證言能力及鑑定被害人精神障礙程度甚具關鍵之影響。
	促成有效犯罪矯正管理與教化工作，協助犯罪人成功復歸社會 	無論對犯罪人施予心理測驗或對其在監獄生活適應型態與拒禁心理變化之心理學研究，均有助於提供適切之犯罪矯治作為，並協助犯罪矯正管理與教化工作之進行。
	廣泛應用於犯罪預防實務 	犯罪心理學研究成果已廣泛應用於犯罪預防實務，例如警察人員運用錄影裝置以監控街角型罪犯之做法，即具心理嚇阻之作用。
	有助於適任刑事司法人員之甄選工作 	由於合乎常理認知判斷、情緒與保持公正無私的態度，對於刑事司法執法人員甚為重要，因此心理學之研究目前亦擴展至執法人員之甄選上，以協助鑑別出不適任執法人員之精神狀況與人格特質，俾有效率且公正的達成執法之任務。

UNIT **2-1**
身體結構表徵與犯罪

(一) 身體之表徵與犯罪

有關犯罪實證科學之開端，是從探討人類身體表徵與犯罪之關係開始。例如：人相學者拉法特（J. C. Lavater, 1741-1801），即致力於探討臉部之構造及位置與反社會行為之關係，他發現沒有鬍鬚之男人或有鬍鬚之女人，狡猾的眼神、薄弱的下顎及傲慢的鼻子等表徵，為人類偏差行為之重要指標。此外，義大利醫生龍布羅梭以人類學觀點對犯罪人生理表徵進行研究，發現許多觸犯多次罪行之人是天生之犯罪人，其從事犯罪行事亦與其與生俱來之獨特生理表徵有關。龍氏並進一步指出這些身體之缺陷均是隔代遺傳，使他們退化到原始動物之生活方式。犯罪人在生理上尤其有下列特徵：❶頭部大小與同一地區之人種迥異；❷臉部不對稱；❸顎部及顴骨過度發展；❹眼睛有缺陷和異狀；❺耳朵之大小不尋常，類似非洲之黑猩猩；❻扭曲、向上或鷹勾之鼻梁；❼肥胖、腫大和突出之嘴唇；❽像某些動物之袋狀面頰；❾上顎變形，如：過大、突起或凹陷；❿不正常之齒系；⓫下巴退縮、過長、過短或扁平，類似無尾猿；⓬眾多、早熟、多樣之皺紋；⓭頭髮之變形，尤其具有不同性別之髮型特色；⓮胸腔之肋骨過多或過少，及多餘之乳頭；⓯骨盤表徵與正常人迥異；⓰過長之手臂；⓱額外之手指與腳趾；⓲腦半球之不平衡。

龍布羅梭之研究在早期獲各方重視，但以現代各類犯罪型態如智慧型白領或經濟犯罪觀之，其已過於主觀，僅可解釋部分暴力犯罪。

(二) 體型與犯罪

德國精神醫學者克萊茲穆（Kretschmer）認為人類的體型有四類，各具性格，並觸犯不同之罪行：

❶ **肥胖型**：此種人身材圓厚、多脂肪、手足粗短、性格外向、善於與人相處。肥胖型的人不易犯罪，假如犯罪，則大多為詐欺，累犯很少，容易再社會化。

❷ **瘦長型**：此種人身材瘦長、手足長而細、性格內向、喜批評、多愁善感。瘦長型的人，多犯竊盜與詐欺罪，累犯之中，瘦長型占大多數。

❸ **健壯型**：此種人健碩強壯、肌肉發達、活力充沛、具有爆發性格。健壯型的人屬於暴力財產犯罪與暴力性犯罪的專門犯。

❹ **障礙型**：此種人身體發育不正常或有障礙，或有殘缺，或為畸型，性格多內向。障礙型的人大多是犯性犯罪。

此外，哈佛大學學者薛爾頓亦對體型與犯罪之關聯進行研究，其乃根基於胚胎學觀點，認為人類的生命始於由三個層次構成的胚胎，內層為內胚葉，中層為中胚葉，最外層的則為外胚葉。內胚葉乃負責消化器官的成長，中胚葉則負責肌肉、骨頭等組織的成長，外胚葉則負責神經系統、皮膚和其他附屬器官（手、腳等）的成長。由於各部分成長情況不一，薛爾頓乃據此而構造了一相對應的體型說。

克萊茲穆將「人類的體型」分為四類

體型	性情
肥胖型	此種人身材圓厚、多脂肪、手足粗短、性格外向、善於與人相處。
瘦長型	此種人身材瘦長、手足長而細、性格內向、喜批評、多愁善感。
健壯型	此種人健碩強壯、肌肉發達、活力充沛、具有爆發性格。
障礙型	此種人身體發育不正常或有障礙，或有殘缺，或為畸型，性格多內向。

薛爾頓的「體型說」

體型	性情
❶ 矮胖型 消化系統良好，呈現肥胖現象，身體圓形，皮膚柔軟。	全身放鬆，隨遇而安；喜好柔弱的事物；和藹可親、寬容而仍屬外向者。
❷ 鬥士型 身體之肌肉、骨頭及運動器官發達，胸部飽滿，軀幹、手臂、手腕粗壯。	活躍，走路、談話、姿態獨斷，行為具有攻擊性。
❸ 瘦弱型 瘦弱之身體，骨骼小，下垂之雙肩，臉小、鼻尖、細髮、肌肉少，不中看。	內向，身體不適，敏感，皮膚不良，容易疲勞，對噪音敏感，從群眾中退縮。

UNIT **2-2**
遺傳與犯罪（一）

基因缺陷、染色體異常、雙胞胎、寄養子女之研究，有助了解遺傳在犯罪行為上之影響。

（一）缺少 MAO-A 酶的基因缺陷

華裔學者陳景虹認為犯罪行為可能和人體內缺乏一種名為「單胺氧化酶」（MAO）的物質有關。蓋腦所控制的各種現象，如攻擊性、性行為、睡眠、疼痛、學習與記憶等，都是由神經遞質所引起的一連串生化反應造成的。其中 serotonin 便是腦中相當重要的神經遞質，其在腦中量的多寡直接產生影響。

學者 Rain 曾針對神經遞質與反社會行為之研究進行 meta- analysis，其發現在眾多研究中顯示反社會行為者，其 serotonin 濃度較一般正常人為低。而其他研究亦指出低濃度之 serotonin 神經傳導物質，較無法抵禦暴力衝動性。陳景虹教授以臺北及桃園監獄的 119 名暴力累犯為受測樣本，結果發現有 5 人確實缺乏 MAO-A 酶，雖然我們無法憑此即推論 MAO-A 酶的有無，便是影響、決定人類是否從事犯罪行為的主因，但這個結果卻替犯罪學，特別是犯罪生物學的實證研究提供了一個值得思考及探索的方向。

（二）染色體異常與犯罪

❶ 性染色體異常

在行為遺傳（behavior genetics）方面，很少有像 XYY 性染色體異常與暴力行為關係之研究，能引起社會大眾及學界如此重視。根據研究得知，性染色體中有一個 Y 染色體，已具備男性特性，如果再多出一個 Y 染色體，則可能呈現出暴力之傾向。通常一個男人每一細胞核內具有 22 對染色體及一對 XY 性染色體；一個女人每一細胞核內具有 22 對染色體及一對 XX 性染色體。遺傳因素影響異常行為之主要關鍵在於性染色體。部分研究發現有些男性有 3 個染色體，即所謂 XYY 性染色體異常症狀者，被響為超男人（supermale），較易有暴力行為。1968 年在芝加哥連續殺死 8 個實習護士的凶手史培克（Richard Speck），即被證實具有 XYY 性染色體異常現象。此外，學者傑克布率領一個研究組在英國蘇格蘭一家精神病院檢查 196 位心理異常之男性犯人，結果亦發現其中有 7 位是 XYY 性染色體異常者，而此 7 位均為暴力犯。又根據麻蘭的研究發現，XYY 性染色體異常者在犯罪人當中的比率是一般正常人口之 2 倍。同時，傑克布亦指出 XYY 性染色體異常者身材較高，平均超過六呎。雖然如此，學者威特根在丹麥對 4,000 名高個子所進行之研究，卻指出此類 XYY 性染色體異常者畢竟是少數，並發現僅 12 名具有 XYY 性染色體異常現象。也由於 XYY 性染色體異常與暴力間之關聯並未獲得顯著之支持，因此植基於此項論點之相關研究逐漸凋零，未獲進一步重視。

❷ 第 15 對染色體出現缺失

晚近研究發現第 15 對染色體特定區間出現缺失致病，即可能形成普瑞德威利症候群（Prader Willi syndrome），俗稱小胖威利症候群或 PWS，而當其進食的慾望受阻時，即有可能出現強烈攻擊性，甚至有自殘傾向。

遺傳缺陷對人類行為可能產生的影響

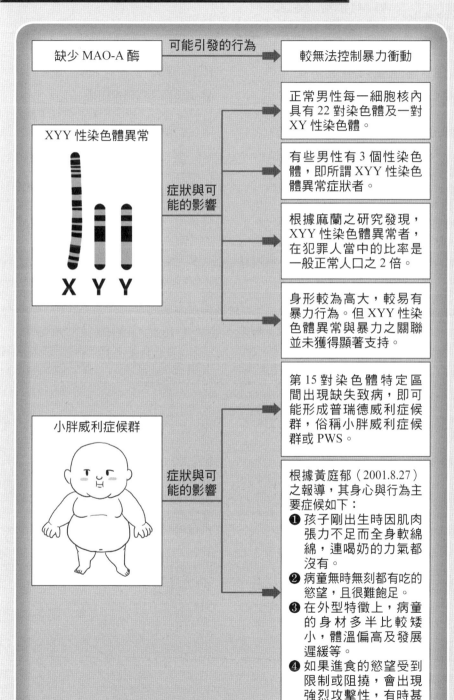

缺少 MAO-A 酶　──可能引發的行為→　較無法控制暴力衝動

XYY 性染色體異常

X Y Y

症狀與可能的影響

正常男性每一細胞核內具有 22 對染色體及一對 XY 性染色體。

有些男性有 3 個性染色體，即所謂 XYY 性染色體異常症狀者。

根據麻蘭之研究發現，XYY 性染色體異常者，在犯罪人當中的比率是一般正常人口之 2 倍。

身形較為高大，較易有暴力行為。但 XYY 性染色體異常與暴力之關聯並未獲得顯著支持。

小胖威利症候群

症狀與可能的影響

第 15 對染色體特定區間出現缺失致病，即可能形成普瑞德威利症候群，俗稱小胖威利症候群或 PWS。

根據黃庭郁（2001.8.27）之報導，其身心與行為主要症候如下：
❶ 孩子剛出生時因肌肉張力不足而全身軟綿綿，連喝奶的力氣都沒有。
❷ 病童無時無刻都有吃的慾望，且很難飽足。
❸ 在外型特徵上，病童的身材多半比較矮小，體溫偏高及發展遲緩等。
❹ 如果進食的慾望受到限制或阻撓，會出現強烈攻擊性，有時甚至有自殘傾向。

UNIT 2-3
遺傳與犯罪（二）

(三) 雙胞胎行為之研究

❶ 同卵雙生與異卵雙生之差異

另一項驗證遺傳因子對犯罪行為之影響，可由雙胞胎的研究窺其端倪。其立論假設倘遺傳特質導致犯罪行為，則雙胞胎在反社會行為之呈現應甚為相像。但由於雙胞胎大多在相同環境中成長，故其行為係受生物、心理或社會因素所左右而不易察知。犯罪生物學學者為克服此項難題，乃對同卵雙生及異卵雙生的雙胞胎行為之差異進行研究。假如遺傳因素對犯罪行為有具體之影響，那麼同卵生雙胞胎在反社會行為之呈現應比異卵生雙胞胎更為類似。

學者 Mendick 及 Volavka 對 1929 至 1961 年間有關雙胞胎研究加以檢視後指出，大約有 60% 之同卵生雙胞胎具備（呈現）相同之犯罪行為型態，而異卵生雙胞胎則約僅有 30% 之類似性。這些早期研究提供了犯罪遺傳因素強而有力之證據。

❷ 遺傳因子扮演關鍵角色

丹麥學者克利斯帝安生對 3,586 名男性雙胞胎之研究指出，就同卵生雙胞胎而言，其行為同時呈現之比率約為 52%，異卵生雙胞胎則僅占 22%。其研究顯示同卵生雙胞胎由於在遺傳性上甚為相像，故增加了其從事犯罪行為之相似性。最近學者 Rowe 及 Osgood 研究遺傳因素對雙胞胎偏差行為自陳報告亦指出，遺傳之影響比其他因子更具決定性。上述之研究大致顯示遺傳在促進犯罪之過程中仍扮演著吃重之角色，忽略遺傳因子之影響恐無法周延的對犯罪行為之成因進行了解。

(四) 被領養者行為之研究

❶ 遺傳因素與環境因素

被領養者之研究亦有助於澄清遺傳因素在犯罪行為上所扮演之角色。其立論假設為，假如被領養者之行為與其親生父母較相似而與被領養者之父母較不相像，那犯罪遺傳因素之影響即可被證實。相反地，假如被領養者之行為與其領養父母較為相似，則犯罪環境因素之影響即應被採納。

部分研究指出，被領養者與其生父即使彼此並不常接觸，但其在許多行為樣態上仍甚為相像。例如：學者哈群斯及孟倪克分析了 1927 至 1941 年在丹麥哥本哈根出生之 1,145 名男性被領養者，在對其中 143 名具有犯罪行為之被領養者與另 143 名沒有犯罪之控制組比較後，哈群斯及孟倪克發現生父有犯罪紀錄時，被領養者犯罪傾向亦大增。他們更進一步指出，當生父及養父母皆有犯罪紀錄時，被領養者從事犯罪行為的可能性即大大增加。因此，哈群斯及孟倪克最後認為，生物、遺傳和環境皆可能對犯罪行為產生實質之影響。

❷ 生物遺傳因素與犯罪行為之關聯

XYY 性染色體異常、雙胞胎、被領養者等之研究，不可否認的，生物遺傳因素與犯罪確實具有某些關聯，亦即遺傳扮演著素質因素或前置變項之角色，對於犯罪在與不良社會環境因子互動下，極可能產生影響。

雙胞胎在犯罪行為上之研究

同卵生雙胞胎

異卵生雙胞胎

兩者之差異	同卵生雙胞胎在受精過程中，係由一個卵子與一個精子結合受胎，而在細胞分裂過程中分成雙胞胎；而異卵生雙胞胎則在受精過程中，二個卵子與二個精子結合受胎，而在細胞分裂過程中分成雙胞胎者。
	學者 Mendick 及 Volavka 對有關雙胞胎研究加以檢視後指出，約有 60% 之同卵生雙胞胎具備（呈現）相同之犯罪行為型態，而異卵生雙胞胎則約僅有 30% 之類似性。
	丹麥學者克利斯帝安生對 3,586 名男性雙胞胎研究指出，就同卵生雙胞胎而言，其行為同時呈現之比率約為 52%，異卵生雙胞胎則約僅占 22%。其研究顯示，同卵生雙胞胎由於在遺傳性上甚為相像，故增加了其從事犯罪行為之相似性。

被領養者在犯罪行為上之研究

養子　　養父　　生父

	部分研究指出，被領養者與其生父即使彼此並不常接觸，但其在許多行為樣態上仍甚為相像。
	學者哈群斯及孟倪克發現，生父有犯罪紀錄時，被領養者犯罪傾向亦大增。
	當被領養者之生父及領養父母皆有犯罪紀錄時，其從事犯罪行為之可能性即大大的增加。
	哈群斯及孟倪克認為，生物、遺傳和環境皆可能對犯罪行為產生實質之影響。由此可見，被領養者之研究突顯了遺傳與環境之互動影響，尤其是具有反社會人格特質取向的個人，倘在不良環境中成長（如：父母犯罪之家庭），將更容易衍發犯罪行為。

UNIT 2-4
腦部功能失常與犯罪（一）

圖解犯罪心理學

人體腦部遭受傷害引起腦部功能失常的現象，亦可能與犯罪行為有關。其立論主要是腦部受傷極可能導致腦機能不平衡，造成生化上之異常、情緒失控與性格劇變，而衍生暴力行為。

(一) 腦部控制失調症狀

❶ 腦部受傷可能導致的行為

腦部顳葉（temporal lobe）及掌握人類情緒、動機、攻擊慾念主要部位之邊緣體系（limbic system），倘受各類腦傷害、發炎或長腦瘤，可能產生腦部控制失調症狀，而失去對行為之控制，導致暴行之發生。例如：學者 Mednick 等在哥本哈根對一群少年進行研究，即發現腦部受傷與暴力行為間具有某種程度之關聯。雖然如此，腦部邊緣體系因受傷或感染，對人類衍生暴行之必然關聯性並未完全獲得證實。學者 Mungas 之研究指出，這些腦部功能失調與暴行的關聯經常是間接的，依個人成長歷程之不同而呈現迥異之變化。

林瑞欽、吳銘庭及蔡宗晃曾對 18 至 50 歲之成年健康男性 30 名（暴力犯組 10 名、非暴力犯組 10 名假釋出獄人及 10 名警察及一般民眾）進行腦部磁振造影，發現「大腦功能表現存在著組間差異的情形。與控制組相較，暴力犯罪組的大腦右側上顳葉腦回，以及大腦右側後扣帶回顯現出活動較少的情形；非暴力犯罪組則在大腦二側的前扣帶回顯現出過度活動的情形；控制組則在大腦額葉及眼框皮質的部位有較佳的功能表現」。

❷ 行為和腦波紀錄的實驗

陳巧雲、洪蘭（2005）從行為和腦波紀錄（ERP）等實驗，發現衝動性暴力犯罪者在進行動態而即時的控制歷程時，實驗組之額葉神經活動和對照組有明顯的差異，實驗結果呼應腦傷研究及藥物研究的證據，而能進一步提供控制機制即時運作的認知神經心理學證據。另外，陳巧雲等人以衝動的暴力犯罪者不易控制自己的行為為假設，進行實驗測試，結果發現與對照組相比，確實反應了不同程度的抑制作用，衝動的暴力犯罪者之 N2 波幅顯著降低。

(二) 輕微的腦功能失常

❶ 容易導致反社會化行為

輕微的腦功能失常（Minimal Brain Dysfunction, MBD）與犯罪相關的主要癥結在於腦的結構。輕微的腦功能失常會引發不能適應之行為，而擾亂個人之生活方式；嚴重的情況則會導致反社會行為發生、腦控制機能的不平衡和生化上之異常。

輕微的腦功能失常亦包括一些異常之行為型態，諸如：難語症、視力方面問題、過分活躍、注意力不能集中、脾氣暴躁，以及侵略攻擊性之行為。

❷ 容易引發攻擊性的行為

輕微腦功能失常，有時會間斷地發生狂暴激怒，甚為犯罪生物學所關切。這種症狀有時會引發毆打妻子、虐待小孩、自殺、侵略攻擊性行為，以及其他沒有目的、動機之謀殺行為。然這種病患如果沒有發病，則能保持溫馨、健全與快樂之人格。

腦部控制失調

腦部受傷可能導致暴行

腦部顳葉及掌握人類情緒、動機、攻擊慾念主要部位之邊緣體系，倘受各類腦傷害、發炎或長腦瘤，可能產生腦部控制失調症狀，而失去對行為之控制，導致暴行發生。

輕微腦功能失常

腦功能失常容易引發攻擊性的行為

輕微的腦功能失常會引發不能適應之行為，而擾亂個人的生活方式；嚴重的情況則會導致反社會行為發生、腦控制機能的不平衡和生化上之異常。輕微腦功能失常，有時會間斷地發生狂暴激怒，甚至引發攻擊性的行為。

知識補充站 ★癲癇症與犯罪行為間之關聯

　　癲癇（epilepsy），又稱為循環發作（recurrent seizures），基本上係大腦電波解組之症狀，其經常伴隨著不同程度之痙攣、抽搐，而有失去意識或朦朧之症狀出現。由於癲癇之心理運動發作與犯罪行為間之關聯曾被提出探討，故犯罪心理學者亦對此領域予以重視。

　　根據美英學者之估算，一般人口中癲癇所占比率約為 0.5%；而研究文獻另指出在犯罪人當中，癲癇所占比率較正常人口為高。例如：學者 Whitman 等之研究指出，大約有 2.4% 之美國男性監獄人口中患有癲癇。Lewis 等在其研究中，甚至發現 18% 之犯罪少年患有此症。儘管如此，最近學者 Gunn 等之研究卻發現犯罪人罹患癲癇之比率與正常人口並無太大差別。無論如何，有關癲癇與犯罪關聯之研究，學界早期大多著重於探討是否癲癇患者於發作期間喪失知覺而自動的產生暴行，惟研究大多指出此種情形並不多見，反倒是在心理動作階段，因產生知覺、情緒困擾與伴隨幻覺、妄想而衍生暴行。

UNIT *2-5*
腦部功能失常與犯罪（二）

(三) 過度活躍

　　過度活躍，又稱注意力缺乏過動疾患（Attention Deficit Hyperactivity Disorder, ADHD），罹患此症者極易分心，無法保持安靜，呈現不安，過度活躍，並伴隨著低自尊、學習困難與反社會行為。

　　學者比較罹患 ADHD 與無 ADHD 少年指出，有 ADHD 者，其有較高之違法行為。研究再進一步指出，過度活躍症本身在與其他行為症候之互動下，更易衍生偏差與犯罪行為。

(四) 腦波異常可能產生之偏差

　　腦波基本上反映出大腦皮層神經細胞的活動。據研究指出，腦波之異常（EEG abnormality）（正常振動約為每次 0.5 至 30 Hertz）可能與個人某些偏差行為有關。1940 年代早期研究指出，在犯罪人團體中，大約有 25% 至 50% 呈現腦波異常現象；相對地，一般正常人口中約僅有 5% 至 20%。對於暴力犯而言，其間之差異更大，例如：學者 Williams 曾隨機抽樣 335 位暴力少年犯，然後再將這些少年犯區分成「習慣暴力犯」和「偶發暴力犯」進行調查，研究結果發現，習慣暴力犯中有 65% 是屬腦波異常，而偶發暴力犯中只有 24% 有腦波異常。

　　這些研究大致發現犯罪人呈現腦波活動遲緩之現象，尤其出現在少年犯身上更是頻繁。但部分研究則發現犯罪人腦波速度過快，超乎尋常。無論如何，研究指出與 EEG 有關之偏差行為，包括：不良之衝動控制、社會適應差、敵意、暴躁之脾氣等，成人若具有較低之腦波將呈現敵意、刻薄、易怒、不守法和衝動性行為等。精神病患若有腦波異常現象，則可能呈現攻擊性和間歇性的憤怒。此種情形促使暴力行為之發生更臻於可能，但是研究者仍難以腦波異常為犯罪主因下結論。

(五) 心跳檢測之研究

　　此外，除前述腦波之測量外，心跳亦為測量生理機制變化之重要工具，根據李毓文彙整之文獻，「心跳是受自主神經之交感及副交感神經共同支配，某些情況下心跳會由迷走神經所控制。隨著自主神經的變化，心跳立即會產生增加或下降反應，所以心跳是一個偵測喚起狀態之良好工具。由此可知，「高衝動─低喚起」個體受自主神經系統影響較少，故其心跳速率應偏慢；「低衝動─高喚起」個體受自主神經影響強，故心跳速率應偏快。Mathias 等在其 28 位男性成年受試者中，也發現高衝動受試者之心跳顯著低於低衝動受試者。如此一來，便確認心跳與衝動為負關係，即「高衝動個體心跳顯著低於低衝動個體。」李毓文（2005）對國中生之研究發現，男生組高衝動國中生心跳顯著低於低衝動國中生，及有違規行為國中生其心跳顯著低於無違規行為國中生。

注意力缺乏過動疾患（ADHD）的症狀

- 極易分心，無法保持安靜
- 呈現不安，過度活躍
- 低自尊
- 學習困難
- 反社會行為
- 較易衍生偏差與犯罪行為

腦波異常（EEG）可能產生的偏差

暴力少年犯

學者 Williams 曾隨機抽樣 335 位暴力少年犯，研究結果發現：習慣暴力犯中有 65% 是屬腦波異常，而偶發暴力犯中只有 24% 有腦波異常。

具較低腦波的成人

容易呈現以下行為：
❶敵意；❷刻薄；❸易怒；❹不守法；❺衝動

精神病患

精神病患若有腦波異常現象，則可能呈現攻擊性和間歇性的憤怒。此種情形促使暴力行為的發生更臻於可能。

心跳檢測之研究

影響心跳因素：
心跳是受自主神經之交感及副交感神經共同支配，某些情況下心跳會由迷走神經所控制。隨著自主神經的變化，心跳立即會產生增加或下降反應。

高衝動─低喚起個體

受自主神經系統影響較少，其心跳速率應偏慢。

低衝動─高喚起個體

受自主神經影響強，心跳速率應偏快。

學者李毓文對國中生之研究發現：
❶男生組高衝動國中生心跳顯著低於低衝動國中生。
❷有違規行為國中生其心跳顯著低於無違規行為國中生。

UNIT **2-6**
內分泌及賀爾蒙之影響

(一) 研究之結果

內分泌腺分泌之賀爾蒙，基本上乃影響中樞神經體系與行為之發展。在文獻上，學者 Schlapp 及 Smith 在《犯罪學新論》一書上，首次提及賀爾蒙不平衡與犯罪之論點，並由學者 Berman 將之發揚光大。

Berman 對美國紐約州星星監獄 250 名受刑人，以及以同等數目紐約市居民為控制組進行調查，研究發現受刑人內分泌之缺陷及混亂情形，係控制組居民之 2 至 3 倍；對青少年犯罪者之調查亦出現類似之結果。

(二) 賀爾蒙之影響

❶ 男性

學者 Ellis 之研究亦認為男性賀爾蒙分泌過多，可能增加了反社會行為之機率。例如：學者 Kreuz 及 Rose 對監獄暴力犯受刑人之抽樣調查，即發現其固醇賀爾蒙比其他類之犯罪人還高。

❷ 女性

①默登之研究

除前述調查外，有關女性犯罪之研究文獻中，曾提出女性內分泌腺控制之月經前及月經期間會影響她們之犯罪行為。默登列舉說明 58 位女暴力犯（如：殺人、侵略攻擊性行為等）之中有 62% 是在月經來潮前犯的，另 17% 是在月經期間犯的。

②達爾頓之研究

根據達爾頓之研究指出，學校女生在月經期間之學業與行為均陷入較差之表現，而一般女性於此期間亦較易發生意外事故或心理疾病。達爾頓利用六個月時間，調查訪問監獄新收女受刑人共 386 位，其中有 49% 的女受刑人之犯罪發生在月經期間或月經來潮之前。然如按常態分配，正常情形應只有 29% 的女受刑人在月經期間或月經之前犯罪。

因此，達爾頓之調查研究結果顯示，月經與犯罪有顯著相關。但這些研究並未指出哪些賀爾蒙層次之不同會發生犯罪，也未指出女性在月經之前及月經期間之症狀，較易引起發怒、興奮、緊張等情緒是導致犯罪之誘因。

綜合言之，我們應注意賀爾蒙或內分泌失調與犯罪間並無必然之因果關係，僅能說其可能是促使犯罪發生之重要誘因。

內分泌失調可能造成的影響

男性暴力犯

男性賀爾蒙分泌過多,可能增加反社會行為的機率。

學者 Kreuz 及 Rose 對監獄暴力犯受刑人抽樣調查,發現其固醇類賀爾蒙比其他類之犯罪人還高。

女性暴力犯

她發啥脾氣?

她應該是那個來了吧!

學者默登的研究

抽樣 58 位女暴力犯(如:殺人、侵略攻擊性行為等)之中,有 62% 是在月經來潮前犯的,另 17% 是在月經期間犯的。

學者達爾頓的研究

❶ 學校女生在月經期間之學業與行為均陷入較差的表現。
❷ 一般女性於月經期間亦較易發生意外事故或心理疾病。
❸ 訪問監獄新收女受刑人(386 位),其中有 49% 的女受刑人之犯罪,發生在月經期間或月經來潮之前。

內分泌失調與犯罪行為之關聯

這些研究並未指出,哪些賀爾蒙層次之不同會發生犯罪,也未指出女性在月經之前及月經期間之症狀,較易引起發怒、興奮、緊張等情緒是導致犯罪之誘因。綜合言之,我們應注意賀爾蒙或內分泌失調與犯罪間並無必然之因果關係,僅能說其可能是促使犯罪發生之重要誘因。

UNIT 2-7
營養分不均衡與犯罪

人身生化上之不均衡，亦可能由不適當之飲食所促成。根據文獻之記載，少年及成年犯罪人具有如下營養分不均衡情形，包括：維他命缺乏症，高、低血醣症等，其與偏差行為具有某種程度之關聯。茲分述如下：

(一) 維他命缺乏症

基本上，倘人體缺乏維他命，極易呈現生理、心理與行為困擾之問題。研究指出，缺乏維他命 B3，容易造成少年過度活躍，而有抽菸、喝酒、逃學、逃家、破壞公物、打架等偏差行為出現。如果這種情形在 25 歲之前未能予以適當之治療，則可能導致更嚴重精神疾病。

(二) 高血醣症

人體倘飲用過多之咖啡、糖或其他碳水化合物，容易影響知覺與行為，並降低自我控制力。學者 B. C. D'Asaro 等之研究即發現，犯罪人比非犯罪人食用更多之咖啡與糖；Lonsdale Shamberger 亦發現偏差行為少年食用過多高醣之速食垃圾食物。

(三) 低血醣症

當血液之醣分，低於腦正常有效運作功能所需之標準時，即發生低血醣症之問題。低血醣症患者之症狀包括：易怒、焦慮、沮喪、痛苦嚎哭、頭痛、困惑。關於與低血醣有關的性犯罪、殺人等攻擊行為，亦有研究指出其受刑人有較高之低血醣症。

雖然如此，國內學者許春金等調查 2,260 名少年食用早餐習慣與偏差行為之關聯性發現，少年從未吃各類早餐、不定時吃早餐或吃得不營養者，其偏差行為最高。故營養分不均衡問題是否為偏差或犯罪行為之要因，仍待進一步觀察。

小博士解說

維生素的功用舉例：

❶ 維生素 A：對於生長發育、免疫系統的維持和良好的視力都很重要，亦可以維持毛髮、指甲、腸道以及皮膚的健康。

❷ 維生素 B6：為水溶性維生素，可協助人體抗體的合成。

❸ 維生素 B12：協助製造紅血球，幫助蛋白質的代謝，具有穩定神經系統的功用。

❹ 維生素 C：可協助強化免疫系統的運作，幫助傷口痊癒，促進細胞的成長和修補，加強抵抗力。

❺ 維生素 D：脂溶性維生素，是非常特殊的維生素，只要在陽光下十分鐘，人體就能自行合成維生素 D。維生素 D 可促進骨骼的生長，若與鈣一起吸收，可以預防骨質疏鬆。

維他命缺乏容易導致的行為

❶ 人體缺乏維他命,極易呈現生理、心理與行為困擾的問題。

❷ 研究指出,缺乏維他命 B3,容易造成少年過度活躍,而有抽菸、喝酒、逃學、逃家、破壞公物、打架等偏差行為出現。

❸ 上述情形在 25 歲之前未能予以適當之治療,則可能導致更嚴重精神疾病。

高血醣症容易引發的行為

高醣食物
造成的影響

❶ 容易影響知覺與行為,並降低自我控制力。

❷ Lonsdale Shamberger 研究發現,偏差行為少年食用過多高醣之速食垃圾食物。

低血醣症狀

定義	當血液之醣分,低於腦正常有效運作功能所需之標準。
症狀	易怒、焦慮、沮喪、痛苦嚎哭、頭痛、困惑。
與犯罪行為相關研究	❶ 學者 Siegel 研究指出其受刑人有較高之低血醣症。 ❷ 學者許春金等調查 2,260 名少年食用早餐習慣與偏差行為之關聯性發現,少年從未吃各類早餐、不定時吃早餐或吃得不營養者,其偏差行為最高。 ❸ 故營養分不均衡問題是否為偏差或犯罪行為之要因,仍待進一步觀察。

UNIT **2-8**
犯罪心理學理論 —— 心理分析理論（一）

心理分析理論（psycho-analysis）以佛洛伊德之作品為代表，佛洛伊德雖然未明確指出偏差與犯罪行為之原因，惟其提出之許多概念對日後之研究卻影響至鉅。佛洛伊德心理分析之主要內容可從下列三個觀點說明：

(一) 人格結構

佛洛伊德認為人類人格之結構包括三部分：❶ 本我（id），是人格中最原始壓抑的一部分，遵循追求快樂（pleasure seeking）原則；❷ 自我（ego），則為人格結構中較實際、理性之成分，隨著在現實社會中成長而發展，可協助人類管理其本我之欲求；❸ 超我（superego），則屬人格結構中良心之部分，反映出社會之道德標準，是由個人在成長中與其父母及其他重要關係人互動所產生之道德規範結構。佛洛伊德指出，本我意味著慾望與需求，超我是藉著道德規範對本我加以抑制，自我則對前述二者加以理性之評估。假如這些人格結構適當的調和，則個人可以走向一個正常的生活型態；相對地，假如個人為任何前述人格傾向所駕馭，而犧牲了其中任何人格傾向，則個人將呈現異常行為型態。

(二) 人格發展

佛洛伊德又指出，每一個人在幼年成長當中，皆須經歷下列影響與人格發展之階段：❶ 口腔期（oral stage）：新生之嬰兒經常以食用、吸吮、咀嚼等行為獲得滿足；❷ 肛門期（anal stage）：1 至 3 歲之嬰兒以大小便之排泄為獲取快樂之主要來源，此一時期，對小孩之大小便訓練，為促使其遵循社會規範之壓力；❸ 性器崇拜期（phallic stage）：3 至 6 歲之小孩以玩弄自己之性器官獲得滿足，此一時期男性兒童對其母親發展戀母情節（Oedipus complex）之潛意識感情，女孩則對父親產生戀父情節（Electra complex）。佛洛伊德又指出性器期（cenital stage）及潛伏期（latency stage）之概念，惟因人格之形成大致在小孩子 5 歲前決定，故其重要性遠不如前面三個階段（Siegel and Sienna, 1991）。

(三) 潛意識

佛洛伊德另提及潛意識（unconscious）之概念，他認為人之原始趨力，例如：性、慾望、仇恨或攻擊行為，即本我人格結構之部分因經常受到壓抑，因而轉入所謂潛意識（即自己無法意識到）的部分，而某些攻擊行為很可能即為這些潛意識行為之具體表現。

因此，依佛洛伊德心理分析觀點觀之，犯罪或偏差行為之來源大致如下：
❶ 超我之功能不張，即個人無法以道德良心、規範對本我之欲求加以約束，則極可能犯罪。
❷ 幼兒成長時期未滿足之需求，如在口腔期未能滿足（如：早期斷乳），很可能以酗酒或抽菸代之；倘在肛門期大小便訓練不當，則可能影響個人之偏執個性。
❸ 減輕罪疚感，例如：對父母有不正常之戀父、戀母情節，產生罪疚感，為減輕罪疚感，可能以接受懲罰（如：犯罪或其他偏差行為）之方式為之。

佛洛伊德人類人格之結構

	本我（id）	自我（ego）	超我（superego）
意涵	人格中最原始壓抑的一部分，遵循追求快樂原則。	人格結構中較實際、理性之成分，隨著在現實社會中成長而發展，可協助人類管理其本我之欲求。	屬人格結構中良心之部分，反映出社會之道德標準，係由個人在成長中與其父母及其他重要關係人互動所產生之道德規範結構。
特性	意味著慾望與需求。	對「本我」與「超我」加以理性之評估。	係藉著道德規範對「本我」加以抑制。
相互之影響	上述之人格結構若能適當調和，個人可走向一個正常的生活型態。 假如個人為任何前述人格傾向所駕馭，而犧牲了其中任何人格傾向，則個人將呈現異常行為型態。		

佛洛伊德之人格發展重要三階段

口腔期	新生之嬰兒經常以食用、吸吮、咀嚼等行為獲得滿足。
肛門期	1 至 3 歲的嬰兒以大小便之排泄為獲取快樂之主要來源，此一時期，對小孩的大小便訓練，為促使其遵循社會規範之壓力。
性器崇拜期	3 至 6 歲的小孩以玩弄自己之性器官獲得滿足，此一時期男性兒童對其母親發展戀母情節之潛意識感情，女孩則對父親產生戀父情節。

犯罪或偏差行為之來源 —— 以佛洛伊德潛意識心理分析觀點

超我之功能不彰	即個人無法以道德良心、規範對本我之欲求加以約束，則極可能犯罪。
幼兒成長時期未滿足之需求	如在口腔期未能滿足（如：早期斷乳），很可能以酗酒或抽菸代之；倘在肛門期大小便訓練不當，則可能影響個人之偏執個性。
減輕罪疚感	例如：對父母有不正常之戀父、戀母情節，產生罪疚感，為減輕罪疚感，可能以接受懲罰（如：犯罪或其他偏差行為）之方式為之。

UNIT *2-9*
犯罪心理學理論 —— 心理分析理論（二）

佛洛伊德之心理分析理論為其後之學者加以引用到詮釋犯罪行為。包括：艾秋宏、希利及布魯諾、艾布罕森、艾利克森等人之貢獻最大，茲逐一介紹：

(一) 艾秋宏

艾秋宏（Aichhorn）是第一位運用心理分析之概念解釋犯罪行為之研究者。由於深受佛洛伊德之影響，他在研究偏差行為少年後指出，認為單僅環境因素並無法適當的詮釋犯罪現象；相反地，他發現個體具有某些潛在特質（傾向），稱之為「潛伏性偏差行為」（latent delinquency），為促使少年走向未來犯罪生涯之重要關鍵。「潛伏性偏差行為」泰半是天生的，惟亦可能是由小孩早期發展之情感關係所決定。艾秋宏認為在小孩初與社會接觸時，以追求快樂為最高指導原則，僅關心其生活舒適與否。隨著社會化的過程，小孩慢慢依據現實原則而遵循社會規範。然而，部分小孩在社會化過程中迷失了自我，犯罪行為即是心理發展過程失敗之結果，促使潛在之偏差行為駕馭了正常行為。

(二) 希利及布魯諾

希利及布魯諾（Healy and Bronner）應用心理分析概念中之昇華（sublimation），以解釋犯罪行為。根據其說法，昇華是指本能之衝動轉移至思想、情緒與行為。而犯罪行為主要源自於未滿足之慾望需求與不滿，此種情形大多與少年未與父母建立強而有力之感情繫帶有關。因此，犯罪行為主要係此內在歷程昇華或出軌的結果。

(三) 艾布罕森

心理分析師艾布罕森（Abrahamson）認為，犯罪是人格結構中自我與超我衝突無法妥協之結果。其指出，兒童於 4 至 5 歲間，潛意識中近親相姦之情感經常伴隨著怨恨、害怕而呈現。假如此時自我與超我未能成功地調和，這些早期趨力（drives）很可能在某些場合中發生。許多精神疾病（從精神官能症至精神病）甚至犯罪行為很可能即是此種樣態之呈現。艾布罕森明確指出，少年犯罪之原因乃因這些人無法對其本我（id）加以約束，再加上在幼年期倘遭不愉快之經驗，或家庭無法提供適當的愛與照顧，這些因素將促使少年之自我（ego）功能受損而無法適應生活。

(四) 艾利克森

學者艾利克森（Erikson）指出，許多少年在成長中經歷了生活危機，這些危機使他們感受到情緒的困擾及角色扮演之不確定感。為了解決這些危機，許多少年達成自我認為（ego identity）——即清楚「我是誰」與「將來要做什麼」。然而，某些少年卻不能適當地處理其角色衝突之問題而產生了角色模糊、受制於人之現象，甚至迷失自己。根據艾利克森之見解，自我認同與角色模糊之衝突在認同危機—— 即「個人檢視內在價值及生活角色扮演時所產生之混亂狀況」之促使下，更加惡化。

行為偏差少年犯罪心理綜合分析

家庭失能下
的孩童

容易導致 →

在社會化
過程中迷
失自我

產生欲求不滿、
情緒困擾

自我（id）
功能受損、
無法適應生活

罹患精神
官能症或
精神疾病

自我認同
危機、容易
受制於人

	對犯罪行為的心理分析與詮釋	缺點
艾秋宏	犯罪行為即是心理發展過程失敗之結果，促使潛在之偏差行為駕馭了正常行為。	心理分析學派因缺乏科學之實證調查，且無法加以印證，過度依賴主觀之詮釋，因此亦遭致不少抨擊。
希利及布魯諾	犯罪行為主要源自未滿足之慾望需求與不滿，此種情形大多與少年未與父母建立強而有力之感情繫帶有關。	
艾布罕森	犯罪係人格結構中自我與超我衝突無法妥協之結果。	
艾利克森	個人檢視內在價值及生活角色扮演時，所產生之混亂狀況之惡化。	

知識
補充站

　　除了艾秋宏、希利及布魯諾、艾布罕森、艾利克森，還有以下兩位學者將佛洛伊德之心理分析理論引用到詮釋犯罪行為。

	犯罪心理學分析理論
亞歷山大 （Alexander）	犯罪人無法理性的面對事實為其誤入歧途之主因。根據其研究，犯罪人大多無法延遲立即之滿足，以追求長遠之目標。換句話說，犯罪人係無法從追尋快樂之狀況中走向現實原則。
何立克 （Halleck）	犯罪行為乃個人受壓抑情感之呈現。犯罪可促使這些人繼續生活，因其具有正面之心因性效果。例如：犯罪可促使少年感到自由、獨立、興奮，有機會發揮想像力等。

UNIT **2-10**
犯罪心理學理論 —— 人格理論（一）

除前述心理分析對犯罪行為的詮釋外，亦有學者從人格理論（personality theory）之角度出發，以說明犯罪人獨特之行為特性。此派基本上強調犯罪人與非犯罪人相較，其大多具有病態之人格或人格特性。在此人格理論中，可區分成二大分支（Akers, 1994）：

(一) 人格特質之觀點

此派認為犯罪人之人格特質（personality trait）具有不成熟、缺乏自制、過於侵略攻擊性、低學業成就、外向、逸樂取向、叛逆、敵對、退縮、逃避現實等特性。例如：葛魯克夫婦（Glueck and Glueck）之研究發現，非行少年具有外向、邪惡、衝動，更具敵意、怨恨、猜疑心、破壞等特性。

(二) 人格類型差異之觀點

此派認為犯罪人與守法者間在人格類型上具有差異（personality type difference）。例如：精神科醫生Yochelson及Samenow對伊利莎白精神醫院之240名精神病人犯調查後發現，這些人身上存有犯罪人格，且此項特性幾乎在出生時已形成，很難受外界影響。其人格特性大致包括：缺乏忠誠、偽善、無法忍受責難、無情、憤怒、破壞性等。值得注意的是，犯罪者與守法者間之差異亦不應過度誇大，蓋部分犯罪人可能與守法者相同，具有類似之心理人格特性。

在臨床上，人格異常（personality disorder）之型態根據美國精神醫學會（APA）出版精神異常診斷與統計手冊第四版（DSM-IV）之規定，主要包括反社會型人格、邊緣型人格、戲劇型人格、自戀型人格、妄想型人格等五類，茲援引鄭添成彙整之文獻，摘要敘述如下：

❶ 反社會型人格

世界衛生組織認為，在諸種人格異常中，異規性人格異常（dissocial personality disorder/ICD-10）與暴力犯罪行為之關係最為密切，與較古老之心理病態人格很接近，其主要特徵為個案之行為違反社會規範：不關心別人感受；缺乏責任感且不理會社會之常規、法則或義務；不能建立持久之人際關係；低挫折忍受力且經常爆發攻擊暴力行為；缺少罪惡感且不易從過去經驗得到教訓，特別是處罰；容易怪罪他人或總是對其非行提出似是而非之見解；持續性的脾氣暴躁可以是一個合併的特徵，青少年及孩童時期之行為障礙症，雖不一定存在，但有則更能支持此一診斷。心理病態人格的個案很難從外表加以判斷。DSM-IV則稱之為反社會人格異常（antisocial personality disorder, APD），特別強調此種個案之基本特質是對他人權益不尊重及侵犯之廣泛模式，且其自15歲以前即出現此種現象且符合行為障礙症之診斷。

反社會型人格異常會忽視並侵犯他人權益，包括暴力行為。其易怒、好攻擊，對象包括兒童及配偶，或有破壞財物、偷竊、騷擾他人等犯罪行為。具衝動而無計畫，對其行為不會自責，且會合理化行為，他們喜歡操控，通常因善辯及表面的吸引力而讓醫師失去治療方向。

犯罪人格的特質與類型

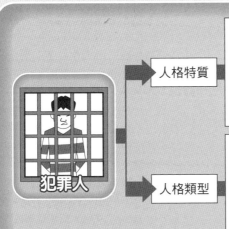

犯罪人 ───▶ 人格特質

不成熟、缺乏自制、過於侵略攻擊性、低學業成就、外向、逸樂取向、叛逆、敵對、退縮、逃避現實、邪惡、衝動，具敵意、怨恨、猜疑心、破壞。

犯罪人 ───▶ 人格類型

❶ 反社會型人格
❷ 邊緣型人格
❸ 戲劇型人格
❹ 自戀型人格
❺ 妄想型人格

反社會型人格

難以從外表加以判斷

基本特質	❶ 對他人權益不尊重及侵犯。 ❷ 自 15 歲以前即出現此種現象，並符合行為障礙症之診斷。
主要特徵	❶ 無情、不關心別人感受。 ❷ 缺乏責任感且不理會社會常規、法則或義務。 ❸ 不能建立持久之人際關係。 ❹ 低挫折忍受力且經常爆發攻擊或暴力行為。 ❺ 缺少罪惡感且不易從過去的處罰中得到教訓。 ❻ 容易怪罪他人或總是對其非行提出似是而非之見解。 ❼ 持續性的脾氣暴躁。 ❽ 具衝動而無計畫，對其行為不會自責，且會合理化行為。
主要犯罪行為	❶ 破壞財物。 ❷ 偷竊。 ❸ 騷擾他人。 ❹ 施暴。

UNIT **2-11**
犯罪心理學理論 ── 人格理論（二）

❷ **邊緣型人格**

依照 DSM-IV 的定義，邊緣型人格必須合乎下列標準：從成年前期起，在各種不同情境下，可由下列中五項（或以上）顯示出來：

①全力避免被人拋棄（真實的或想像的）〔不含要件⑤的自殺或自傷行為。〕；②不穩定又強烈的人際關係，在最理想與最糟糕之間搖擺；③自我角色不確定：不穩定的自我形象或自我概念；④至少有二個自傷領域（花錢、性濫交、藥物濫用、不安全駕駛、大吃大喝）〔不含要件⑤的自殺或自傷行為。〕；⑤時有自殺行為、自殺意願、自殺恐嚇或自傷行為；⑥反應過度以致情緒不穩（如：持續數小時的悲傷、激動或焦慮，但不超過幾天）；⑦常感空虛；⑧生氣過度不當或控制不了（時發脾氣、生氣或打架）；⑨出現壓力有關的短暫妄想意念，或嚴重的解離性症狀。

邊緣型人格有不穩定人際關係、自我形象、情緒狀態及衝動。因避免被拒絕而發狂。對其他人而言這樣的拒絕並不嚴重（如：遲到數分鐘）。照顧者或情人間有強烈關係，期望這些人保護或拯救他。但當不符合其不切實際的期望時，會發怒、口語或身體暴力、自殺或其他自傷行為。生氣是邊緣型人格主要的情緒反應及組成核心。

邊緣型人格者其暴力及自殺行為會因其他因素而惡化。約 10% 會有自殺危機，隨酒精或藥物濫用會升高自殺危機。衝動性與低血清素有關，因此可用血清素再回收抑制劑治療暴力及自殺行為。邊緣型人格異常在兒童期可能遭受性虐待或身體虐待。在兒童期遭受身體虐待者，成人期會升高暴力行為。

❸ **戲劇型人格**

依照 DSM-IV 的定義，戲劇型人格必須合乎下列標準：從成年初期起，在各種不同情境下呈現過度情緒化與引人注意的普遍行為型態，可由下列中五項（或以上）顯示出來：

①如自己不是別人注意的焦點，就不舒服；②與他人互動不外是性勾引；③感情快速變遷又淺薄；④慣用體姿引人注意；⑤說話主要在給人的印象，而非內容細節；⑥好做戲，好誇張情緒；⑦易受人或情況暗示；⑧不怎麼親密的關係，卻被當作很親密。

戲劇型人格異常普遍過度情緒化與尋求被注意，若沒有成為焦點會不舒服。當尋求注意失敗時，會變得生氣或要自殺，為了成為注意力的焦點，也在懲罰讓患者未成為注意力中心的人。伴隨著憂鬱的感受則可能會有較嚴重的自殺企圖。

反社會型人格異常與戲劇型人格異常同樣有衝動性、淺薄性、生氣及操控。但戲劇型人格異常有較過度的情緒表現。邊緣型人格異常與戲劇型人格異常同樣尋求注意力及情緒轉變很快，邊緣型人格異常有較頻繁及較嚴重的自殺與暴力行為。

邊緣型人格 —— 生氣是主要的情緒反應及組成核心

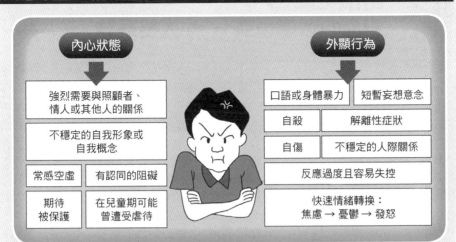

內心狀態

強烈需要與照顧者、
情人或其他人的關係

不穩定的自我形象或
自我概念

常感空虛 | 有認同的阻礙

期待
被保護 | 在兒童期可能
曾遭受虐待

外顯行為

口語或身體暴力 | 短暫妄想意念

自殺 | 解離性症狀

自傷 | 不穩定的人際關係

反應過度且容易失控

快速情緒轉換：
焦慮 → 憂鬱 → 發怒

戲劇型人格—在不同情境，呈現過度引人注意的行為

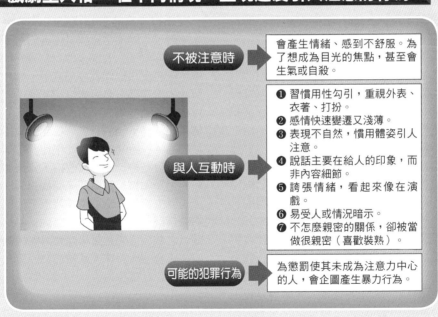

不被注意時 ➤ 會產生情緒、感到不舒服。為了想成為目光的焦點，甚至會生氣或自殺。

與人互動時 ➤
❶ 習慣用性勾引，重視外表、衣著、打扮。
❷ 感情快速變遷又淺薄。
❸ 表現不自然，慣用體姿引人注意。
❹ 說話主要在給人的印象，而非內容細節。
❺ 誇張情緒，看起來像在演戲。
❻ 易受人或情況暗示。
❼ 不怎麼親密的關係，卻被當做很親密（喜歡裝熟）。

可能的犯罪行為 ➤ 為懲罰使其未成為注意力中心的人，會企圖產生暴力行為。

邊緣型與戲劇型人格之比較

	相似處	相異處
邊緣型人格	❶ 喜歡尋求他人注意力	邊緣型人格異常有較頻繁及較嚴
戲劇型人格	❷ 情緒轉變很快	重的自殺與暴力行為。

UNIT **2-12**
犯罪心理學理論 ── 人格理論（三）

❹ 自戀型人格

依照 DSM-IV 的定義，自戀型人格必須合乎下列標準：從成年初期起，在各種不同情境下，呈現自大（幻想或行為）、愛被人欽佩，與沒有同理心的普遍行為型態，可由下列行為顯示出來：

①自覺很重要（誇大成就或才能，即使沒有也會自覺高人一等）；②常幻想自己擁有無限的成就、權力、才智、美貌或真愛；③自認自己很獨特，只有貴人或高官了解他且與他建立關係；④需要過度的讚美；⑤自感他處處有權利，如無理要求被優待或自動迎合他所好；⑥剝削他人，占人便宜達到自己的目的；⑦缺乏同理心，不顧他人需欲；⑧羨慕他人或說人家羨慕他；⑨目中無人。

自戀型人格異常的暴力行為有二種形式：一為因未獲自覺應得的讚美、注意或尊敬而變得憤怒，可能會轉為口語或身體暴力；一為較為嚴重及普遍之邪惡型自戀（malignant narcissism），即伴隨有攻擊及妄想病徵。暴力是有目的性的，可能是為了政治、性或其他目的。他們是有能力的，是政治機構、犯罪組織或其他團體的上層。這些人包括會集體屠殺的殘忍政治領導者，或為犯罪組織殺人者。其他較孤獨的邪惡型自戀包括有為獲得性滿足而殺人、領導祭祀、為錢或報復而殺害父母或家人等。

❺ 妄想型人格

依照 DSM-IV 的定義，妄想型人格必須合乎下列標準：

①從成年初期起，在各種不同情境下，呈現不信任或懷疑他人的普遍行為型態。可由下列行為顯示出來：

Ⓐ在沒有充分的證據下，懷疑他人剝奪、損害或欺騙他；Ⓑ始終懷疑朋友或同事對他的忠誠；Ⓒ不敢對人交心，怕人會以他的話反害他；Ⓓ無意批評卻被看成是暗藏惡意或恐嚇；Ⓔ時時有恨在心，無法寬容侮辱、傷害或不公；Ⓕ別人無意，卻說是侮辱其人格與名譽，並將臉轉向、快速反應其生氣及反過來攻擊；Ⓖ雖無根據，卻常懷疑配偶或性伴侶有外遇。

②不只全出現在思覺失調症、帶精神病狀的情感上心症，或其他精神病的致病歷程上，也不是來自普通醫學狀況的直接生理反應。

妄想型人格者普遍不信任及懷疑他人，對他人動機常解釋是傷害的。妄想型人格若覺別人要傷害他，會有怨恨、敵意的感受，他們就會用羞辱、威脅及訴訟對抗老闆、政府機構或其他他們覺得會傷害他們的人。妄想型人格異常者通常是情緒不佳的員工或妄想的員工。他們通常並不暴力，但如果他們這樣做的話，會變得一發不可收拾，如集體謀殺。另一領域是親密關係間妄想想法會產生暴力行為。為避免被背叛，他們會持續懷疑、監控配偶或伴侶的行動、意圖及忠誠。他們會蒐集證據去支持其懷疑。這會造成對情人或被懷疑的第三者有爭論或身體暴力。

自戀型人格與妄想型人格之分析

	自戀型人格	妄想型人格
定義	從成年初期起，在各種不同情境呈現自大（幻想或行為）、愛被人欽佩，與沒有同理心的行為。	從成年初期起，在各種不同情境呈現不信任或懷疑他人的行為。
主要內在反應	需要過度被注意、自尊脆弱、需要他人讚美。	對他人動機常解釋是傷害的，常認為別人想利用、傷害或欺騙他。
主要外顯行為	自覺高人一等、幻想自己擁有無限的成就與權力、自認自己很獨特、剝削他人、占人便宜達到自己的目的、缺乏同理心、羨慕他人或說人家羨慕他、目中無人。	始終懷疑朋友或同事對他的忠誠、不敢對人交心、時時有恨在心、常懷疑配偶或性伴侶有外遇，會用羞辱、威脅及訴訟對抗老闆、政府機構或其他他們覺得會傷害他們的人。
可能產生的犯罪行為	為了政治、性或其他目的而施暴或殺人，甚至為錢或報復而殺害父母或家人等。	通常並不暴力，但如果他們這樣做的話，會變得一發不可收拾，如集體謀殺。

知識補充站

有關各類型人格之驗證，一般係以人格量表對犯罪人與守法者施測。而最常用之人格測驗屬明尼蘇達多向人格測驗（簡稱 MMPI）、加州心理量表（簡稱 CPI）及美濃臨床多軸量表（簡稱 MCMI）等。

明尼蘇達多向人格測驗係由 Hathaway 所創設，其主要之目的為偵測精神病患之偏差（變態）人格特性與型態，惟目前已廣泛的運用在刑事司法體系中，作為鑑別（分類）犯罪人之用。

加州心理量表主要可作為測量偏差行為者人格特質之用，包括：駕馭、忍耐力、社交能力等。美濃臨床多軸量表則與明尼蘇達多向人格測驗之特性相似，是研究病理心理學之有力工具，其可診斷出受測者基本人格特性、病態人格特性和精神病症狀。

此外，在臨床上則由專業精神科醫師，依精神異常診斷與統計手冊（DSM-IV）或國際疾病之分類手冊（ICD-10），研判與診斷人格異常型態。雖然，這些做法非常有助於犯罪人人格特性的了解，但學者 Sutherland、Pallone、Hennessy、Akers 等人卻認為，依這些量表進行之研究並無法肯定其為產生偏差或犯罪行為之主因。

UNIT **2-13**
行為主義與學習（一）

(一) 差別接觸理論

1939 年蘇哲蘭（Sutherland）在其教科書《犯罪學原理》（*Principles of Ciminology*）提出了差別接觸理論（differential association theory）之最早版本。1947 年，其七項命題擴增為較完整之九個命題，其內容如下：

❶ 犯罪行為是學習而來。

❷ 犯罪行為是在與他人溝通的過程中，經由互動學習而來。溝通大部分係屬口語上的溝通，但亦包括姿態上的溝通。

❸ 犯罪行為的學習主要是發生於個人的親密團體中。

❹ 犯罪行為的學習包括：①犯罪的技巧（有時非常複雜，有時非常簡單）；②犯罪的動機、驅力、合理化與態度的特別指示。

❺ 犯罪動機與驅力的特別指示，乃從法律有利或不利的定義學習而來。

❻ 一個人之所以成為犯罪人，乃因認為犯罪比不犯罪有利，此乃差別接觸理論之基本原理。當一個人成為犯罪人，係因其與犯罪型態接觸，並與反犯罪型態疏離的結果。

❼ 差別接觸因頻率、持久性、先後次序與強度而有所不同。

❽ 與犯罪型態或反犯罪型態接觸的犯罪行為學習過程，涉及與其他行為相同之學習機轉；換句話說，犯罪行為的學習並不侷限於模仿（imitation）。

❾ 雖然犯罪行為是一般需求與價值的顯現，犯罪卻不為這些一般需求與價值所解釋。

(二) 制約學習理論

心理學者史基納（Skinner）提出之操作制約學習理論（operant learning theory），對於行為主義之成長具有極大貢獻。

基本上，此項理論強調行為樣態係由外界環境（刺激）所塑造，如果有機體與環境發生互動，造成有機體行為的增加，此種過程叫做增強（reinforced）或報償，因為此增強會更加強化行為；如果有機體與環境發生互動，而造成有機體行為之減少，此種過程即為懲罰（punished），懲罰乃用來削弱其行為，使其不再發生。

根據 Skinner 之見解，增強可區分成正面增強（positive reinforcement）與反面增強（negative reinforcement）二部分。正面增強係指行為產生了酬賞之結果；反面增強則為行為本身避免了嫌惡之結果。與此相類似的，懲罰亦可區分成正面懲罰（positive punishment）及負面懲罰（negative punishment）兩部分。正面懲罰係指行為結果是嫌惡的；負面懲罰指行為導致喜歡標的之排除。

差別接觸理論 —— 近朱者赤，近墨者黑

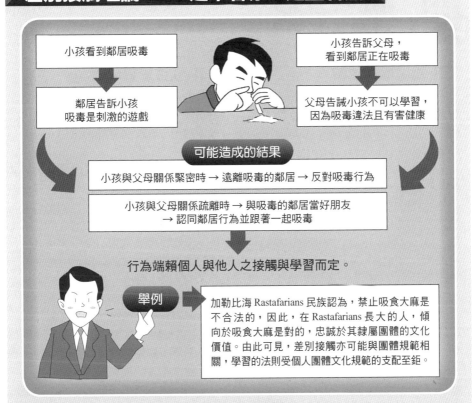

小孩看到鄰居吸毒

鄰居告訴小孩
吸毒是刺激的遊戲

小孩告訴父母，
看到鄰居正在吸毒

父母告誡小孩不可以學習，
因為吸毒違法且有害健康

可能造成的結果

小孩與父母關係緊密時 → 遠離吸毒的鄰居 → 反對吸毒行為

小孩與父母關係疏離時 → 與吸毒的鄰居當好朋友
→ 認同鄰居行為並跟著一起吸毒

行為端賴個人與他人之接觸與學習而定。

舉例

加勒比海 Rastafarians 民族認為，禁止吸食大麻是
不合法的，因此，在 Rastafarians 長大的人，傾
向於吸食大麻是對的，忠誠於其隸屬團體的文化
價值。由此可見，差別接觸亦可能與團體規範相
關，學習的法則受個人團體文化規範的支配至鉅。

制約學習理論之增強與懲罰

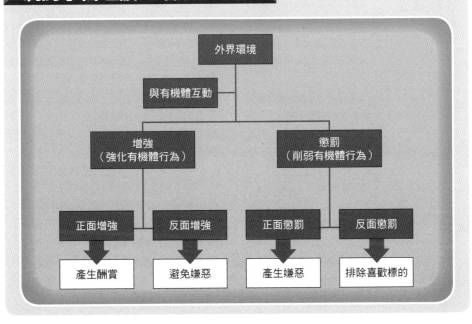

外界環境

與有機體互動

增強
（強化有機體行為）

懲罰
（削弱有機體行為）

正面增強

反面增強

正面懲罰

反面懲罰

產生酬賞

避免嫌惡

產生嫌惡

排除喜歡標的

UNIT *2-14*
行為主義與學習（二）

圖解犯罪心理學

(三) 差別增強理論

　　犯罪學者 Jeffrey 以制約學習之原理將蘇哲蘭之差別接觸理論重新整合成「差別增強理論」（differential reinforcement theory）。此理論基本上主張犯罪行為，是經由學習而來，並且藉制約行為，予以維持。制約的行為不僅包括親密接觸之學習，同時亦涉及與環境之互動。制約行為的核心為增強作用。換句話說，行為必須被強化後始可能被個人所接受。以犯罪活動為例，此類行為的發生常因被強化的結果，例如：一個小孩很可能偷了糖果，並在品嘗後發現非常好吃，假如他沒被逮住並接受懲罰，下次很可能再犯；此效果乃是一種正面的增加作用。

　　個人被制約（conditioning）的歷史恰可解釋犯罪之不同。換句話說，生長於高犯罪區域之二人，很可能具有不同的制約過程，其中一人很可能在偷竊後逃逸無蹤，另一人很可能被逮住並加以懲罰；逃離者很可能被該食物之甜美或其他人稱讚其勇敢而強化偷竊行為；被逮住者很可能在被處罰後而放棄偷竊行為。

　　差別增強與蘇哲蘭的差別接觸理論最主要的差異，乃在於行為的增強。事實上，增強在犯罪行為的學習過程中被認為是非常重要的變數。單憑認為觸犯法律有利或不利之自我定義並未能導致強化行為之產生。差別增強之學者認為，增強作用對於認為法律有利定義之發展有巨大支配力，而能影響行為的持續性。

(四) 社會學習理論

　　社會學習理論（social learning theory）對於了解犯罪行為之貢獻，分別由心理學者 Bandura 與社會學者 Akers 所提及。

　　Bandura 以人類之攻擊行為為其研究重心。其指出，解釋攻擊行為之理論至少應嘗試回答「攻擊行為之型態如何被發展成」、「哪些內容促使人們以攻擊行為呈現」及「攻擊行為出現後其如何被支撐維繫的」，茲分別說明之：

❶ 攻擊行為之取得

　　Bandura 認為攻擊行為並非天生的，而係學習而來。學習之來源包括：

　　①生物因素：攻擊行為受神經生理機制之影響，影響包括：反應之型態與學習之速度等。

　　②觀察學習：透過觀察學習即可獲取大量綜合之行為型態。此種學習基本上受四個相互關聯之次級過程所支配，包括：注意過程、記憶過程、運動產生過程、刺激與動機之過程。目前攻擊行為之型態主要有下列三個來源：Ａ家庭成員之強化；Ｂ人們所處次級文化之影響；Ｃ大眾傳播媒體所提供之表徵仿同影響。Bandura 指出，最近許多研究顯示暴力電視節目對觀眾至少產生四項影響：Ａ暴力鏡頭直接傳授攻擊行為的類型；Ｂ改變人們對攻擊行為的抑制；Ｃ它使人們對暴力行為失去敏感反應並習以為常；Ｄ暴力鏡頭塑造人們錯誤之現實意向 —— 認為是生活之常模。

　　③直接經驗的學習：攻擊行為亦可透過自身之經驗而形成，主要是透過認知之過程，而決定何種行為（含攻擊行為）為恰當。

同樣的犯罪行為，不同的結果產生不同影響

犯罪後被逮補 心生警惕，未來會避免犯罪行為

沒被發現 逃離者未來可能會強化犯罪行為

社會學習理論 —— 分別由心理學者和社會學者所提及

目睹
攻擊行為

起初
感到害怕

長大後可能
會學習暴力

學者認為：攻擊行為並非天生的，而係學習而來。

暴力電視節目使人對暴力行為失去敏感

螢幕暴力鏡頭 導致

❶ 直接傳授攻擊行為的類型。
❷ 改變人們對攻擊行為的抑制。
❸ 使人們對暴力失去敏感並習以為常。
❹ 塑造人們錯誤之現實意向。

UNIT **2-15**
行為主義與學習（三）

❷ 攻擊行為之激起

攻擊行為被激起的因素，主要包括：

① 嫌惡的教唆者（aversive instigators）：當身體遭受攻擊、言語侮辱、生活條件不利之變化或行動目標受阻時，即可能呈現攻擊行為。

② 正面效果之引誘（incentive instigators）：當人們預期行為將產生正面、有利之效果時，亦可能產生攻擊行為。

③ 楷模之教唆者（modeling instigators）：看過他人表現攻擊行為之人，比沒有看過的人更容易採取攻擊行為，其理由包括：暗示、抑制解除、攻擊情緒喚醒及助長攻擊行為等。

④ 教導性之教唆者（instructional instigators）：透過社會化之過程，個體接受法定權威之指導，而呈現攻擊行為。學者 Snow 指出：「當你回顧漫長而黑暗的人類歷史時，你將發現，在服從的名義下所犯駭人聽聞的罪行，遠比在反抗的名義下所犯的罪行來得多。」

⑤ 妄想之教唆者（delusional instigators）：當個體不能有效的與現實生活經驗相連結，而被幻覺的力量所操縱時，可能因而表現攻擊行為。

❸ 攻擊行為之持續與強化

攻擊行為一旦發生後，下列因素可強化其暴力之持續：

① 外在增強（external reinforcement）：例如：有形之報酬、社會與身分地位酬賞、減少負面之效果等，均為促使行為增強之重要因素。

② 懲罰之結果（punishing consequences）：攻擊行為之強化與否，一方面受社會法律之約束，同時亦與個人自我譴責有關。而懲罰之結果，則傳達出攻擊行為是否安全之訊息，而影響行為之進行。

③ 替代性增強（vicarious reinforcement）：基本上，若個體觀察到某種行為似乎得到了酬賞，那麼他也會學習該行為；若他觀察到某種行為的表現似乎受到懲罰，就會抑制該行為。

此外，艾克斯（Akers）之社會學習理論為當前犯罪學理論中最常被引用者（Stitt and Giacopassi）。此項理論之提出可回溯至其與 Burgess 將制約學習原理融入差別接觸理論中，構成差別接觸 —— 增強理論，經艾克斯重新命名為社會學習理論，以對偏差與犯罪行為做詮釋。此理論基本上強調犯罪行為係根據操作制約原理而習得。一般而言，影響犯罪行為之發生主要與行為是否獲得酬賞（即正面增強）、避免懲罰（負面增強）或受負面刺激之懲罰（即正面懲罰）、減少酬賞（即負面懲罰）有關。習得犯罪行為主要在那些具有強化個人行為作用之團體中較易發生。以社會學習之觀點為例，控制個人生活之增強團體，對個人之行為有巨大的影響力；換句話說，個人之家庭、朋友、學校、宗教皆很可能強化個人之某些行為。例如：倘家庭是個人誠實行為最大之支柱與強化體，則這個人將受其影響而顯現誠實的特質；但是，如是為了朋友而從事偷竊行為，則這項非法活動將經由對友誼的需求而被增強；故端視哪一個團體控制了這些強化體而定。值得一提的是，行為強化物可能包括金錢、性的需求與物質的擁有等，而不僅侷限於人際之強化者。雖然如此，人際之強化者仍最具影響力。

激起攻擊行為的因素

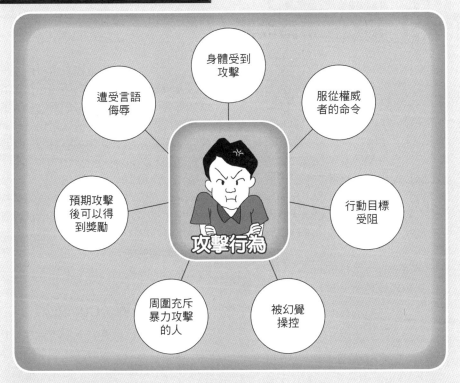

艾克斯之社會學習理論

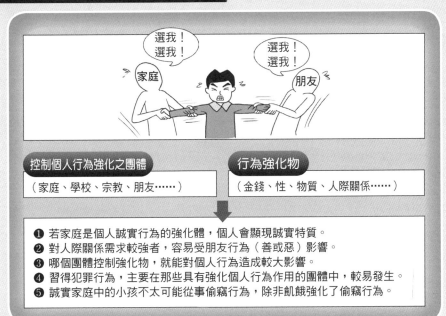

控制個人行為強化之團體	行為強化物
（家庭、學校、宗教、朋友……）	（金錢、性、物質、人際關係……）

❶ 若家庭是個人誠實行為的強化體，個人會顯現誠實特質。
❷ 對人際關係需求較強者，容易受朋友行為（善或惡）影響。
❸ 哪個團體控制強化物，就能對個人行為造成較大影響。
❹ 習得犯罪行為，主要在那些具有強化個人行為作用的團體中，較易發生。
❺ 誠實家庭中的小孩不太可能從事偷竊行為，除非飢餓強化了偷竊行為。

UNIT *2-16*
認知與道德發展（一）

圖解犯罪心理學

認知與道德發展之觀點亦為了解犯罪人心理之重要向度。基本上，認知（cognition）涉及記憶、想像、智力與推理等概念。學者 Yochelson 及 Samenow 之研究，發現許多犯罪人具有「犯罪思考型態」，為認知與犯罪之聯結關係提供更為重要之佐證。其研究係從轉介至醫院做精神鑑定之成年男性犯罪人訪談而得，認為犯罪人具有：不合乎邏輯、短視、錯誤、不健康之人生價值感等偏誤之認知型態。學者羅斯及費比諾（Ross and Fabiano）之研究亦指出犯罪人具有至少五十二種獨特之思考型態，包括：凝固之思想、分離、片斷，未能注意及他人之需求，缺乏時間感，不負責任之決策，認為自己是受害者等。

學者 Walters 進一步建構出八類犯罪人思考型態，頗具參考價值，扼要敘述如下：

(一) 自我安慰（Mollification）

自我安慰的思考型態是，犯罪者企圖把自己從事犯罪行為之責任歸到外在環境的不公平與不適當之條件上，而將自己本身所應負之責任排除在外。自我安慰的技巧常會以幾種形式呈現出來。Yochelson 及 Samenow 指出一種較為普遍的形式，即「受害者的想法」（victim stance）。意思是說，犯罪者會利用自我安慰的技巧，設法減輕犯罪行為所帶來的罪惡感與焦慮狀態；在其心裡抱持一種「受害者」的心態，藉此來表達其行為並非自己所控制的，實在是在毫無選擇的情況下逼不得已做出的，他們其實是這個現實社會環境下的受害者。

另外一種形式則是「淡化」的技巧。

所指之意是：盡可能地輕視自己所造成的傷害或是忽略自己行為所可能帶來的負面影響。舉例來說：濫用藥物者可能會選擇性地接收訊息，像是堅信某些研究的結果顯示出該藥物並不會對人體造成長期性的傷害。

第三種形式則為「常態化」（normalizing）個人的行為。一個失風被捕的偷車少年可能以他周遭所有的朋友都在從事此行為，來作為藉口，並認為他和他的朋友們唯一不同的地方在於他不幸被抓到而已。

(二) 切除斬斷（Cut off）

切除斬斷的意思是說：犯罪者常會利用各種方法來消除阻礙其從事犯罪行為的制止力（deterrents）。犯罪者常缺乏良好的自制力且容易被他人所動搖，此種情形即為切除斬斷。

用「向內爆裂」（implosion）一詞來形容此種思考型態可能更為貼切，從一些研究中可以看出犯罪者常無法有效地去處理自身所遭受到的壓力與挫折，且常會替他（她）的家人、朋友帶來麻煩與困擾。因此，犯罪者很容易會依賴「內向爆裂」的方式來幫助其解除焦慮、害怕及其他妨礙其去從事犯罪行為的制止力。「內向爆裂」通常可區分為內在的與外在的切除斬斷兩種型態。所謂的內在的切除斬斷型態包括了一句簡單的字句、視覺影像或是音樂戲曲等；而外在的切除斬斷型態則涵蓋酒精及藥物等。

犯罪者容易自我安慰或自圓其說

深入剖析

犯罪者藉由各種不同理由，把自己所應負起的責任歸諸於媒體、社會環境、政府機構，或他們早期的家庭教養環境等。且對自己的犯行常不知自我反省，甚至把自己當成社會環境下的犧牲者，認為自己的犯罪行為皆是因外在不良環境所造成的，以社會的亂象來當自己的藉口，像是：警察會收受紅包、法官貪汙、接受行賄、監所人員濫用權力等，來自圓其說。

犯罪者亦認為犯罪行為非常普遍，他只不過是跟著其他人的步伐在走而已。甚至也常會將責任推到被害者身上，認為是對方罪有應得。好比「適者生存」，如果一個人不夠強壯或是不夠幸運，那只能說是他自己倒楣或是他的報應。

犯罪者切斷阻礙其犯罪的方式

犯罪者常會利用各種方法，來消除阻礙其從事犯罪行為的制止力。犯罪者常缺乏良好的自制力且容易被他人所動搖。其消除阻礙的方式又可區分「內在」與「外在」。

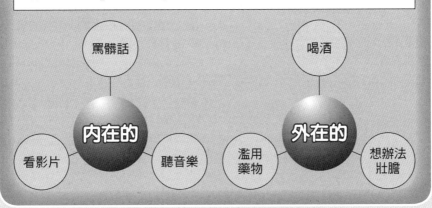

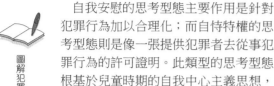

UNIT **2-17**
認知與道德發展（二）

（三）自恃特權（Entitlement）

自我安慰的思考型態主要作用是針對犯罪行為加以合理化；而自恃特權的思考型態則是像一張提供犯罪者去從事犯罪行為的許可證明。此類型的思考型態根基於兒童時期的自我中心主義思想，包含所有權或特權的概念。

自恃特權的思考型態主要包含了三個面向：❶所有權；❷獨特性；❸錯誤識別。

❶ 所有權（ownership）：指的是一種心智狀態（mind-set）。犯罪者對於社會規範與個人空間（personal space）並不尊重，並且無法自我覺察其所作所為可能會對他人造成傷害，因為他（她）認為只要其夠強壯、夠聰明，便可享有特權，從他人身上獲取他所想要的事物，而不用去在乎其所採取的方法或手段。

❷ 獨特性（uniquness）：其概念可以追溯到犯罪者早期的家庭教養經驗，由早期的生活經驗累積所形成。個人被塑造出擁有一股與眾不同的優越感，認為自己比起其他小孩顯得更加突出且較具優勢。雖然此早期的經驗並未證明與犯罪行為有直接的關聯性，但卻可能幫助個人形成根深柢固的自恃特權之思考型態，進而認為自己可以去操控他人行動，且免受規範與法律的約束。

❸ 錯誤識別（misidentification）：其意思是指：犯罪者把「貪念」和「特權」視為「需求」與「權利」，因此，有必要不計代價去滿足其需求。

（四）權力取向（Power Orientation）

犯罪者對於這個世界採取簡單的二分法觀點，將人們區分為強與弱兩個類別。然後利用這原則去面對他所遭遇到的人事物。如果一個人被認為是弱者的話，則會被威嚇，或是被弱肉強食，自身利益便會受損。根據研究顯示，犯罪者常具有低自尊、外控取向、心情常容易隨外在環境而起伏不定等特徵。因此，當犯罪者可完全掌控環境時，便會覺得自己很有權威、強壯且顯得活力十足。「權力渴求」則可用以解除無能為力的狀態，其所描述的是一種渴望獲得力量且控制他人的想法。一般而言，權力取向的思考型態大致由以下幾種的形式所表現出來：

❶ 身體上的形式（physical）：攻擊性、破壞性等屬之。

❷ 口頭上的形式（verbal）：例如與人爭辯，且認為自己較優越。

❸ 心理上的形式（mental）：於心中編造一個自己可掌控的情境，而於其中，一切劇情皆按照自己的意思來發展。

😊 小博士解說

權力取向的思考型態並非只偏限於上述三種形式而已，有時候也會以其他形式出現。例如：吸毒者藉由使用藥物來使自己暫時獲得擁有控制權的感覺；有些人則經由特異獨行的穿著打扮或舉止來吸引眾人眼光注意，藉此獲得滿足。

兒童時期的中心主義思想

深入剖析

雖然早期的家庭教養經驗並未證明與犯罪行為有直接的關聯性，但卻可能幫助個人形成自恃特權之思考型態，進而認為自己可以去操控他人行動，且免受規範與法律的約束。

錯誤的識別

犯罪者 → 把「貪念」和「特權」視為「需求」與「權利」。

深入剖析

犯罪者以「需求」作為犯罪理由來說服自己，提供自己一張從事犯罪行為的「許可證」。

例如：許多強暴犯常以無法控制生理需求當做推卸責任的藉口；有些竊盜犯會告訴自己需要金錢財源去買新車，或是購買流行服飾、昂貴的珠寶，來提高自己的身分地位。

知識補充站

Feeney 的研究指出，強盜犯對於人們在其槍口掌控下的情境，感到深具成就感與滿足感。此外，有研究指出：酗酒者常表現出渴求權力的興趣，並時常會幻想自己握有大權。這些舉止很可能是為了彌補其內心害怕與無價值感。當個人對周遭所處環境感到無法掌控時，便面臨了 Yochelson 和 Samenow 所提到的「零狀態」（zero state），此狀態所反映出的是一個人的無能與無力感，無法去控制他人或是外在事件。

雖然權力渴求是解決零狀態的方法之一，但只具有短暫的效果，且會帶來長期負面的影響，使人陷於不斷追求控制力的漩渦裡。

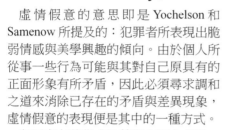

UNIT *2-18*
認知與道德發展（三）

（五）虛情假意或情緒補償（Sentimentality）

虛情假意的意思即是 Yochelson 和 Samenow 所提及的：犯罪者所表現出脆弱情感與美學興趣的傾向。由於個人所從事一些行為可能與其對自己原具有的正面形象有所矛盾，因此必須尋求調和之道來消除已存在的矛盾與差異現象，虛情假意的表現便是其中的一種方式。

犯罪者在美學或是藝術方面之表現，亦可看出虛情假意的思考型態。在犯罪矯正機構中，常可看到犯罪者對於藝術、音樂或是文學表現出相當之興趣，專心致力於從事類似活動，樂此不疲。但隨著時空轉換（服刑期滿出獄或假釋），自我縱容的行為便很容易再度出現。

（六）過度樂觀（Superoptimism）

Yochelson 和 Samenow 認為犯罪者對自己與其所從事的犯罪行為所帶來的可能不良後果之判斷往往不切實際、陷於自身幻想中。犯罪者常常對自己過度自信，如同幼小孩童一般，以為穿上超人的衣服之後便會所向無敵、刀槍不入。

（七）認知怠惰（Cognitive In-dolence）

犯罪者最初在從事犯罪行為時，可能會花很多時間與精力審慎評估其從事犯罪行為的成功機率與利益得失，但隨著時間一久，便變得較為懶散而無法評估。例如，犯罪者可能會沉溺於藥物在短時間內可消除焦慮、壓力與挫折感，但卻無法思考到藥物可能帶來的後遺症。

「快速致富」的想法常吸引犯罪者，於是許多犯罪者希冀物質上享受，卻不願花時間與精力經合法管道去獲得。

（八）半途而廢（Discontinuity）

犯罪者常忽略長遠的目標，而去追求可獲得立即滿足的機會，對於自己所許下的承諾、立定的計畫與目標往往無法加以實現，且總是無法專心致力於相同的一個目標上。「半途而廢」的思考型態所涵蓋的層面較廣，包括缺乏持續力堅持目標、欠缺一致性、鮮少設定實際的目標等。

哈佛大學教授寇柏爾（Kohlberg）曾將道德發展理念應用到攻擊行為的解釋上。他認為人類在成長過程中經歷不同的道德發展階段，包括三個層級六個階段，每一層級包括二個階段，依序發展。茲說明如下：

❶ **第一層級：道德成規前期**
①第一階段：避免懲罰與服從：行為取向為遵守（服從）權威，避免遭受懲罰。
②第二階段：功利主義導向：以實利為出發點，追求滿足自己之需求，不在乎別人之感受。

❷ **第二層級：傳統服從期**
③第三階段：人際和諧導向：順從傳統之規範，獲取他人之讚許。
④第四階段：法律與秩序維護：服從社會與宗教權威，遵守法律規定。

❸ **第三層級：自律期**
⑤第五階段：社會契約：承認個人權力及民主化之制定法律過程。
⑥第六階段：普遍性倫理原則導向：道德判斷係基於正義感、尊重與信任，並且超越法律規定。

根據寇柏爾之看法，許多攻擊行為與個人之道德認知能力發展停滯於第一層級，密切相關。蓋此項結果將促使個人無法做到自我控制並抗拒誘惑。

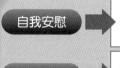

替行為找合理化藉口，降低罪惡感

| 自我安慰 → | 個人透過對外在環境不公平的指責，來替自己破壞社會規範之行為辯解。 |

| 虛情假意 → | 強調個人本身的才能與善良本性，以個人較為正向或軟性的一面，來替自己的行為作辯護。 |

| 舉例說明 → | 利用非法獲得的財物購買禮物送給家人、朋友或是做些深具愛心之事，像是照顧受傷的動物等，希望讓別人覺得自己真是個好人，並趁機淡化其罪行。 |

犯罪者的樂觀想法 —— 脫逃的機率，大於被逮捕的機率

絕對不是在叫我

喂！給我站住！

Feeney 的研究發現，只有 21% 的強盜犯會考量最近一次行動被捕的風險。由於先前成功的經驗鼓勵犯罪者去冒更大的風險，甚至演變成就算事跡敗露被逮捕，犯罪者仍深信其不會受到任何的法律制裁。

★皮亞傑的道德發展理論

　　皮亞傑認為道德判斷的發展是經由無律、他律和自律三個發展階段，循序漸進。

❶ 無律時期，約 4～5 歲以前，行為以單純之神經感應為主，以自我為中心。

❷ 他律時期，約 5～9 歲，此期兒童係以服從權威避免懲罰為主。

❸ 自律時期，約 10 歲以後，小孩對事理之判斷較具獨立、理性，道德判斷更富彈性。

　　因此，倘道德之成長未能循序發展或停留在早期之無律階段，皆可能因而違反社會規範，形成犯罪或偏差行為。

UNIT *2-19*
暴力激進化觀點與發展（一）

(一) 暴力激進化之意涵

暴力激進化（Radicalization）主要係指個人或團體成為暴力極端分子。所謂暴力極端主義者（extremist）是有些「模糊」，一般包括極端暴力的思維以及極端之方法。激進化是一個社會過程，個人逐漸確信並感知到不公，不公導致其親自參與暴力，且篤信「暴力」為合法。英國內政部則指出暴力激進化係指個人支持恐怖主義及暴力極端主義之過程，且部分曾參加恐怖主義團體。美國國土安全部認為暴力激進化係指實行極端主義信仰體系，包括願意去支持、使用及促進暴力之過程，以促進社會變遷。某些政府將恐怖主義分子汙名化為暴力極端分子（violent extremists），特別強調其行為之暴力特性，而非其單純之極端主義認知。

聯合國教育、科學及文化組織（UNESCO, 2017）指出暴力激進化之定義並無一定共識，各方專家表達之意見不一。惟從多元科際（multidisciplinary）與多層次（multilevel）策略觀之，暴力激進化大致呈現以下三種互補之定義：

❶ Farhad Khosrokhavar 在微觀層面上定義了「激進化」的概念，專注於個人。暴力激進化為個體參與和灌輸暴力行為的過程，特別是影響個人情感和認知的過程。激進化與極端主義意識形態直接相關，這種意識形態反對政治上既定的秩序、社會或文化水準。

❷ 德國社會學家 Wilhelm Heitmeyer 研究產生右翼極端主義的過程。他將暴力激進化視為個人經歷和產生社會不滿的社會條件相結合的產物。在宏觀層面上，極右翼暴力激進化可發展為戰爭或游擊戰，其挑戰最長久的權力關係，危及公民自由和安全。

❸ 基於生態系統框架，Schmid 將激進化定義為個體或集體過程。其源於小區間關係的摩擦，並與政治兩極化的情況有關。其中至少有一方的當事人放棄了與其他參與者對話，並以妥協和容忍的做法支持對抗性的升級和暴力手段。

(二) 暴力激進化之發展

根據 Schmid（2013）之見解，激進化基本上涉及發展歷程，由一般之意識形態形塑、激進化、促發事件、暴力極端主義或恐怖分子。

Moghaddam 提出恐怖主義階梯模式（Staircase to Terrorism），此一暴力激進化模式基於莫哈達姆的比喻（Moghaddam's metaphor），強調每人居住於底層，並依據其生活現況評估公平性，最終少數人導引至極端之最高層。倘認為不公平者，即進入第一樓層。在此層之人們可能尋求非暴力之解決方案，不滿意者即進入第二層。此時已充滿挫折與憤怒，亟待找尋出口。第三層呈進入暴力攻擊之準備狀態。第四層已區分成敵對之你我，並一定進入第五層，此階段為執行暴行之階段，包括排除阻礙攻擊行為之一切障礙。

暴力激進化之過程

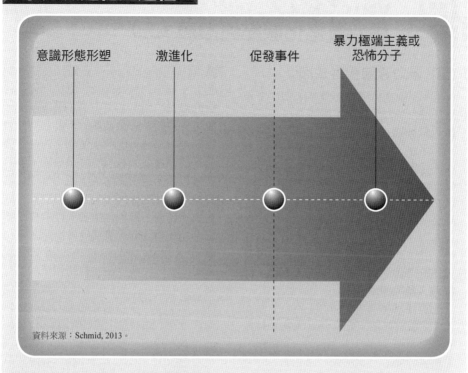

意識形態形塑　　激進化　　促發事件　　暴力極端主義或恐怖分子

資料來源：Schmid, 2013。

恐怖主義階梯模式

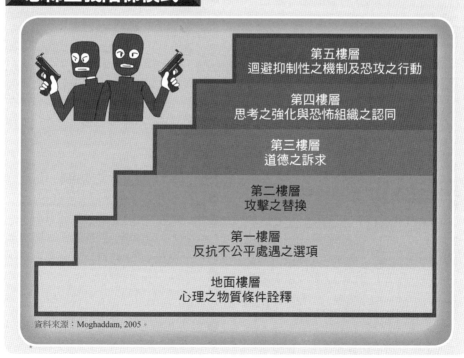

第五樓層
迴避抑制性之機制及恐攻之行動

第四樓層
思考之強化與恐怖組織之認同

第三樓層
道德之訴求

第二樓層
攻擊之替換

第一樓層
反抗不公平處遇之選項

地面樓層
心理之物質條件詮釋

資料來源：Moghaddam, 2005。

UNIT 2-20
暴力激進化觀點與發展（二）

(三) 暴力激進化之成因

至少有兩種因素可能讓某人變得更激進，接受暴力聖戰意識形態：

❶ 社會因素

①存在一大群社會、政治和經濟上遭到邊緣化的弱勢人口；②把特定群體當成「嫌疑犯」來對待，施加侵略性、蠻橫的反恐行動；③對宗教普遍有文化或政治敵意，特別是伊斯蘭教；④不受歡迎的對外政策，例如支持鎮壓人民的政權，或涉及軍事行動，特別是在以穆斯林為主的國家。

❷ 個人風險因素

①認識已經激進化的個人；②對個人生活感到挫敗，常常渴望成就一番大事；③渴望冒險、反叛、生命體驗；④需要歸屬感；⑤同情、擔心他人的苦難，感覺自己與受苦的人有關，例如信仰一樣的宗教；⑥青春期焦慮。

(四) 暴力激進化之因應

研究證實暴力激進化之過程與一些行為有關，然對暴力激進化之單一描繪很難適用於所有激進化之個案。加拿大預防暴力激進化中心發展出「行為氣壓計」（Behaviour Barometer）之預防工具，協助了解問題徵候與嚴重性，俾以適切因應。行為氣壓計將激進化之行為嚴重程度分為四類：

❶ 不重要（insignificant）：類別包括與各種形式的政治、宗教或社區參與有關的一系列行為，其特點是和平行動和民主的表達方式。例如在家人或親密友人前熱烈的主張自己的信念，以明顯的標誌（傳統服裝、鬍鬚、剃光頭、特定紋身等）來表達身分或歸屬感，由於政治或宗教信仰堅持遵循特定的飲食要求，表現出糾正社會不公正的意願。

❷ 麻煩（troubling）：此類別包括表明個人不適應的個人行為，還包括日益持續的自我認同，其中一些原因或意識形態導致個體顯著改變他的行為。例如表達對絕對真理、偏執或極端不信任的偏見，拒絕遵從一些基於意識形態、政治或宗教而形成的機構或組織（學校、工作場所等）之規則和規定，由於他人的宗教、種族、膚色、性別或性取向，拒絕參加團體活動或與某些人互動等。

❸ 令人擔憂（worrisome）：此類別包括與個人開始參與激進軌跡相關聯之行為。它的特點是對外部世界的嚴重不信任，以及使用暴力來實現個人目標。例如向家人或親密朋友隱瞞自己的新生活、效忠或信仰體系，開始接近已知為暴力極端分子的個人或團體，表達對其他個人或團體的仇恨觀點等。

❹ 引起驚恐（alarming）：此類別包含各種行為，這些行為證明了對某種意識形態或宗派的忠誠，進而導致個人認為暴力是唯一合法有效的行動手段。例如為暴力極端主義團體招募他人，會去學習、尋求或知道如何在法律範圍之外使用武器（槍支、爆炸物等），計畫前往衝突地區或已知暴力極端主義團體活躍的地區等。

(五) 暴力激進化之防制

❶ 檢測激進化過程與簽名徵候之系統。

❷ 刪除社交網路平臺如 Google、Facebook 和 Twitter 等中帶有極端主義與暴力恐嚇之內容。

❸ 加強全民之覺醒與關心。

❹ 反制任何攻擊者可能製造出來的「英雄型態」。

❺ 致力於融合、溝通與疏導，互相尊重。

暴力激進化成因

社會因素	存在多數遭到邊緣化的弱勢人口。	
	把特定族群當嫌疑犯來對待,施加侵略性、蠻橫的反恐行動。	
	對宗教有文化或政治敵意。	
	對外政策不受歡迎,例如存在支持鎮壓人民的政權。	
個人風險因素	認識已經激進化的人。	
	對生活感到挫折,渴望成就大事業。	
	渴望冒險、反叛。	
	需要歸屬感。	
	同情、擔心他人的苦難。	
	青春期焦慮。	

行為氣壓計

❶ 不重要:包括與各種形式的政治、宗教或社區參與有關的一系列行為,其特點是和平行動和民主的表達方式。
❷ 麻煩:包括表明個人不適應的個人行為,還包括日益持續的自我認同,其中一些原因或意識形態導致個體顯著改變他的行為。
❸ 令人擔憂:此類別包括與個人開始參與激進軌跡相關聯之行為。它的特點是對外部世界的嚴重不信任,以及使用暴力來實現個人目標。
❹ 引起驚恐:包含各種行為,這些行為證明了對某種意識形態或宗派的忠誠,進而導致個人認為暴力是唯一合法有效的行動手段。

資料來源:加拿大預防暴力激進化中心。

第 **3** 章
精神疾病與犯罪

● ● ● ● ● ● ● ● ● ● ● ● ● ● ● ● ● ● ● 章節體系架構 ▼

UNIT 3-1
思覺失調症與犯罪（一）

思覺失調症（schizophrenia）原稱精神分裂症，係精神病類型中較難理解之一種，其症狀包括：思考、知覺、情感、自我意識與行為等方面之障礙，呈現病態性精神錯亂現象，與現實脫節，並產生幻覺、妄想（如：被害妄想）。由於患者具前述症狀極易衍生犯罪行為，故為當前司法精神醫學探討之熱門課程。

（一）意涵

思覺失調症係精神病中最複雜與嚴重之一種，最早係由比利時之精神科醫師 Morel 在 1860 年從事診斷時，發現 13 歲的個案呈現情感退卻、道德智力、身體功能萎縮症狀，因而以早期心智頹廢（demence precoce）名詞形容之。其後，德國的精神科醫師 Emile Kraepelin 於 1896 年將許多類似之精神疾病統合，稱之為「早發性痴呆」（dementia praecox），此乃指發病於青春期，逐漸頹廢敗壞（deterioration），最後走向痴呆（dementia）之精神疾病。1911 年瑞士的精神科醫師 Eugen Bleuler 提出較為廣泛採用之「精神分裂症」名詞，來描述患者分裂（schizo）之精神狀況，其症狀並不一定早發（10 至 45 歲均有可能），亦不一定形成痴呆，而呈現人格解組狀態。根據美國精神醫學會（APA）於 2013 年 5 月 18 日出版之 DSM-5 對於思覺失調症之定義，思覺失調症之診斷準則包括：

❶ 下列症狀至少有兩個或兩個以上且持續至少一個月（其中①至③症狀至少要有一個）：

①妄想。

②幻覺。

③解構的語言。

④異常的心理動作行為（如：僵直）。

⑤負性症狀（鈍化的情感、無動機、無社會性等）。

❷ 發病期間，工作、人際關係或自我照顧功能明顯低於發病前之水準。

❸ 有病徵的時期至少持續六個月；六個月中至少一個月符合上述症狀；在前驅期或殘餘期可能只表現負性症狀，或至少符合兩種上述①至④項的症狀，但呈現形式較輕微。

❹ 思覺失調症之診斷準則中並沒有單一必要存在的症狀。DSM-5 在思覺失調症部分與 DSM-IV 之差別經整理後可約略分為下列四點：

①沒有亞型。

②對負性症狀的描述更為詳細。

③新增活躍期之診斷準則，「症狀必須至少包含下列三項中的兩項：幻覺、妄想或解構的語言」。

④刪除活躍期之診斷準則，「若幻覺或妄想內容怪異，僅需一個症狀」。

在美國精神醫學會於 2013 年 5 月 18 日出版 DSM-5 後，臺灣精神醫學會於 2013 年 12 月出版「DSM-5 中英文精神疾病診斷分類詞彙」。將精神分裂症更名為「思覺失調症」。為促進精神病人權益保障、充權及保護，在臺灣精神醫學會與社團法人中華民國康復之友聯盟，積極推廣「精神分裂症更換譯名運動」之努力下，衛生福利部於 2014 年 5 月 8 日正式公告將疾病名稱 schizophrenia 之中文譯名由精神分裂症更換為思覺失調症。

思覺失調症之命名歷程

1860 年比利時醫師	1896 年德國醫師	1911 年瑞士醫師
demence precoce（早期心智頹廢）	dementia praecox（早發性痴呆）	schizophrenia（精神分裂症）
有 13 歲的個案呈現情感退卻、道德智力、身體功能萎縮症狀。	指發病於青春期，逐漸頹廢敗壞，最後走向痴呆之精神疾病。	描述患者分裂之精神狀況，其症狀不一定早發，亦不一定形成痴呆，而呈現人格解組狀態。

臺灣精神醫學會於 2013 年 12 月出版「DSM-5 中英文精神疾病診斷分類詞彙」。將精神分裂症更名為「思覺失調症」。衛生福利部於 2014 年 5 月 8 日正式公告將疾病名稱 schizophrenia 之中文譯名由精神分裂症更換為「思覺失調症」。

思覺失調症重要診斷準則

妄想　　幻覺　　解構的語言　　異常的心理動作行為　　負性症狀

這些症狀至少有兩個或兩個以上且持續至少一個月，而前三者至少要有一項。

知識補充站

瑞士精神科醫師 Bleuler 認為思覺失調症之症狀可區分成「原發性症狀」與「續發性症狀」二大類：

❶ 原發性症狀：①思考聯想障礙，例如：語無倫次，答非所問，其思考有怪異不合邏輯或混亂現象；②情感障礙，例如：冷漠無情，無法感受喜怒哀樂，甚至哭笑無常；③自閉現象，例如：白日夢，脫離現實，與世隔絕而自閉於自己的精神內境之中；④矛盾情感：例如：對人、事、地、物同時存在兩種極端對立或相反的感受與看法（如：愛恨交加、正邪交戰）。

❷ 續發性症狀：①幻覺；②妄想；③錯覺；④關係意念；⑤自我感喪失；⑥拮抗作用；⑦自主性運動；⑧回音症；⑨回音動作；⑩刻板動作；⑪作態症；⑫衝動行為；⑬麻木不仁。

UNIT 3-2
思覺失調症與犯罪（二）

（二）症狀

精神科醫師林文隆綜合文獻及臨床之觀察，認為思覺失調症之主要症狀如下：

❶ **儀表障礙**：如衣服髒亂、服飾怪異、蓬頭垢面，指甲很長且藏有垢物、不洗澡、身體發出異味、不刷牙、個人衛生差、進食不規則或冷暖不知應變等。

❷ **情感障礙**：如情感表現平淡、情感表露缺乏、漠不關心、冷漠無情、表情不恰當、自笑、傻笑、矛盾情感（ambiva-lance）或哭笑無常等。

❸ **動作行為障礙**：如活動量少、僵呆、僵直、作態症、怪異行為、蠟樣蜷曲、退縮、回音動作、獨語症、拮抗動作、攻擊行為、激動不安、破壞行為或自殘等。由於病人表現出不被社會所期待的或所接受之行為，以致病人被拒絕與排斥，往往阻礙病人回歸社會，接受心理重建及享受天倫之樂的機會。

❹ **知覺障礙**：錯覺與幻覺，即有幻聽、幻視、幻嗅、幻肢、附身症、失真感與自我感喪失。

❺ **思考障礙**：為診斷思覺失調病主要依據，茲分述如下：

①自覺思考障礙：思維被插入、思維被剝奪與抽取、思維被廣播。

②思考方式障礙：自閉思考、聯想鬆弛、語無倫次、答非所問、新語症（neologism）等。

③思考內容障礙：即妄想，如：有關係妄想（如：被議、被監視、被跟蹤等）、被控制妄想、被害妄想、虛無妄想、罪惡妄想、宗教等。

❻ **意志障礙**：缺乏自我啟發及奮鬥向上的精神，學習不專心，懶惰，生活散漫，沒目標，像失去鬥志的痴呆老人。

❼ **與外界之關係**：退縮、離群，不參與社交活動；孤僻、自閉，對周遭漠不關心。

❽ **生活作息不正常**：日夜顛倒，白天無所事事便睡覺，待晚上家人回來要休息時，因其白天已睡飽，故不是找家人的麻煩，就是製造噪音、驚動家人，使家人不堪其擾。

（三）思覺失調症之類型

有關思覺失調症之類型，DSM-IV 將其區分成僵硬型、解組型、妄想型、未分化型、殘餘型等五類。但依國際疾病之分類第九版修正版（ICD-9），則將其細分為十大類。本節仍援引 DSM-IV 之內容扼要介紹之：

❶ **僵硬型**（Catatonic Type）：此類型之患者常在極端興奮（excitement）與萎縮（withdrawal）之間更替著。在興奮期中，僵硬型患者會突然間說話或大叫，來回走動，衝動而無節制，甚至變得暴力而具危險性；在萎縮僵呆期，患者能保持僵呆姿勢達數小時或數天之久。儘管如此，此類型思覺失調患者在近年來已甚為少見。

❷ **解組型**（Disorganized Type）：此類型思覺失調症者，又稱青春型思覺失調症（hebephrenic）。其與其他類型相較，以年輕人發病者居多，主要症狀為人格喪失統整呈現解體現象。患者在情緒上表達怪異，無緣無故大笑，顯現幼稚行為外，且語不連貫，至為愚蠢。此類型目前已不多見。

思覺失調症分類圖

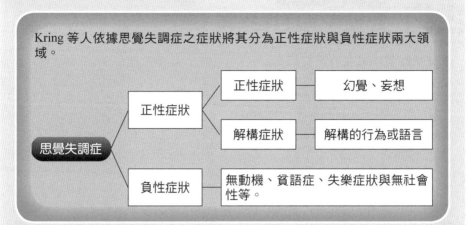

Kring 等人依據思覺失調症之症狀將其分為正性症狀與負性症狀兩大領域。

思覺失調症

- 正性症狀
  - 正性症狀 ── 幻覺、妄想
  - 解構症狀 ── 解構的行為或語言
- 負性症狀 ── 無動機、貧語症、失樂症狀與無社會性等。

思覺失調主要症狀

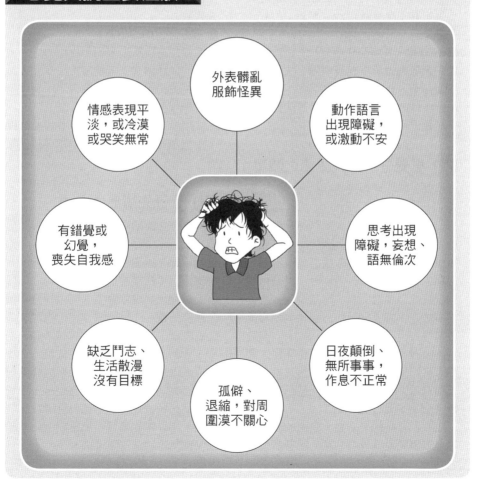

外表髒亂
服飾怪異

情感表現平
淡，或冷漠
或哭笑無常

動作語言
出現障礙，
或激動不安

有錯覺或
幻覺，
喪失自我感

思考出現
障礙，妄想、
語無倫次

缺乏鬥志、
生活散漫
沒有目標

孤僻、
退縮，對周
圍漠不關心

日夜顛倒、
無所事事，
作息不正常

❸ **妄想型**（Paranoid Type）：以迫害妄想、誇大妄想或嫉妒妄想為主要症狀，並夾雜著幻聽現象。此類妄想型思覺失調患者在重要之認知判斷上有可能偏誤，而呈現出危險行為。一般而言，其發病期間較晚，多在中年後發生。在各類型思覺失調患者中，其經常出現。林宗義指出臺灣地區之思覺失調症患者，亦大多屬於此類。

❹ **未分化型**（Undifferentiated Type）：此類型思覺失調患者甚為普遍，但卻因其症狀過於混亂而無法搭配上其他任何一型。其主要症狀包括：妄想、幻覺、思考錯亂、古怪行為等。

❺ **殘餘型**（Residual Type）：此類型思覺失調症患者至少有發病過一次，目前尚還存留一些症狀，並不明顯，但仍有情感流露之減少與聯想鬆弛等症狀，且從社會退隱，有怪癖行為出現。

(四) 思覺失調症與犯罪之關聯

思覺失調症患者觸犯刑事案件之比例並不低，最主要乃因此類患者具有妄想、幻覺，呈現知覺、情感障礙等，而衍生犯罪行為。思覺失調症患者主要犯罪類型，根據張麗卿教授之彙整文獻，包括：殺人、縱火、傷害等，但倘依精神分裂症之類型而論，妄想型似較容易從事殺人、傷害等行為；僵硬型亦容易從事暴力行為；青春型則以縱火、強姦案件居多。張甘妹教授根據犯罪學之觀點，將思覺失調者之犯罪行為區分為下列二類型：

❶ **主動的機會性犯罪者**

此類型在症狀之初期，患者的精神內部失去協調而呈分裂症狀。然其感情、意志等活動尚相當活潑，其人格亦未發生顯著之變化，與周圍之人亦尚保有相當之接觸；故在此時期，易為妄想、幻想所驅使，或因突發的衝動而突然犯動機不明之重大犯罪，如：殺人、放火等，而犯罪後之態度異常冷靜，此類犯罪往往為機會性或一次性的。不少學者報告患者在其前驅期，在精神內部感到難以忍受之緊張與不安，受強烈衝動之驅使，而突然無緣無故的殺人，但其行為並不感覺為自己的行為。此類殺人犯往往於行為後三至四個月內呈現明顯分裂症狀。

❷ **被動之習慣性犯罪者**

此類型在症狀之末期，初期時之活潑多彩的症狀消失，感情麻木，意志力減退，失去工作欲，與社會隔絕，呈現精神荒廢狀態而陷入被動的寄生生活。在流浪者、從事賣淫者、犯竊盜及詐欺（白吃白喝等）罪之慣犯中常發現此類病人。

(五) 思覺失調症之處遇

現代療法採兩階段之治療：第一階段著重於生理治療，用來降低患者之幻覺、妄想、過度興奮、攻擊等症狀，一般係以服用抗精神病劑為之；第二階段之治療則以心理治療為主，並配合持續之藥物治療。心理治療包括：人際關係技能訓練、社會適應技能訓練、藝能治療、活動治療、家庭諮商及代幣行為療法等，以強化患者改善社會行為與問題解決能力為主。但值得注意的是，思覺失調症之預後並不佳，部分患者在出院後數十年仍可能病發，故早期發現並早期治療為防治之首要目標。

思覺失調症可能的犯罪行為

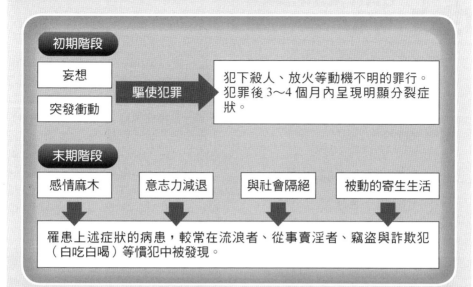

初期階段

妄想

突發衝動

→ 驅使犯罪 → 犯下殺人、放火等動機不明的罪行。犯罪後 3～4 個月內呈現明顯分裂症狀。

末期階段

感情麻木　意志力減退　與社會隔絕　被動的寄生生活

罹患上述症狀的病患，較常在流浪者、從事賣淫者、竊盜與詐欺犯（白吃白喝）等慣犯中被發現。

早期發現早期治療

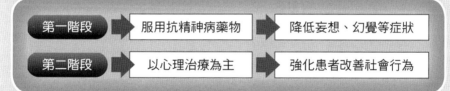

第一階段 → 服用抗精神病藥物 → 降低妄想、幻覺等症狀

第二階段 → 以心理治療為主 → 強化患者改善社會行為

★思覺失調症之主要成因

　　思覺失調症之成因至為複雜，茲從生物、心理與社會文化觀點，扼要說明。

❶ 生物因素

　　①遺傳因素：部分心理學家指出，遺傳在促成思覺失調症之先天傾向或弱點上扮演了重要的角色；②生化因素：有部分學者認為，思覺失調症乃中樞神經體系生物、化學之不平衡所引起；③腦結構變態因素：諸如腦室大而不對稱、腦皮質萎縮或半腦反對稱等，均為思覺失調症患者較常見之腦結構變態特徵。

❷ 心理社會因素

　　心理壓力環境之產生，亦對於思覺失調症的發展有著催化之影響。例如：充滿拒絕與冷漠的家庭環境、父母與子女溝通之曖昧或混淆、過多壓力承受的補償不全等，均為思覺失調症患者呈現心理困擾之重要因素。然值得注意的是，研究人員迄今仍無法證實何項心理社會因素為促成思覺失調症之原因。最近研究指出，由於生物素質因素長期處於病態生活環境中，個體因此無法發展出適當因應機制，再加上生活壓力不斷增加，個體將更無法因應壓力，而造成罹患思覺失調症之惡化因素。

UNIT **3-4**
情緒異常與犯罪（一）

　　情緒異常（mood disorders）通稱「情感性精神疾病」，此類患者以情感障礙為主，其感情或過高昂（躁），或過低落（鬱），亦可能同時伴隨思考、生理與行為方面之變化。

（一）情緒異常之分類與症狀

　　根據美國精神醫學會 DSM-5 之界定，情緒異常主要可區分成「兩極型情緒異常」與「單一型情緒異常」兩大類：

❶ 兩極型情緒異常（bipolar disorders）

　　不論患者是否有過鬱期，只要曾經呈現躁期（manic episode），則歸於兩極型情緒異常。此類病患會週期地呈現躁期及鬱期。依據 DSM-5 之界定，狂躁症患者在臨床上必須帶有明顯的情緒高昂、擴張、易怒的情感，持續至少一星期，且此一情緒異常已嚴重影響社交或工作，甚至已有精神病症狀。同時在情緒發作期間，至少出現下列七項之三個症狀（若只具易怒心情則需至少四項）：

　　①誇大的自尊與自大；②睡眠減少，如一天三小時之睡眠即可；③比平時多話或不停說話；④思緒飛躍或主觀的感覺思想在奔馳；⑤注意力分散，極容易被不重要或不相干之刺激所干擾；⑥目標活動增加，包括社交、工作、學業或性方面；⑦參與過多具不良後果之娛樂活動，如：狂買、性濫交或愚昧商業投資。

　　而依躁期與鬱期之出現情形，兩極型情緒異常可區分為：①混合型（mixed）：狂躁與憂鬱症行為交換發生；②狂躁型（manic）：目前呈現狂躁症行為者；③憂鬱型（depressed）：過去有過狂躁症病史，但目前正患憂鬱症者。

　　至於較輕微而長期（二年以上）循環交替之兩極型情緒異常類型，則屬循環型（cyclothymic）。

❷ 單一型情緒異常（unipolar disorders）

　　係指患者偏向憂鬱，而未曾罹患狂躁症者。依據 DSM-5 之界定，主要憂鬱症（major depression）必須在下列症狀中出現五個以上（其中①與②此二項症狀至少應有其中之一），並至少持續二週：

　　①由外觀察覺患者大部分的時間情緒低落，幾乎整天且每天心情憂鬱；②幾乎整天且每天對日常活動失去興趣或愉悅感；③胃口不佳、體重顯著減輕，或食慾增加、體重顯著上升；④幾乎每天失眠或睡眠過多；⑤幾乎每天心理行動之激昂或遲滯；⑥幾乎每天疲倦或無精打采；⑦幾乎每天自我感到無價值感或有過度、不適當的罪惡感；⑧幾乎每天思考能力及注意力減退或猶豫不決；⑨反覆地想死或有自殺意念，企圖自殺或有一自殺計畫。若依憂鬱症之再發與否，其可區分為下列二類：

　　Ａ 單發（single episode）：只發過一次憂鬱症狀，而未有狂躁症狀發生。

　　Ｂ 重發（recurrent episode）：重發過多次憂鬱症狀。至於輕、中度憂鬱症患者，即長期患有情緒不佳、憂鬱，失卻生活情緒者，大人二年以上，兒童一年以上者，則稱之為「情感障礙症」（dysthymic disorder）。

兩極型情緒異常

混合型 ➡	狂躁與憂鬱交換發生	
狂躁型 ➡	現階段呈現狂躁症行為	週期地呈現躁期與鬱期
憂鬱型 ➡	曾有狂躁病史，現階段呈現憂鬱症狀態	

單一型情緒異常 ── 偏向憂鬱，未曾罹患狂躁

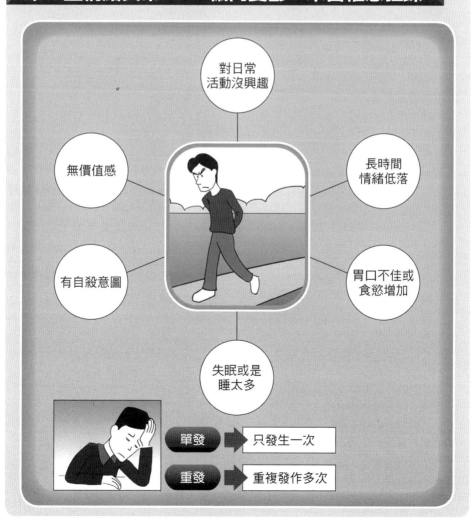

對日常活動沒興趣

無價值感

長時間情緒低落

有自殺意圖

胃口不佳或食慾增加

失眠或是睡太多

單發 ➡	只發生一次
重發 ➡	重複發作多次

UNIT 3-5
情緒異常與犯罪（二）

(二) 情緒異常與犯罪之關聯

情緒異常與犯罪之關聯並不容易確定，犯罪者可能係在狂躁或心情鬱悶之下犯罪，亦可能在犯罪後因罪疚感或遭監禁之結果，而顯得更加的不愉快。故其間之因果關係仍待研究進一步檢驗。茲就目前文獻上之發現，扼要說明情緒異常較可能衍生之犯罪型態。

❶ 狂躁症與犯罪

狂躁症患者中，以財產性犯罪、縱火、傷害為主（這些類型大致平均發展），但很少見及殺人之案例。此類型係由於性慾亢進之結果，故容易與他人發生性關係，形成性濫交現象。

❷ 憂鬱症與犯罪

憂鬱症患者以謀殺、暴行及順手牽羊之案例最常見，在謀殺案件中，以在自殺前殺害自己家庭成員最為常見。學者 West 研究 78 個殺人後自殺之案件，發現這些行凶者在犯罪同時即處於憂鬱狀態。部分憂鬱症患者甚至有「擴大自殺」（extended suicide）情形，而患者在極端憂鬱而萌生自殺念頭之同時，可能出於憐惜動機而將自己子女殺死，產生「利他性殺人」或「慈悲性殺人」。

❸ 狂鬱症與犯罪

在罹患思覺失調並兼具狂躁與憂鬱之循環性情緒異常症狀中，學者 Blumberg 另指出極易有縱火案件之發生。

綜合文獻，在憂鬱期間所觸犯之犯罪較躁期及狂躁混合期為多，且較趨於暴力。但應注意的是，情緒異常與犯罪證據顯示並無必然之直接關係，許多衍生之犯罪反與患者之人際關係、社會病理現象密切相關。

(三) 情緒異常患者之處遇

主要係以患者之病情而定，輕微者以心理輔導即可，嚴重者始接受藥物或電療等生物上之治療並輔以心理輔導。茲分述如下：

❶ 心理輔導

就情緒異常患者而言，心理輔導技術之援用以認知行為療法（cognitive therapy）、人際關係療法（interpersonal therapy）及行為療法（behavioral therapy）較具成效。其主要之目標為矯正患者認知上之錯誤，提高自尊、自重，改進人際關係與社交技術，強化社會適應能力，減少可能之情緒異常現象。

❷ 生物療法

倘患者罹患較嚴重之情緒異常，則可藉由三環抗鬱劑（tricyclics）和單胺酶抑制劑（monoamine oxidase，簡稱 MAO）等抗憂鬱症藥物減輕症狀。倘抗憂鬱劑欠缺效用，必要時可採用電痙攣療法（electroconvulsive therapy，簡稱 ECT），降低嚴重憂鬱症狀。至於狂躁症患者，傳統係以鋰劑（lithium）治療，以減輕兩極型情緒異常患者之症狀。值得注意的是，這些生物療法之援用應至為慎重，以免產生副作用。

隨著現代人生活壓力逐漸升高，精神疾病患者數量激增，如何在調查分類、教化與醫療等方面協助患者減緩精神疾病之影響，避免精神異常受刑人日後再犯，成為學者專家與社會大眾必須加以省思的議題。

情緒異常可能衍生之犯罪型態

情緒症狀	容易犯下的罪行	備註
狂躁症	縱火、傷害、性濫交	少見殺人之案例。
憂鬱症	謀殺、暴行、偷竊	部分極端憂鬱症患者在產生自殺念頭的同時，可能出於憐惜動機將子女殺死。
狂鬱症	縱火、暴力	

※ 情緒異常與犯罪證據顯示並無必然之直接關係。許多衍生之犯罪反而與患者之人際關係、社會病理現象密切相關。

情緒異常之治療方式

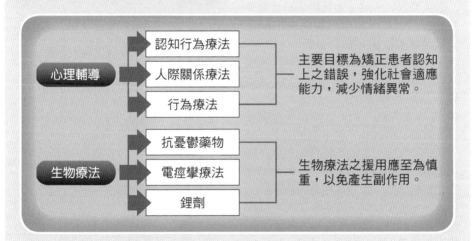

心理輔導 → 認知行為療法 / 人際關係療法 / 行為療法 — 主要目標為矯正患者認知上之錯誤，強化社會適應能力，減少情緒異常。

生物療法 → 抗憂鬱藥物 / 電痙攣療法 / 鋰劑 — 生物療法之援用應至為慎重，以免產生副作用。

★情緒異常之可能成因

❶ 遺傳因素。

❷ 腦神經接受點呈現過少或過多之腎上腺素或大腦前額葉皮質之葡萄糖代謝比率。

❸ 憂鬱症患者在腦波之移動速率上呈現高度之 Beta 波，以及季節性患者（如：秋冬較憂鬱、春夏狂躁）之視網膜感光度低。此外，可體松（cortisol）之賀爾蒙分泌亦與情緒異常發展有關。

❹ 承擔過多壓力。

❺ 人格特質。例如：狂躁症患者先前之人格特質，傾向於凡事墨守成規且以成就為導向。憂鬱之人格特質，則傾向於自我貶抑，帶有壓抑性之敵意。

❻ 可能在早期生活經驗中，遭遇無法逃避或控制之悲劇，致使抱持無助或絕望感。

UNIT **3-6**
反社會人格與犯罪（一）

反社會人格（antisocial personality）係人格違常（personality disorder）類型中，與犯罪之發生極具密切關係者（詳DSM-IV及IV-TR），其最顯著之特點為缺乏道德，反社會性強。

(一) 反社會人格之意涵

反社會人格曾被定義為：「因性格的異常，而自我煩憂並擾亂社會秩序」（呂榮泰譯）。這些定義顯然缺乏清楚意涵，茲引用美國精神醫學會出版之「精神異常診斷與統計手冊」（DSM-IV）之認定標準說明之，其臚列反社會人格之意涵如下：

❶ 至少現年 18 歲或以上。

❷ 自 15 歲開始，對他人權益不尊重或侵犯的廣泛模式，表現下列各項中三項（或三項以上）：①不能符合社會一般規範對守法的要求，表現於一再做出導致逮捕的行為；②狡詐虛偽，表現於一再說謊、使用化名，或為自己的利益或娛樂而欺騙愚弄他人；③做事衝動或不能事先計畫；④易怒且好攻擊，表現於一再打架或攻擊他人身體；⑤行事魯莽，無視自己或他人的安全；⑥經久的無責任感，表現於一再無法維持經久的工作或信守財務上的義務；⑦缺乏良心自責，表現於對傷害、虐待他人或偷竊他人財物覺得無所謂或將其合理化。

❸ 有證據顯示個案 15 歲以前為品行疾患（conduct disorder）的患者：在 15 歲之前，至少有下列三項不負責任與反社會行為：

①攻擊他人及動物：Ａ常欺凌、威脅或恐嚇他人；Ｂ常引發打架；Ｃ曾使用能造成他人嚴重身體傷害的武器（如：棍棒、磚塊、敲破的玻璃瓶、刀、槍械）；Ｄ曾對他人的身體殘忍；Ｅ曾對動物的身體殘忍；Ｆ曾直接面對受害者而偷竊（如：從背後勒頸搶劫、扒竊、強奪、持械搶劫）；Ｇ曾強迫他人與自己發生性關係。

②破壞財產：Ａ曾故意縱火以意圖造成嚴重損害；Ｂ曾故意毀損他人財產（縱火除外）。

③詐欺或偷竊：Ａ曾侵入他人住宅、建物或汽車；Ｂ經常說謊以獲取財務或利益或逃避義務（意即欺詐他人）；Ｃ曾在未面對受害者的狀況下偷竊價值不菲物件（如：非破壞闖入狀況下進入商店偷竊；偽造）。

④嚴重違反規範：Ａ經常不顧父母禁止而夜間在外遊蕩，在 13 歲之前即開始；Ｂ住在父母家或監護人家時，至少兩次逃家在外過夜（或僅一次，但相當長時期未返家）；Ｃ常逃學，在 13 歲之前即開始。

❹ 反社會行為之發作不是來自分裂症或躁鬱症。在美國精神醫學會「精神異常診斷與統計手冊修訂版」（DSM IV-TR, 2000）中，反社會人格被界定為人格障礙中具戲劇性與背離常理之 B 群，其在 15 歲開始，對他人權益不尊重或具有侵犯的廣泛模式，15 歲以前多具有品行疾患，同時目前至少為 18 歲或以上，診斷標準變化不大。

反社會人格意涵

至少現年 18 歲或以上	
自 15 歲開始，對他人權益不尊重或侵犯，且表現右列各項中三項（或三項以上）。	❶ 一再做出導致逮捕的行為。
	❷ 狡詐虛偽、一再說謊。
	❸ 做事衝動、不會事先規劃。
	❹ 易怒且好攻擊。
	❺ 行事魯莽，無視自己或他人的安全。
	❻ 無責任感。
	❼ 缺乏良心自責。

反社會人格個案 15 歲前可能的行為

毀損他人財產或縱火

攻擊他人及動物

喂！給我站住！

詐欺或偷竊

蹺家或逃學

★反社會人格之沿革與發展

　　根據學者 Rabin 之記述，大約在二百年以前，法國著名之心理醫師 Pinel 在臨床上遭遇了一件非常特殊、在當時無法歸類之案例，其將之命名為「缺乏譫妄之狂躁」（Manie Sans Delire）。其後之醫生亦遭遇類似情形。1904 年，Kreplin 進一步使用「心理病態人格」（psychopathic Persönlichkeit），而由施耐德以其為名發表專書後，其名詞始獲得進一步確定。美國精神醫學會在 1952 年制定「精神異常診斷與統計手冊」（DSM-I）時，將此項名詞更以「社會病態人格」（sociopathid personality）之分類術語。

　　1968 年，美國精神醫學會在修訂「精神異常診斷與統計手冊」（DSM-II）時，再度揚棄了「社會病態人格」及「心理病態人格」之專有名詞，而以「反社會人格」（antisocial personality）代之。1980 年、1987 年之修正版對於有關反社會人格之概念並未做重大改變。但在 1980 年代之修訂版本中特別規定，其認定年齡須在 18 歲以上，且在 15 歲以前即至少出現反社會行為，沿用迄今。

UNIT **3-7**
反社會人格與犯罪（二）

（二）反社會人格之類型

反社會人格之類型，以德國精神醫學者施耐德（Schneider）之分類被引用較為廣泛，且對各國司法精神醫學影響較大。根據張麗卿教授綜合國內外文獻，就施耐德之反社會人格分類及其與犯罪之關聯，說明如下：

❶ **情緒高昂型**（Hyperthymische）：時陷異常爽快之情緒，對自己之能力、命運極抱樂觀，活潑而不負責任，思想多不著邊際，好爭好訴，大膽而不能信賴，時見與無情型或誇張型結合。依希氏之報告，累犯罪人中之 30% 屬此類，且犯詐欺或竊盜等財產犯罪較多。

❷ **抑鬱型**（Depressive）：生來心情沉悶，有自卑感，遇事則考慮自己是否有責；有時症狀較輕微，亦可能變為躁鬱症。這種人多持有厭世或懷疑的人生觀，欠缺天真之喜悅，純粹這一類型者，不易犯罪，但易於自殺。

❸ **欠缺自信型**（Selbstunsichere）：易於屈服，缺乏自尊心，對環境過敏，為易生強迫性精神官能症的人。通常不易犯財產犯罪，此型人與犯罪之關聯性較少。

❹ **狂信型**（Fanatische）：思想固執頑強，奮不顧身，能為其所信，則不顧自己或家族之安全而甘為犧牲。自我情感、權利意識極強，有時對國家權力或權威採鬥爭態度。在凶惡犯罪人及頑固好鬥的政治犯中多見之。

❺ **誇張（自我顯示）型**（Geltungssuhtige）：這種人好為大言，為引人注意，甚至不惜犧牲名譽。虛榮心過強，言過其實，容易使人上當，易犯詐欺罪。

❻ **心情易變型**（Stimmungslabile）：以時發時消之抑鬱性發作為其特徵。具有高度刺激、憂鬱性、意志沮喪的傾向，心情易於動搖、不可捉摸、不易控制，易受浪費之慾動所驅策，缺乏耐性，有時因鬱悶會有平常所不能為之行為出現，社會行動缺乏安定性及恆常性。此型於放火、傷害、竊盜等罪中多見。

❼ **爆發型**（Explosive）：以對刺激之反應不均衡為其特徵。平時雖甚為溫和，但動輒因瑣細的刺激陷於暴怒；亦可能因想像的懷疑心，動輒喪失自制力，而訴諸暴力。如有飲酒，則這種傾向將更為擴大。此與激情犯有密切關係。且其事過境遷後即生悔意，但不能保證將來不再犯。與這一類型有關之犯罪，以傷害、侮辱、毀損、放火、妨害公務等暴力犯中多見。根據施頌布爾（Stumpfl）的調查，發現累犯之 14% 係屬此型。

❽ **無情型**（Gemutlose）：又稱「悖德狂」，為最危險之類型，以缺乏同情、憐憫、良心、後悔、名譽感等道德感情為其特徵。因感情遲鈍，無親性本能及情愛，冷淡而殘忍。其智能並無顯著的障礙，但欠缺通盤考慮事物之能力。在暴力犯、風俗犯、原始犯罪及狡猾的財產犯者中多見；職業犯及習慣犯，殆全屬這一類型。根據施頌布爾的調查，在 195 名累犯中，發現屬此類型者有 49%，但在初犯中則僅有 2.4%。

反社會人格分類及其與犯罪之關聯

好爭好訴，活潑不負責任

情緒高昂型

累犯罪人中之30%屬此類，且犯詐欺或竊盜等財產犯罪較多

思想不著邊際，大膽而不能信賴

心情沉悶，有自卑感

抑鬱型

純粹這一類型者，不易犯罪，但易於自殺

多持有厭世或懷疑的人生觀

易於屈服，缺乏自尊心

欠缺自信型

通常不易犯財產犯罪，與犯罪之關聯性較少

易生強迫性精神官能症

思想固執，奮不顧身

狂信型

在凶惡犯罪人及頑固好鬥的政治犯中較常見

自我情感、權利意識極強

喜歡說大話，愛引人注意

誇張型

言過其實，容易使人上當，易犯詐欺罪

虛榮心過強

時發時消之抑鬱性發作

心情易變型

在放火、傷害、竊盜等罪中多見此類型者

心情不可控制，缺乏耐性

平時溫和，但遇刺激易暴怒

爆發型

以傷害、侮辱、毀損、放火、妨害公務等暴力犯中多見

訴諸暴力後，會有悔意，但仍可能再犯

為最危險之類型，冷淡而殘忍

無情型

在暴力犯、風俗犯、原始犯罪及狡猾的財產犯者中多見；職業犯及習慣犯，殆全屬這一類型

缺乏道德感，智能並無顯著障礙

UNIT **3-8**
反社會人格與犯罪（三）

❾ **缺乏意志型**（Willenslose）：以意志欠缺持續性與獨立性，易受他人或環境之影響為其特徵。這種人意志薄弱易受誘惑，且易受挫折，缺乏貫徹自己意志的勇氣與能力，又無抑制內在衝動的能力。在監獄中雖可成為模範受刑人，但離開監獄後在社會上卻無法堅持自己之意志，立即又陷於犯罪。此類型在一般罪犯及少年犯中均極普遍，施頌布爾曾報告，累犯中之 58% 屬此類型，初犯者中則有 30%。日本之植松正亦曾報告一般累犯中之 60% 屬此類型。

❿ **無力型**（Asthenische）：有習慣性神經質、神經衰弱等現象，亦稱神經質。神經敏感，心情纖弱而無力，與犯罪較無關係。

(三) 反社會人格之特徵

反社會人格之特徵為何？英國學者 Craft 曾指出反社會人格具有二大主要之特徵（primary features）：❶無法愛人及接納他人的愛；❷行為具衝動性，無延緩需求的能力。相類似的，美國學者 McCord 及 McCord 在所著《心理病態人格者》中，亦認為其具有：❶反社會性；❷高度衝動性；❸攻擊性；❹行為由無法控制之欲求所發動；❺缺乏罪疚感；❻缺乏愛人之機制等。

此外，臨床專家 Cleckley 出版之《神智健全之面罩》（*The Mask of Sanity*）則曾臚列反社會人格之 16 項特徵，而廣受學界注意。這些特徵包括：❶表面迷人和良好的智力；❷沒有妄想或其他荒謬的思維；❸缺乏其他神經質、精神官能症的症狀；❹不可靠；❺不真實、不忠誠；❻缺少悔過或羞恥心；❼反社會的行為，缺乏充分的動機；❽判斷力貧乏，無法從過去的經驗中記取教訓；❾病理性之自我中心和不能真正地愛他人；❿缺乏主要的情感反應能力；⓫缺乏洞察力；⓬一般的人際關係不協調；⓭無論是否飲過酒，均呈現奇異而令人討厭的行為；⓮很少實現自殺的動作；⓯性生活具匿名性、輕浮、不規則；⓰生活缺乏計畫和長遠打算。

參考學者 Rabin 及 Carson 等之描述，反社會人格主要之特徵如下：

❶ **超我功能不張，缺乏道德良心與罪疚感**

反社會人格者曾被學者 Pritchard 診斷為道德發狂（moral insanity）或道德遲緩（moral imbecility），雖然其在智力的發展與正常人無太大區別，但在道德良心之發展顯然具有嚴重缺陷。在從事非法活動之同時，並不感覺緊張與焦慮，事後亦缺乏罪疚感，毫無悔意。

❷ **情感欠缺成熟 —— 以自我為中心及具有高度衝動性**

反社會人格者之情感狀態與幼童追求快樂行為型態甚為類似，雖然身體外表發展上趨於成熟，但在情緒上則欠缺成熟，完全以自我為中心，且具高度衝動性，挫折忍受力低，無法延緩需求。

換句話說，反社會人格者係現時取向，完全活在眼前的快樂與慾念當中，對未來缺乏預見，故其經常更換工作，無法順利的獲取成就。最近學者 Lewis 等人之研究更發現，其因生活之現時取向，故罹患酒癮（alcoholism）之情形甚為普遍。

反社會人格分類及其與犯罪之關聯

易受他人或環境影響	有習慣性神經質、神經衰弱
缺乏意志型 ← 在一般罪犯、累犯及少年犯中均極普遍	無力型 ← 與犯罪較無關係
離開監獄後，仍易受誘惑而再度犯罪	心情纖弱而無力

 ★反社會人格之成因分析

目前在學者持續不斷努力下，反社會人格之成因逐漸被揭露出來，但實證資料之支持仍待進一步提升。茲依 Carson 等及 Rabin 之綜合文獻，說明其成因。

■ **生物之因素**
❶ 情感喚起之缺陷：研究顯示，反社會人格者大多具有情感喚起之缺陷。此種情形，使其在壓力情境中不會害怕與焦慮，並且在社會化過程中缺乏道德良心之發展。
❷ 追尋刺激：反社會人格者在生理上接受喚起之程度呈現低檔狀態，極可能藉刺激之追尋（如：脫逃、吸毒）以強化喚起程度，追求感官刺激。
❸ 認知功能之缺陷：反社會人格者往往注意力不集中，顯現認知功能之缺陷，此可能與遺傳或腦部受傷有關。

■ **家庭因素**
❶ 早期喪失父母及情感之剝奪。
❷ 父母之拒絕與管教不一致。
❸ 錯誤之父母行為模式及家庭互動。

■ **社會文化因素**
社會文化環境呈現社會規範失調與解組、不良之同儕行為模式，以及反社會敵對狀態、社會疏離等，極易促使個人無法發展道德、良心，缺乏對他人之同情，形成具破壞性之反社會行為型態。在前述家庭負因，如：父母之感情剝奪、拒絕、錯誤之行為模式下，極易促使子女對他人產生不信任感，產生敵意，形成反社會人格。

UNIT **3-9**
反社會人格與犯罪（四）

❸ **反抗權威，無法從錯誤中記取教訓**

反社會人格者之行為表現與當前社會法律規範格格不入，根本不當法律為一回事。其在成長的階段與教育或執法當局經常是對立的，但即使其走入犯罪生涯，反社會人格者仍無法達成職業犯罪者之境界。儘管因犯罪事件被捕，卻無法從錯誤中記取教訓，因而屢次犯罪，無藥可救。

❹ **無愛人及接納他人愛的能力，人際關係不良**

反社會人格者由於缺乏同情心，行為不負責任，毫無悔意，以自我為中心，因此無法與他人建立親密關係，故人際關係不良。其具有冷漠、孤僻之特質，與他人相處僅係為自己尋求逸樂的對象，與他人共事則是為了某種特定犯行，無愛人及接納他人愛的能力。

❺ **虛偽多詐，極易剝削人，並合理化其行為**

反社會人格者常以迷人之外表、言態，欺詐他人，從中獲利；倘被識破，即虛偽因應之。由於了解他人之需求與弱點，故經常剝削他人，毫無悔意。從事非法活動後，常找藉口或歸罪他人，合理化其行為。

(四) 反社會人格之防治

反社會人格者之處遇與矯治面臨相當大的難題，關鍵在於其無法信任他人，了解他人之感受並從錯誤中記取教訓，因此往往在預後（prognosis）顯得極度的糟。更令人頭痛的是，反社會人格者並不認為自己有錯，因而缺乏自我改變的動機，甚至拒絕改變。因此，有關反社會人格者之防治工作，以發生前之預防最為重要，次而尋求較具成效之處遇方案因應。

在預防工作上，宜避免各項家庭與社會環境負因之形成，強化家庭功能（如：親職教育）與社會文化環境之建設，發揮正面教育功能，建立祥和社會，使兒童有一優良之成長環境。在處遇上，則應廣泛應用初具成效之行為療法（behavior therapy）、團體療法（group therapy）、環境療法（milieu therapy）及治療性之社群（therapeutic community）等，以減少其對社會之侵害。

綜合言之，反社會人格之防治應著重於預防之工作而非事後處遇之進行，傳統監禁懲罰之方式只帶來更多副作用，並無法達成其矯治之目標。在尋找更妥適、具成效方案之同時，初級犯罪預防之推行是防治工作不可或缺之要務。

反社會人格者習慣歸罪他人

我沒有錯！
那不是我的責任
都是○○的問題

反社會人格者缺乏道德感，通常不認為自己有錯，因而往往拒絕改變。

著重預防而非事後處遇或懲罰

反社會人格者無法信任他人、了解他人感受或記取教訓。因為缺乏改變動機，所以防治上以預防最為重要。

我不信任你！

預防

❶ 避免各項家庭與社會環境負因之形成，強化家庭功能。
❷ 發揮正面教育功能，建立祥和社會，使兒童有一優良之成長環境。

處遇

❶ 行為療法（behavior therapy）
❷ 團體療法（group therapy）
❸ 環境療法（milieu therapy）
❹ 治療性之社群（therapeutic community）

UNIT **3-10**
智能不足與犯罪（一）

在犯罪心理學研究中，智能不足（mental retardation）與犯罪之關聯一再被提及，尤其部分智能不足者極易造成縱火罪與從事性犯罪，引起民眾極大恐慌。

(一) 智能不足之定義

美國精神醫學會出版的「精神異常診斷與統計手冊」第五版認定智能不足，又稱智能發展障礙症，為一種在發展階段中發生的障礙症。智能不足之認定，下列三項準則皆須符合：❶ 智力功能缺損：智力功能是否缺損，須經由臨床評估及個別準則化智力測驗加以確認；❷ 適應功能缺損：以個人在獨立與擔當社會責任方面能否發展為準則。若無法得到持續支持，適應功能之缺損會造成個人在多重環境中的日常活動功能受到限制，無法達到該年齡層之適應能力；❸ 智力與適應功能缺損在發展期間發生（臺灣精神醫學會譯）。

此外，根據美國智力和發育障礙協會（American Association on Intellectual and Developmental Disabilities, AAIDD）之定義，智能不足係指一般的智力功能顯著的低於平均數，同時存有行為適應之缺陷，並且發生於成長階段。從這些定義觀之，智力低並非智能不足唯一之評斷標準，患者必須在行為適應上有遲緩、適應不良之情形且在 18 歲之前發生，始能稱智能不足。18 歲以後發生者，一般應考慮其是否罹患痴呆症，屬器質性心智異常之一種。

(二) 智能不足之分類

「精神異常診斷與統計手冊」第五版，將智能不足之嚴重程度依據個案在概念、社會及實務領域之表現分為輕度、中度、重度與極重度四類（臺灣精神醫學會譯）。

❶ **輕度智能不足**（Mild Mental Retardation）

智商在 50～55 到大約 70 之間，占智能不足人口之 80% 至 85%，約在學齡前 3 至 4 歲方可確定，此類係屬可教育的（educable）。在學齡前兒童階段，可能與同儕沒有顯著差異，在學齡兒童與成人階段則會有學業技巧之困難。其社交與溝通技巧稍差，與正常發展之同齡者相比，較不成熟，但仍與正常兒童無太大區分。他們的詞彙非常有限且發音不佳。雖然其學習走路和說話較延遲，但他們的感覺動作並無太大受損。至成人時，通常能夠發展充分的社交和職業技巧，可扶持他們某些方面的自立。但是他們終生都需要被引導和社會支持。

❷ **中度智能不足**（Moderate Mental Retardation）

智商在 35～40 到 50～55 之間，約占智能不足人口之 12%，即使在所有發展階段，其個人概念能力顯著落後於同儕，在教育上仍屬可訓練的。中度智能不足者在家裡經過照顧，可被訓練獲得簡單的溝通技巧，但複雜度遠不及同儕，且對於課業教導的反應很差，其學業發展往往侷限於小學程度。在最好的環境下，學校教育可提供他們獲得職業和社交技巧，使他們成人以後能夠於他人的監督下在庇護工廠工作。

智能不足之認定

智力功能缺損

適應功能缺損

智力與適應功能缺損在發展期間發生

智力低並非智能不足唯一的評斷標準,患者必須在行為適應上有遲緩、適應不良的情形且在 18 歲之前發生,始能稱智能不足。

智能不足之分類

分類	行為狀態	工作與生活
❶ **輕度智能不足** (智商在 50〜55 到大約 70 之間)	他們的詞彙非常有限且發音不佳,學習走路和說話較延遲。	至成人時,通常能發展充分的社交和職業技巧,在引導下,可扶持他們某些方面的自立。
❷ **中度智能不足** (智商在 35〜40 到 50〜55 之間)	個人概念能力顯著落後於同儕,在教育上仍屬可訓練的,學業發展往往侷限於小學程度。	學校教育可提供他們獲得職業和社交技巧,使他們成人後能於他人的監督下在庇護工廠工作。
❸ **重度智能不足** (智商在 20〜25 到 35〜40 之間)	幾乎不了解書寫文字或有關數字、時間與金錢等概念。言語可能以字詞為主,有時甚至只是單音節。	無法發展職業技巧,唯有在高度保護的環境下,或可從事簡單的工作,例如:將東西放進容器裡。
❹ **極重度智能不足** (智商在 20 或 25 以下)	對於言語或手勢符號之溝通了解非常有限;長大成人後,在所有日常活動、健康與安全層面仍必須依賴他人。	一生幾乎都必須完全依賴他人一天 24 小時的照顧和監督。

UNIT 3-11
智能不足與犯罪（二）

❸ **重度智能不足**（Severe Mental Retardation）

智商在 20～25 到 35～40 之間，約占智能不足人口的 3% 至 4%，幾乎不了解書寫文字或有關數字、時間與金錢等概念。在學齡前，可發現嚴重之運動發展遲滯，語言能力亦差。在兒童後期，可以學會簡單的說話技巧，但口語的字彙與文法非常有限，言語可能以字詞為主，有時候甚至只是單音節。唯有在高度保護的環境下，他們或可從事簡單的工作，例如：將東西放進容器裡。

❹ **極重度智能不足**（Profound Mental Retardation）

智商在 20 或 25 以下，約占智能不足人口的 1% 至 2%。極重度智能不足兒童在學齡之前只發展出極少感覺動作的能力，對於言語或手勢符號之溝通了解非常有限；長大成人後，在所有日常活動、健康與安全層面仍必須依賴他人。一生幾乎都必須完全依賴他人一天 24 小時的照顧和監督。

(三) 智能不足與犯罪之關聯

❶ **犯罪人之智力研究**

英國醫生 Goring 早期研究 3,000 名犯罪人後，發現其大多為低度智商者，但其後之研究乃逐漸駁斥此項觀點。例如 Woodward 之研究顯示，犯罪人之平均智商大約僅低於正常人口的 8 個百分點，亦即 IQ 92 比 IQ 100。洪宜芳以瑞文氏圖形推理測驗對少年暴力犯 167 名、少年非暴力犯 106 名及一般少年 171 名進行施測後發現，未曾犯罪少年在非語文智力上的得分（44.36分）較暴力少年犯（41.84 分）及非暴力少年犯（41.57 分）為高。最近學者 Denkowski 之研究則指出，僅約有 2.5% 的犯罪人有智能不足現象（IQ 小於 70）。值得注意的是，1960 至 1970 年代之研究一再證實智商與犯罪間確實存有相關。例如美國學者 Hirschi 對西雅圖青少年犯罪的研究即發現，智商與少年自陳報告非行存有統計上之顯著相關，即使在加入人種及社經地位之影響後亦同。類似的，由學者 West 及 Farrington 在倫敦所進行之一項縱貫型追蹤研究再次證實智商較低之男孩，其將來再犯之比率更高。

❷ **智能不足者與犯罪種類之關聯**

根據學者 Hollin 之彙整文獻，智能不足所從事之犯罪類型以性犯罪及竊盜居多。例如學者 Walker 比較 305 名心智有缺陷之犯罪者及其他類型之犯罪人，一年以後，發現心智缺陷之犯罪者在性攻擊犯罪項目上比其他類型之犯罪人高了 6 倍。Shapiro 亦在其樣本中發現心智有缺陷之犯罪人，大約有 35% 觸犯了性犯罪。Robertson 在對 300 名心智有缺陷之犯罪人追蹤時，則發現觸犯竊盜罪者占最高比率，其次為性犯罪。

然而最近之研究另指出性犯罪及縱火犯罪為智能不足犯罪類型之大宗。然值得注意的是智能不足是否為前項犯罪之主因則不明確，強化國內本土實證研究似有其必要。

智能不足與犯罪之關聯

| Woodward 的研究 | → | 犯罪人之平均智商大約僅低於正常人口的 8 個百分點。 |

| 洪宜芳 的研究 | → | 未曾犯罪少年在非語文智力上的得分較暴力少年犯及非暴力少年犯為高。 |

| Denkowski 的研究 | → | 僅約有 2.5% 的犯罪人有智能不足現象（IQ 小於 70）。 |

美國學者 Hirschi 對西雅圖青少年犯罪的研究即發現，智商與少年自陳報告非行存有統計上之顯著相關，即使在加入人種及社經地位之影響後亦同。類似的，由學者 West 及 Farrington 在倫敦所進行之一項縱貫型追蹤研究再次證實智商較低之男孩，其將來再犯之比率更高。

★智能不足之生物因素

❶ 遺傳染色體因素：例如：在體染色體方面，由於在第 21 對染色體增加，即可能造成唐氏症，兒童即成為蒙古兒。此外，在第 23 對性染色體方面（只限於女性），倘呈現一個 X 情形，則形成 Turner's 症候群，導致成長遲滯及缺乏第二副性徵。

❷ 感染與中毒因素：例如：懷孕之婦女倘得梅毒或德國麻疹，則胎兒極可能造成腦部受損。而毒氣的媒介，如：一氧化碳及鉛等，均可能在胎兒成長期間造成其腦部之傷害。此外，母體懷孕期間飲用過多酒精或服用某特定藥物，則可能造成胎兒形成先天的畸型。

❸ 早產與生理之傷害：早產兒體重過輕（少於 5 磅），極可能出現腦神經異常與智能不足現象。幼兒出生時之受創、腦部缺氧，亦可能導致智能不足現象。

❹ 電離輻射：近年來，部分人士注意到大量放射線照射對幼兒腦部組織之不良影響。有害之放射線包括診療期間之高能量 X 光照射等，但名單上已涵蓋核電廠核能外洩及核子武器之試爆。

❺ 營養不良及其他生物因素：在母體懷孕期間，營養不良、缺乏蛋白質和其他營養分，可能對胎兒造成腦部傷害，影響智力之發展。

此外，有些案例顯示智能不足亦與其他生物因素有關，例如：腦瘤之發生極可能直接影響腦部組織或造成頭蓋骨過大的壓力，而傷及腦部。在某些情況下，重度或極重度智能不足者，其成因是無法確定的，但其大腦病變之症狀均相當的明顯。

UNIT 3-12
智能不足與犯罪（三）

❸ 女性智能不足者之性侵犯罪被害

楊士隆等人以 12 名女性智能不足者性侵害之犯罪受刑人進行訪談，了解對智能不足者性侵害犯罪之犯罪動機、手法、目標之選擇、犯罪情境、歷程與案發後之感想等。研究結果發現多以熟識者性侵害為主，製造有利的犯罪情境，另發現近半數受訪者先察覺被害者的智能不足而引發其犯罪動機，因人力監督保護不足，中午或下午時段呈易遭受性侵害，最後並對智能不足者之性侵害防治提出諸多建議，如強化其監督保護機制等。

❹ 智能不足者犯罪之因素

根據馬傳鎮綜合動機心理學與社會學之觀點，智能不足者之所以可能犯罪之主因為：①其判斷力較低，無法預見犯罪行為的不良後果；②他們對於慾念（如食慾、性慾、占有慾等）缺乏抑制能力，對情緒也不善控制，因而易由細微動機轉為衝動性的行為；③他們缺乏對職業與新事物的適應能力，因而在生存競爭中立於不利的地位，成為社會的落伍者，使其採取反社會行為，力謀補救；④由於其學習能力、社交能力與語言能力太低劣，易受他人輕視、虐待，使其心懷怨恨與不平，因而付諸以不正當的報復行為；⑤有些智能不足者伴有性格異常的特質，易於發生反社會行為。

(四) 智能不足犯罪者之防治

「預防重於治療」之理念，對智能不足犯罪者之防治而言甚為重要，茲從預防及控制生物遺傳負因和減少剝奪幼童正常學習與發展之環境二層面，說明防治對策。

❶ 預防及控制生物遺傳負因

生物遺傳之缺陷，往往為促成智能不足之重要因素，因此，如何預防及控制滋生乃成為防治之重點，具體之努力措施包括：①強化心理衛生教育，做好預防之工作；②提供懷孕婦女及嬰幼兒妥適之醫療保健服務，尤其應針對高危險群之孕婦進行羊膜穿刺檢查，及早診斷，減少遺傳疾病之發生；③倡導優生節育政策，透過立法，鼓勵教育素質高者多生育（如：新加坡之減稅措施），減少低能者之結合。

❷ 減少剝奪幼童正常學習與發展之環境

家庭貧困，缺乏妥適醫療照顧及適當之社會刺激，常為促成智能不足發生之因素。故如何剷除這些幼童成長負因，並提供良好之社區成長環境及妥適之醫療、教育服務，則為防治智能不足犯罪者之重點。

另外，經由法治教育之教學內涵，幫助智能不足者了解社會規範，不僅有助於預防智能不足者之犯罪行為，亦有助於協助智能不足者順利適應社會生活。

至於有關智能不足犯罪者之矯治，非一般監禁所能妥適因應。必要時宜成立專業之處遇部門，提供適合智能不足犯罪人特殊需求之訓練，如：語言病理學、聽覺學及語言發展等，並發展輔助其回歸社會之服務，如：強化生活知能與職業訓練以減少未來適應之困難。

智能不足者可能犯罪之主因

放我出去玩啦！

為什麼會犯罪

① 判斷力較低，無法預見犯罪行為的不良後果。
② 對慾望缺乏抑制能力，對情緒也不善控制。
③ 缺乏對職業與新事物的適應能力，因而在生存競爭中立於不利的地位，成為社會的落伍者，使其採取反社會行為，力謀補救。
④ 由於學習能力、社交能力與語言能力太低劣，易受他人輕視、虐待，使其心懷怨恨與不平，因而付諸以不正當的報復行為。
⑤ 有些智能不足者伴有性格異常的特質，易於發生反社會行為。

智能不足犯罪者之防治

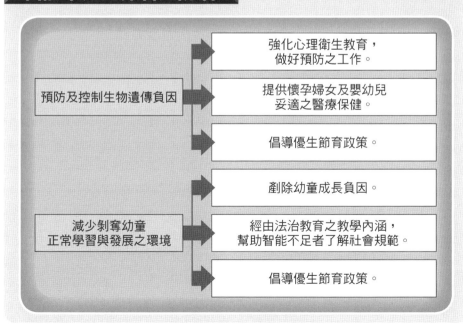

預防及控制生物遺傳負因	強化心理衛生教育，做好預防之工作。
	提供懷孕婦女及嬰幼兒妥適之醫療保健。
	倡導優生節育政策。
減少剝奪幼童正常學習與發展之環境	剷除幼童成長負因。
	經由法治教育之教學內涵，幫助智能不足者了解社會規範。
	倡導優生節育政策。

第章

藥物濫用與犯罪

● ● ● ● ● ● ● ● ● ● ● ● ● ● ● ● ● ● ● 章節體系架構

UNIT **4-1**
藥物濫用之意涵

目前，藥物濫用（drug abuse）之涵義仍不甚明確，其常隨時間之推移、不同社會環境及個人之主觀詮釋而呈現差異。例如：美國「全國大麻與藥物濫用委員會」（National Commission on Marijuana and Drug Abuse）指出藥物濫用涉及：❶非醫療之目的（nonmedical prupose）；❷有過度或超量使用之傾向（prone to excess）；❸形成習慣（habit forming）；❹損害健康；❺尋求快樂感（to get high）。

美國精神醫學會（American Psychiatric Association）出版之「精神異常診斷與統計手冊」（DSM-I），在早期將其定義為「藥物成癮」（drug addiction），後又改稱為「藥物依賴」（drug dependence）（DSM-II），迄至 1980 年，復修正為「物質使用違常」（substance use disorder）（DSM-III）。依照「精神異常診斷與統計手冊」（DSM-IV）之分類，物質使用違常可區分為物質依賴（substance dependence）與物質濫用（substance abuse）二大類：

(一) 「物質依賴」之診斷、衡量標準

❶ 一種適應不良的物質使用模式，導致臨床上重大損害或痛苦，在同一年期間內出現下列各項中三項（或三項以上）：
　①用藥量較多，使用時間較長。
　②渴望戒毒，或戒毒數次失敗。
　③花很多的時間去得到藥，去使用藥，或從藥效中恢復過來。

　④有中毒或戒斷現象。
　⑤放棄或減少重要的社交、職業或休閒活動。
　⑥明知吸毒有害健康，仍繼續使用。
　⑦明顯的耐藥性增加，必須使用更多的藥量，才能達到相同的效果。
　⑧使用不同的藥物去減輕戒斷症狀。
❷ 症狀至少持續一個月。

(二) 「物質濫用」之診斷、衡量標準

❶ 下列症狀中，至少出現一個：
　①明知藥物對社交、職業、心理或身體健康有損害，仍連續使用。
　②重複於身體有害的情況中使用藥物，如：重複在酒醉時駕車。
❷ 症狀至少持續一個月。
❸ 未達到藥物依賴的診斷標準。

參酌學者、專家之見解，筆者認為藥物濫用可界定為：「非以醫療為目的，在未經醫師處方或指示下，不適當或過度的強迫使用藥物，導致個人身心、健康受損，影響社會與職業適應，甚至危及社會秩序之行為。」

藥物濫用之意涵

藥物濫用

非醫療之目的	有過度使用之傾向	形成習慣	損害健康	尋求快樂感

「物質依賴」的衡量標準

- 症狀至少持續一個月。
- 在同一年期間內出現下列中的三項或三項以上：

用量較多，使用時間較長	戒毒很多次都不成功	有中毒或戒斷現象

拿到藥、用藥以及從藥效中恢復，均耗費很多時間

放棄或減少重要社交、職業與休閒活動

明知吸毒有害，仍持續使用

耐藥性明顯增加	使用不同的藥物，去減輕戒斷症狀

「物質濫用」的衡量標準

物質濫用

下列症狀至少出現一個	症狀至少持續一個月	未達藥物依賴的診斷標準

明知藥物有害，仍持續使用

重複在身體有害的情況使用藥物

UNIT **4-2**
藥物濫用成癮之歷程與特徵

(一) 成癮之歷程

濫用藥物之嚴重性,可由成癮之程度一窺端倪。一般而言,藥物之成癮係漸進的,約可區分為下列幾個階段:

❶ **起始階段**:係指在好奇心之驅使或為解除憂慮痛苦,開始嘗試吸食或施打藥物。

❷ **繼續階段**:係指週期性或間歇性的繼續使用藥物,尚未達到成癮之階段。

❸ **沉迷階段**:重複使用藥物而成為習慣性,且有部分之心理依賴性產生。

❹ **成癮階段**:在重複使用藥物後,產生生理、心理之依賴(physical & psychological dependence)及耐藥性(tolerance)情形,而有持續使用之衝動。

❺ **戒斷症狀**:此階段為成癮者最嚴重的成癮階段,為身體(生理)產生藥物依賴之直接證據,此時藥物已改變行為人之生理狀態,倘不繼續用藥,將產生噁心、嘔吐、腹瀉、流鼻水、發抖等戒斷症狀(withdrawal symptons or abstinence syndromes),危及生命安全。

(二) 成癮之特徵

根據世界衛生組織(WHO)之介紹,藥物成癮之特性包括:

❶ 強烈之慾望想重複使用某種藥物。

❷ 有增加藥物劑量之傾向。

❸ 產生生理與心理之依賴。

楊士隆、李思賢、朱日僑、李宗憲等人提及藥物成癮者應具有成癮症狀與耐藥性之特徵。成癮症狀主要為:對藥物有強烈意識之需求;有復發之現象(生理依賴性消除後,仍會繼續使用之);對藥物有恆常性的心理依賴;藥物需求上過度衝動,不斷增加其藥物用量;不惜代價維持藥物之供給。其次,耐藥性係使用者須不斷增加其藥物用量,才可維持初次使用特定藥量的效果,不同的藥物則有不同的耐藥性,且耐藥性程度也會因人而異。

🙂 小博士解說

向毒品說「不」!

藥物成癮,會影響個人認知功能與行為表現,對健康的傷害極大。根據「衛福部心理及口腔健康司」的資料顯示:施用毒品成癮的原因或其戒治成效的影響因素是相當複雜的,與生理、行為及社會情境等層面皆有關係,且目前尚無單一有效,能適用於所有成癮個案的治療方法,需要跨領域、跨專業合作,提供專業醫療及多元且長期的心理、社會復健服務,包括家庭支持、社會接納、就業協助等,以助其改善人際、社會與職業功能,才能有效預防復發,協助個案復歸社會。

衛生福利部自 2010 年起推動「補助民間團體參與藥癮戒治及社會復健工作」,結合政府各部會及民間資源,提供成癮者生活安置、職業技能培訓、家庭支持、宗教輔導、生活與職業輔導等服務;各地方政府亦設有毒品危害防制中心,辦理毒品危害宣導及提供成癮者追蹤輔導與各項資源轉介服務,有需求的民眾可撥打 24 小時免付費電話 0800-770885(請請你,幫幫我)洽詢(資料來源網址:https://www.mohw.gov.tw/cp-2628-19029-1.html)。

藥物成癮歷程

起始 好奇心驅使 → **繼續** 週期性或間歇性的使用藥物

↓

 沉迷 習慣性用藥並產生心理依賴 → **成癮** 產生生理、心理依賴，且有耐藥性

戒斷的症狀 —— 此為最嚴重的成癮階段

噁心

發抖

嘔吐

流鼻水

腹瀉

改變生理狀態，危及生命安全

藥物成癮特徵

 成癮特徵 →
對藥物有強烈持續使用的需求；
對藥物有恆常性的心理依賴；
不斷增加藥物用量；
不惜代價維持藥物之供給。

UNIT **4-3**
藥物濫用之分類

藥物濫用之分類仍然趨於複雜,無法獲致共識,常隨著各國對毒品之定義不同及各種非法毒品興起,如 GHB(笑氣)、K 他命、神奇磨菇等,而有不同之分類。

(一) 國外之分類

❶ 世界衛生組織之分類

世界衛生組織將藥物分為四類:

①麻醉劑,如鴉片、嗎啡及海洛因等。

②鎮定劑類,如紅中等巴比妥劑。

③迷幻劑類,如大麻、LSD 等。

④興奮劑類,如安非他命、高根等。

❷ 美國司法部之分類

美國司法部將列入管制之心理活動藥物,分為五類:

①麻醉劑,又稱鴉片類止痛劑。

②中樞神經抑制類,如三氯乙二醇、巴比妥酸鹽等。

③中樞神經興奮劑,如古柯鹼、安非他命等。

④幻覺誘發劑,亦稱精神興奮劑,如 LSD、梅斯卡林等。

⑤大麻類,如大麻菸、大麻脂、大麻油等。

❸ 聯合國之分類

聯合國於 1988 年發布「禁止非法販運麻醉藥品及影響精神藥物公約」(簡稱「聯合國反毒公約」),其將毒品區分為麻醉藥品(narcotic drugs)及影響精神藥物(psychotropic substance)兩類:

①麻醉藥品:可分為天然植物類麻醉藥品,以及合成類麻醉藥品兩種。

②影響精神藥品:分為中樞神經鎮定劑、中樞神經興奮劑以及中樞神經幻覺劑三種。

(二) 臺灣之分類

依 2020 年 1 月 15 日新修訂之「毒品危害防制條例」,該條例所稱毒品指具有成癮性、濫用性及對社會危害性之麻醉藥品與其製品及影響精神物質與其製品。毒品依其成癮性、濫用性及對社會危害性分為四級,其品項如下:

❶ **第一級**:海洛因、嗎啡、鴉片、古柯鹼及其相類製品。

❷ **第二級**:罌粟、古柯、大麻、安非他命、配西汀、潘他唑新及其相類製品。

❸ **第三級**:西可巴比妥、異戊巴比妥、納洛芬及其相類製品。

❹ **第四級**:二丙烯基巴比妥、阿普唑他及其相類製品。

前項毒品之分級及品項,由法務部會同衛生福利部組成審議委員會,每三個月定期檢討,審議委員會並得將具有成癮性、濫用性、對社會危害性之虞之麻醉藥品與其製品、影響精神物質與其製品及與該等藥品、物質或製品具有類似化學結構之物質進行審議,並經審議通過後,報由行政院公告調整、增減之,並送請立法院查照。有關醫藥及科學上需用之麻醉藥品與其製品及影響精神物質與其製品之管理,另以法律定之。

聯合國反毒公約毒品種類表

麻醉藥品	天然植物類麻醉藥品	❶ 中樞神經抑制劑罌粟（果實乳汁）（Papaver som-niferum L.）	①鴉片（opium） ②嗎啡（morphine） ③可待因（codeine） ④海洛因（heroin）
		❷ 中樞神經興奮劑 古柯鹼（哥倫比亞）（Ery-throxylum coca L.）	①古柯葉（coca leaves） ②古柯鹼（cocaine 我國刑法稱為高根） ③快克（crack）
		❸ 中樞神經迷幻劑大麻（印度）（Cannabis sativa L.）	①大麻（marijuana） ②大麻脂（hashish） ③大麻油（hashish oil）
	合成類麻醉藥品	❶ 莫彼利汀（meperidine 性質與鴉片相同） ❷ 美沙酮（methadone 效果與嗎啡相同） ❸ 潘他唑新（pentazocine 俗稱「速賜康」，效果與嗎啡相近）	
影響精神藥物	❶ 中樞神經鎮定劑	①巴比妥酸鹽（barbiturates）	
		②非巴比妥酸鹽	紅中（secobarbital） 青發（amobarbital） 白板（methaqualone）
	❷ 中樞神經興奮劑：安非他命（amphetamine 列為麻醉藥品管理）		
	❸ 中樞神經幻覺劑（迷幻藥）（psychedelic）	①LSD-25（lysergic acid diethylamide） ②梅斯卡林（mescalina） ③酚賽克力汀（phencyclidine 簡稱 PCP，俗稱「天使塵」）	

資料來源：法務部、教育部、行政院衛生署，1995。

臺灣毒品分級品項

毒品依其成癮性、濫用性及對社會危害性分為四級：	
第一級	海洛因、嗎啡、鴉片、古柯鹼及其相類製品。
第二級	嬰粟、古柯、大麻、安非他命、配西汀、潘他唑新及其相類製品。
第三級	西可巴比妥、異戊巴比妥、納洛芬及其相類製品如紅中、白板、K 他命等。
第四級	二丙烯基巴比妥、阿普唑他及其相類製品。

UNIT 4-4
臺灣新興濫用物質（一）

楊士隆、李思賢、朱日僑及李宗憲依衛福部食品藥物管理署出版之「藥物濫用防制宣導教材」，以及新近發生之案例，彙整出臺灣近年較為常見的新興濫用物質如下：

(一) PMMA（俗稱超級搖頭丸）

根據臺北市政府毒品防制中心發布之資料，對-甲氧基甲基安非他命（para-methoxymethamphetamine, PMMA），於 1938 年首次被合成出來，常以 Ecstasy 替代品的名義被販售，結構類似 MDMA，毒性卻更甚，於歐洲、亞洲、澳洲等地曾造成約 50 起濫用死亡案例的紀錄，故亦得到 Death 的俗名，目前有關 PMMA 的了解尚不完全，案例顯示常見不良反應包含躁動、幻覺、昏迷、抽搐、體溫過高、橫紋肌溶解、呼吸衰竭、心律不整等，甚至致死。

法醫研究所毒物化學組組長林棟樑指出，PMMA 的毒性作用較慢，摻入毒咖啡包內施用時，施用者常因喝完沒立即感覺，就一包接著一包喝，導致使用過量，濫用的致死率非常高，接近百分之百（錢利忠、吳政峰，2020.02.04）。

(二) N₂O（笑氣）

學名為一氧化二氮或氧化亞氮，又稱笑氣、吹氣球；常溫常壓下為無色、無味氣體，為短效、吸入性全身麻醉劑，一般僅用於手術前的麻醉誘導或牙科手術。濫用者將氣球放氣，以鼻吸入肺中，約 15 至 30 秒即可產生欣快感，並可持續 2 至 3 分鐘，同時可能會伴隨著臉潮紅、暈眩、頭臉的刺痛感、低血壓反射心跳加速、產生幻覺，甚至暈厥。吸入過量或長期慢性使用約二至三個月，則會產生周邊神經病變，如麻痺、耳鳴、不能平衡、衰弱、反射減弱及亞急性脊髓合併退化等症狀，並可能產生精神疾病，如幻覺、失憶、憂鬱等，若濫用者未使用氧氣，加上 PUB 內的酒精或併用其他藥物，更易有中毒危險，會造成嚴重身心傷害。

(三) Mephedrone（喵喵）

屬卡西酮類（Cathinones），施用者常與 K 他命併用，用來緩和其藥效消失後所產生的副作用，施用後有欣快、興奮等作用，產生類似甲基安非他命與搖頭丸的效果，但因作用時間短，故施用者會不斷追加劑量，根據研究報告指出，Mephedrone 會造成嚴重的血管收縮、心臟病發作、心律不整、焦慮、幻覺、妄想、痙攣等副作用。

依據國外資料顯示，已造成多起死亡個案。英國（2010 年 4 月列為 B 級管制）、德國（2010 年 1 月）、愛爾蘭（2010 年 6 月）、紐西蘭、法國、丹麥（B 級化學物質）、以色列（列為管制化學物質）、瑞典（危險化學物質）等國家已將其列入毒品或化學物質加強管理；加拿大、美國、歐盟等亦將陸續納管。臺灣在 2010 年始發現 Mephedrone 的蹤跡，並有使用後暴斃的案例，目前已於 2010 年 7 月 27 日、7 月 29 日新增列管為第三級毒品及管制藥品。

危險的 N$_2$O（笑氣）

從清醒到暈厥

使用笑氣的後遺症：
臉潮紅、暈眩、暈厥、周邊神經病變，並可能產生精神疾病，如幻覺、失憶、憂鬱等。濫用者會造成嚴重身心傷害。

造成多起死亡個案的 Mephedrone（喵喵）

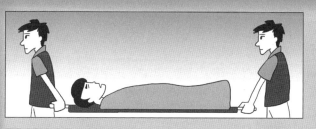

Mephedrone 因作用時間短，故施用者會不斷追加劑量，造成嚴重的血管收縮、心臟病發作、心律不整、焦慮、幻覺、妄想、痙攣等副作用。依據國外資料顯示，現已造成多起死亡個案。臺灣亦有使用後暴斃的案例。

★K 他命的後遺症

　K 他命（ketamine）屬於中樞神經抑制劑，目前為毒品危害防制條例列管為三級毒品。K 他命可以口服、鼻吸、菸吸與注射方式施用，施用後會產生幻覺、興奮感、意識混亂、與現實解離或是有所謂靈異旅行的經驗。

　較常見之副作用為心搏過速、血壓上升、震顫、肌肉緊張而呈強直性、陣攣性運動等。部分病人在恢復期會出現不愉快的夢、意識模糊、幻覺、無理行為及譫妄等現象。長期使用會產生耐藥性與心理依賴性，不易戒除（李志恒，2002）。

UNIT **4-5**
臺灣新興濫用物質（二）

(四) Ritalin（利他能）

分類上屬於中樞神經興奮劑，為安非他命類之衍生，可使腦內多巴胺與正腎上腺素更加活躍。醫學上為治療過動兒症候群的孩童，或是患有無法控制睡慾問題的患者。利他能口服效果迅速且良好，半衰期約 1 至 3 小時，其作用可維持 4 至 6 小時；利他能的副作用，可能會有失眠、食慾不振、頭暈、噁心、嘔吐、便祕、口渴等症狀。因為利他能在治療過動症的療效上是使用低劑量的口服藥劑，實務上很少發生濫用的情況，除非大量服用之下才易成癮，我國將其列為第三級管制藥品及毒品。

(五) 5-MeO-DIPT（火狐狸）

屬色胺類（Tryptamine），具有幻覺效果，為安非他命類之衍生，副作用包括使瞳孔放大、噁心、下顎緊閉、肌肉緊張過度、高血壓及心跳過速等症狀，過量使用具致命危險。國外多數案例均證實 5-MeO-DIPT 具有顯著之毒性，目前臺灣尚未發現致死案例，但已有使用 5-MeO-DIPT 之案件，故對該藥物之危害性應提高警覺。

5-MeO-DIPT 在國外常被當作俱樂部藥物，因其潛藏之致命危險性，德國、美國與新加坡等國家分別於 1999 年、2003 年及 2006 年將 5-MeO-DIPT 列為第一級管制物質；此外，希臘、丹麥、瑞典及日本亦陸續將其列為管制物質。我國已公告列入第四級毒品與第四級管制藥品管理。

(六) JWH-018（合成大麻）

外觀狀似菸草，由一些乾燥植物組成，並混合多種化學物質，俗稱為 K2 或 Spice，吸食後會有類似大麻的迷幻作用。根據國外調查結果指出，吸食後會出現嘔吐、妄想、精神恍惚、心跳加速等現象，情緒特別容易激動。令人更擔憂的是，K2 含有大量未知藥效的不明化學物質，一經吸食或過量吸食，有可能導致中毒、死亡等危險後果。因大麻早已被世界各國列為管制物質嚴禁使用，且吸食少量即可令人產生如大麻般的迷幻效果，因此 K2 逐漸取代了大麻的地位，主要透過網路管道進行販賣，聯合國毒品與犯罪問題辦公室（United Nations Office on Drugs and Crime, UNODC）發表聲明，呼籲各國須注意 K2 的濫用情形。自 2008 年起，美國、澳洲、紐西蘭、法國、德國、瑞士、英國、芬蘭、俄羅斯等國已陸續將 K2 列為管制物質，臺灣已於 2011 年 4 月 26 日經行政院公告列為第三級毒品加強管制。

(七) Nitrites（亞硝酸酯類）

其用途為治療心絞痛、氰化物中毒的輔助治療劑，其具有平滑肌鬆弛劑之作用，近年多非法使用於男同性戀中性享樂之用途。常見作用為頭暈、心悸、視力模糊、頭痛、嘔吐、鼻子灼傷、變性血紅素貧血症、低血壓、反射性心搏過速等。

此外，因揮發性亞硝酸酯類具有可燃性與爆炸性，甚而導致灼傷，其次男同性戀者過度於性行為中使用揮發性亞硝酸酯類，則易可能成為罹患愛滋病和 Kaposi's Sarcoma（卡波西氏肉瘤）的高危險群。

物質名稱	施用後的狀態	副作用
PMMA （超級搖頭丸）	PMMA 的毒性作用較慢，摻入毒咖啡包內施用時，施用者常因喝完沒立即感覺，就一包接著一包喝，常導致使用過量。	輕微中毒時，可能產生焦慮、躁動不安、高血壓、脈搏及呼吸加速、瞳孔擴大、肌肉痙攣、牙關緊咬、手抖、冒汗及幻覺等症狀；嚴重中毒時，則可能導致高燒、休克、心律不整、橫紋肌溶解症、中風、昏迷、急性肝腎衰竭等（臺北榮民總醫院，2006）。
N₂O （笑氣）	以鼻吸入肺中，約 15 至 30 秒即可產生欣快感。同時可能會伴隨著臉潮紅、暈眩、頭臉的刺痛感、低血壓反射心跳加速、產生幻覺，甚至暈厥。	產生周邊神經病變，如麻痺、耳鳴、不能平衡、衰弱、反射減弱及亞急性脊髓合併退化等症狀，並可能產生精神疾病，如幻覺、失憶、憂鬱等。
Mephedrone （喵喵）	施用後有欣快、興奮等作用，產生類似甲基安非他命與搖頭丸的效果。	會造成嚴重的血管收縮、心臟病發作、心律不整、焦慮、幻覺、妄想、痙攣等副作用。並有使用後暴斃的案例。
Ritalin （利他能）	可使腦內多巴胺與正腎上腺素更加活躍。醫學上為治療過動兒症候群的孩童，或是患有無法控制睡慾問題的患者。	可能會有失眠、食慾不振、頭暈、噁心、嘔吐、便祕、口渴等症狀。
5-MeO-DIPT （火狐狸）	具有幻覺效果，為安非他命類之衍生。	瞳孔放大、噁心、下顎緊閉、肌肉緊張過度、高血壓及心跳過速等症狀，過量使用具致命危險。
JWH-018 （合成大麻）	會出現嘔吐、妄想、精神恍惚、心跳加速等現象，情緒特別容易激動。	含有大量未知藥效的不明化學物質，一經吸食或過量吸食，有可能導致中毒、死亡等危險後果。
Nitrites （亞硝酸酯類）	其用途為治療心絞痛、氰化物中毒的輔助治療劑，其具有平滑肌鬆弛劑之作用。	頭暈、心悸、視力模糊、頭痛、嘔吐、鼻子灼傷、變性血紅素貧血症、低血壓、反射性心搏過速等。

濫用物質的危險性

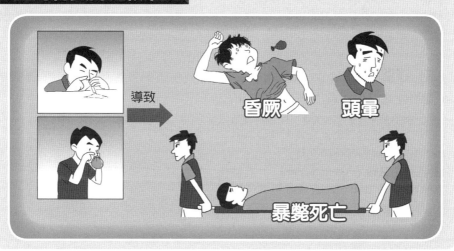

導致　昏厥　頭暈

暴斃死亡

UNIT **4-6**
新興影響精神物質（一）

近年來毒品以各種化合物型態作為產品開始出現於非法毒品市場，甚傳有藥物販賣者透過架設國外網站，販賣各種合法興奮劑（legal highs），並以「化學研究物質」（Research Chemicals）、醫療用藥（Medicines）、俱樂部藥物（club drugs）等字眼作為宣傳。此種異質性和快速發展的化合物類別通常被稱為「新興影響精神物質」（New Psychoactive Substances, NPS）。

(一) 意涵

根據聯合國之定義，NPS 係指「一種新興麻醉或影響精神之藥物，其不受 1961 年麻醉藥品單一公約或 1971 年精神藥物公約管制，但與列管之物質對比下，已呈現威脅公眾健康的物質。」（UNODC, 2016）其主要係化學家在實驗室利用有機合成的技術在已經被法律所禁止、管制的毒（藥）物分子化學結構上，於一些較不重要的地方加以修飾，所得到的一系列與原藥物結構相異，但效果相似，甚至更強的「合法」藥物，能夠達到使吸食者高度興奮、具有較強的致幻作用，又能夠同時規避法令等多重目的。

(二) 類型

聯合國毒品與犯罪問題辦公室在 2018 年之 Early Warning Advisory（EWA）中，列舉了以下當前國際上危害形勢最為嚴峻的九類新興影響精神物質：

❶ 氨基茚滿類（Aminoindanes）：氨基茚滿類在 1970 年代被當成舒張支氣管與鎮痛的藥物，同時發現其對血清素的釋放與再攝取有強效作用，後來導致這些物質被作為 NPS。氨基茚滿類通常以粉末與晶體形式存在，施用方式以口服為主，主要以中樞神經興奮劑起作用。

❷ 合成大麻素（Synthetic Cannabinoids）：大麻是典型的天然毒品，無論是大麻樹脂還是大麻油，其有效成分均為四氫大麻酚（THC）。近年來，雖然大麻的成癮性一直遭到質疑，大麻合法化運動不斷興起，但大多數國家仍然將大麻及其製品規定為毒品。合成大麻素為結構、迷幻作用類似天然四氫大麻酚的一系列合成產品。

❸ 合成卡西酮類（Synthetic Cathinones）：卡西酮是一種在阿拉伯茶中發現的生物鹼，在化學結構上與苯丙胺類藥物相似，服用後會產生強烈的興奮和致幻作用，是國際管制的第一類精神藥品。

❹ 苯環利定類（Phencyclidine-type substances）：在 1950 年被合成出，以注射麻醉劑被使用，作為娛樂性藥物的用途始於 1960 年代中期。主要以中樞神經興奮劑或解離劑起作用。

毒品以化合物型態出現

銷售管道 架設於國外網站，在網路銷售。

宣傳名稱 ➡ 「化學研究物質」、醫療用藥、俱樂部藥物……。

新興影響精神物質（NPS）

意涵 ➡ 一種新興麻醉或影響精神之藥物，其不受 1961 年麻醉藥品單一公約或 1971 年精神藥物公約管制，但與列管之物質對比下，已呈現威脅公眾健康的物質。

製造 ➡ 在實驗室利用有機合成的技術，在已經被法律所禁止、管制的毒（藥）物分子化學結構上，於一些較不重要的地方加以修飾，所得到的一系列與原藥物結構相異，但效果相似，甚至更強的「合法」藥物。

效用 ➡ 使吸食者高度興奮、具有較強的致幻作用，又能同時規避法令，近年 NPS 混合毒品造成許多致死案例。

影響最嚴峻的九類新興影響精神物質

合成大麻素 (Synthetic Cannabinoids)	氨基滿類 (Aminoindanes)	色胺類 (Tryptamines)	合成卡西酮類 (Synthetic Cathinones)
苯環利定類 (Phencyclidine-type substances)	苯乙胺類物質 (Phenethy-lamines)	哌嗪類物質 (Piperazines)	
植物源類物質 (Plant-based substances)	其他新興影響精神物質 (other substances)		

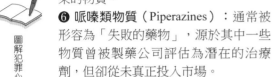

UNIT **4-7**
新興影響精神物質（二）

❺ 苯乙胺類物質（Phenethylamines）：是指一類被證實具有精神活性和興奮效果的物質。

❻ 哌嗪類物質（Piperazines）：通常被形容為「失敗的藥物」，源於其中一些物質曾被製藥公司評估為潛在的治療劑，但卻從未真正投入市場。

❼ 植物源類物質（Plant-based substances）：植物源類物質是源自某些天然植物的新型精神活性物質，當前主要流行的為阿拉伯茶、卡痛葉和鼠尾草，均具有精神致幻作用。

❽ 色胺類（Tryptamines）：合成的色胺類於 1990 年代出現在非法藥物的市場中，主要作為致幻劑，通常以吞食、嗅吸或注射的方式被使用。

❾ 其他新型精神活性物質（other substances）：係指無法歸入上述各類物質但同樣具有濫用潛力的新型精神活性物質（UNODC, 2018）。

根據 UNODC（2020）World Drug Report 之分析，NPS 之市場持續成長，至 2019 年間，有 120 個國家及區域發現 1,047 種 NPS。部分國家 NPS 以商品名如「LSD」及「ecstasy」販賣，由於其容易取得及價格便宜因此受到特定族群歡迎。其市場似已被建立，值得各國關注。根據衛生福利部食品藥物管理署所公布之新興影響精神物質檢出情形，2008 年至 2017 年一共檢出 130 種 NPS，其中 42 種合成卡西酮類；29 種類大麻活性物質；3 種 K 他命與苯環利定類；28 種苯乙胺類；9 種色胺類；13 種其他類；6 種哌嗪類。依據尿液及非尿液檢驗統計，我國目前新興毒品係以喵喵、亞甲基雙氧甲基卡西酮（bk-MDMA）為主。

(三) 危害

臺灣新興毒品濫用致死的案例近年急劇增加，法務部法醫研究所指出，2011 至 2017 年 12 月中旬的統計資料觀察，已從每年約 10 件劇升至 100 件，致死案例中之平均毒品種類，也從 1.9 種上升至 4.2 種，近期甚有多達 10 餘種。蕭開平指出 2011 至 2015 年非 NPS 濫用藥物之致死年齡為 39.2 歲，NPS 濫用致死平均年齡為 27.7 歲，致死多數為青年人。劉志民指出，新興影響精神物質對人體健康的危害和其他毒品一樣，是嚴重和多方面的，主要涵蓋濫用導致的成癮、健康損害以及急性中毒後的行為改變等。

九種新興影響精神物質名稱與效用

名稱	物質簡介	施用效用
氨基茚滿類（Aminoindanes）	在 1970 年代被當成舒張支氣管與鎮痛藥物，同時對血清素的釋放與再攝取有強效作用。	通常以粉末與晶體形式存在，施用方式以口服為主，主要以中樞神經興奮劑起作用。
合成大麻素（Synthetic Cannabinoids）	典型的天然毒品，有效成分為四氫大麻酚（THC）。	合成大麻素為結構、迷幻作用類似天然四氫大麻酚的一系列合成產品。
合成卡西酮類（Synthetic Cathinones）	是一種在阿拉伯茶中發現的生物鹼，在化學結構上與苯丙胺類藥物相似。	服用後會產生強烈的興奮和致幻作用。
苯環利定類（Phencyclidine-type substances）	1950 年被合成出，以注射麻醉劑被使用。	1960 年代中期開始，被作為娛樂性藥物。主要以中樞神經興奮劑或解離劑起作用。
苯乙胺類物質（Phenethylamines）	被證實具有精神活性和興奮效果的物質。	
哌嗪類物質（Piperazines）	通常被形容為「失敗的藥物」，源於其中一些物質曾被製藥公司評估為潛在的治療劑，但卻從未真正投入市場。	
植物源類物質（Plant-based substances）	源自某些天然植物的新型精神活性物質。	當前主要流行的為阿拉伯茶、卡痛葉和鼠尾草，均具有精神致幻作用。
色胺類（Tryptamines）	合成的色胺類於 1990 年代出現在非法藥物的市場中。	主要作為致幻劑，通常以吞食、嗅吸或注射的方式被使用。
其他新型精神活性物質（other substances）	係指無法歸入上述各類物質，但同樣具有濫用潛力的新型精神活性物質。	

新興影響物質的影響與危害

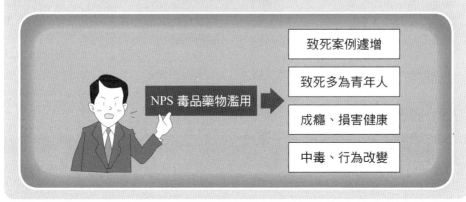

NPS 毒品藥物濫用

- 致死案例遽增
- 致死多為青年人
- 成癮、損害健康
- 中毒、行為改變

UNIT **4-8**
藥物濫用與犯罪之關聯

　　濫用藥物之結果除可能影響身心健康外，亦可能因此衍發偏差與犯罪行為。惟在學理上藥物濫用與犯罪行為之關係卻仍然不甚清楚，尤其在因果關係上更存有迥異之看法。為釐清毒品使用和犯罪行為之因果關聯，曾提出三大解釋模式，分別為心理藥物模式（The psychopharmacological model）、經濟動機模式（Economic motivation model）、組織系統模式（The systemic model）。

(一) 心理藥物模式

　　係指因毒品之藥理學上作用而從事犯罪行為，如因吸毒失去理智而殺人。心理藥物模式於解釋毒品與犯罪之關係並未獲得完全之確認，因為毒品的化學作用不一定會讓人呈現興奮，有些反而會讓人覺得安詳、幸福感。相關研究指出，毒品如巴比妥酸鹽類和鎮定劑、精神安定劑之使用可以顯著預測個體之攻擊行為。Miczek 等人之實驗發現，因海洛因或大麻之化學作用和酒精相反，所以當個體在施用海洛因或大麻時，其攻擊行為反而會被暫時抑制住。此外，PCP 和 LSD 等幻覺劑、古柯鹼皆無證據支持導致個體攻擊行為之發生。至於安非他命部分，Behavior 指出，因為長期使用安非他命和精神病疾患有關係，容易導致妄想性思考、恐慌等情緒，因此和衝動性暴力犯罪有顯著之關聯性。

(二) 經濟動機模式

　　由於使用海洛因之戒斷症狀十分嚴重且痛苦，包括噁心、眩暈、焦慮、搔癢、失眠、厭食、腹瀉發冷、腹痛、肌肉疼痛等，所以許多重度海洛因成癮者為了儘速解決戒斷症狀，容易不擇手段去取得毒品。因此，經濟動機模式受到海洛因成癮常引發犯罪之啟發，認為成癮與否是重要的關鍵。相關研究也指出，在成癮後之犯罪行為會顯著地比成癮前之犯罪行為嚴重。雖然海洛因之使用並不會觸發犯行，但海洛因成癮卻是加速犯罪性之關鍵因子。

　　然而，經濟動機模式並不適合於解釋所有施用毒品者犯罪之原因，要視個體之前是否曾有過嚴重犯罪紀錄。如果個體於成癮前便具有嚴重犯行紀錄，則經濟因素便無法解釋成癮者進一步從事之犯罪行為，即使該行為是較明顯之掠奪性犯罪。事實上，當除去毒品交易犯罪後，大多數的毒品使用者並不會進一步從事犯罪行為。

(三) 組織系統模式

　　此模式指出毒品交易市場的負面互動歷程會導致許多毒品相關犯罪之產生。White 認為此模式可以解釋大多數毒品使用所衍生的暴力犯罪行為。在 1988 年紐約的一項調查中，有四分之三的毒品相關謀殺是具有組織系統性的，而非隨機性的發生，而其中最主要的便是塊狀古柯鹼，粉末古柯鹼次之。此外，在組織系統性模式之中，可以發現毒品販賣者不但可能是暴力犯罪加害人，也可能是暴力犯罪被害人。

藥物濫用與犯罪間的關係

狀況一

施用藥物後失去理智而犯罪

長期使用安非他命等容易導致妄想、恐慌之情緒的毒品，和衝動性暴力犯罪有顯著之關聯性。

狀況二

需要大筆金錢購買毒品而犯罪

使用海洛因等毒品之戒斷症狀十分嚴重且痛苦，為了想繼續吸毒，容易不擇手段去取得金錢，購買毒品。

狀況三

加入組織系統成為加害人
（同時亦可能為被害人）

學者 Goldstein 指出，在（販毒）組織系統模式下，犯罪者從事暴力事件的動機來源有三方面：維護或擴張毒品的來源及產量、維持或擴張幫派的毒品交易範圍、顧全幫派的顏面。

UNIT **4-9**
藥物濫用者之類型

藥物濫用者以不同之形式出現，茲依使用目的、藥物需求程度、與傳統生活及犯罪世界之關係，以及嬉痞文化傳承之角度，說明藥物濫用者之類型：

(一) 藥物使用目的

藥物使用依其使用目的分為二種：「heads」與「freaks」。前者使用藥物是為了增加自己對事物的洞察，擴充敏感度，以便適應社會行為；後者使用藥物則是為了享受藥物帶來的快樂與逃避現實。

(二) 藥物需求程度

根據對藥物需求的程度，可將藥物使用者區分如下：

❶ 嘗試者（experimenters）：偶爾使用藥物，為生活中的插曲。

❷ 社交／娛樂使用者（social/recreational users）：使用藥物係他們社交生活的一部分，偶然發生並受情境影響。

❸ 經常使用者（committed users）：使用藥物是其生活的重心。

❹ 功能失調使用者（dysfunctional users）：其生活已完全被藥物所控制。

(三) 與傳統生活及犯罪世界之關係

此分類是根據藥物使用者與傳統生活及犯罪世界的關係而區別：

❶ 遵奉者（conformist）：一種高度沉溺於傳統生活而非犯罪生活的人。

❷ 活躍者（hustler）：一種高度沉溺於犯罪生活而非傳統生活的人。

❸ 兩種世界者（two worlder）：同時高度沉溺於以上兩種不同生活的人。

❹ 非沉溺者（univolve）：對以上兩種生活都不沉溺者。

(四) 嬉皮文化傳承

根據嬉皮運動與海洛因使用的關係亦有如下之分類：

❶ 新毒癮者（the new junkie）：從 1967 年以後開始吸毒者，此時嬉痞運動已經結束，其對於反文化開始覺醒。

❷ 轉型的毒癮者（the transition junkie）：1964 至 1966 年間吸食迷幻藥之藥物使用者。

❸ 老式菸毒癮者（the old-style junkie）：1964 年以前經濟被剝奪之吸食者。

藥物使用之目的

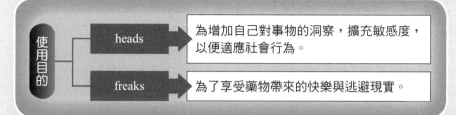

| 使用目的 | heads | 為增加自己對事物的洞察，擴充敏感度，以便適應社會行為。 |
| | freaks | 為了享受藥物帶來的快樂與逃避現實。 |

藥物濫用者的類型

依需求程度區分	依生活和犯罪關係區分	依嬉皮文化運動區分
❶ 嘗試者。 ❷ 社交／娛樂使用者。 ❸ 經常使用者。 ❹ 功能失調使用者。	❶ 遵奉者。 ❷ 活躍者。 ❸ 兩種世界者。 ❹ 非沉溺者。	❶ 新毒癮者。 ❷ 轉型的毒癮者。 ❸ 老式菸毒癮者。

★藥物濫用與犯罪行為

　　根據學者懷特（White）及顏氏（Yen）之説明，藥物濫用與犯罪的關係，學説上約有四種不同的觀點：❶藥物濫用導致犯罪行為；❷犯罪行為導致藥物濫用；❸藥物濫用與犯罪行為交互影響；❹藥物濫用與犯罪行為之關聯係不存在的，其同時由其他因素所促成。

　　綜合言之，藥物濫用與犯罪行為的關係至為複雜，一派認為藥物濫用導致犯罪行為，一派則持相反看法；另一派則認為兩者之關係是交互影響的，最近之研究復指出，藥物濫用與偏差行為可能由其他共通或不同之因素所促成，其並未具明確之因果關係。

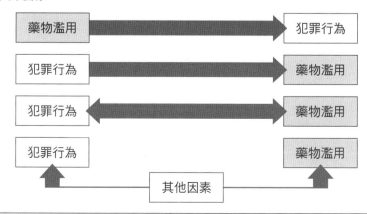

UNIT **4-10**
藥物濫用江湖術語（一）

在煙毒犯之次級文化體系內存有許多江湖術語（黑話），其作用除作為同道間聯絡及溝通之工具外，亦有助於逃避執法人員偵查與起訴。為使讀者對煙毒族群之江湖術語有進一步之認識，茲以陳賢財（1992）、小午（1993）及蔡維禎（1997）之撰述，從販賣、吸食施打與毒品之計量層面介紹煙毒族群慣用之江湖術語。

(一) 販賣毒品之江湖術語

走私毒品者稱之「走」或「粉仔」；販賣毒品者稱之「發」、「粉仔」或「藥頭」。依貨物來源，毒販可區分為：❶小盤或小賣；❷中盤；❸大盤或頂手；❹最頂手；❺國際線。所謂「最頂手」，即是貨源的幕後老闆；本省北部毒犯稱之為「老闆」，南部則多使用「頭仔」一詞。至於「國際線」，即指臺灣的大盤商直接與國外人士接洽者；若貨源是與華僑接洽者，稱之「僑仔」。

(二) 吸食、施打毒品之相關江湖術語

吸食施打毒品者，北、中部本省話稱呼為「火雞」、「雞仔」或「小雞」；老吸毒犯或毒癮深者則叫「老火雞」。至於南部則大多叫「吃粉仔」或「嗎啡仙仔」；而毒癮深者呼之「大隻嗎啡仔」；煙毒族群者則戲稱為「白蓮教」。

毒品之名稱，例如：嗎啡與海洛因等，統稱為「白粉」或「白麵」，本省話通稱為「粉仔」。四號，泛指純度較高之海洛因。安仔或安公子，係指安非他命而言。其次，有關吸食、施打毒品之相關工具亦有特定之術語，例如：注射針筒或器具，本省話稱之為「筒仔」或「槍」（南部使用），或簡稱「筆」（北部使用），國語則稱之為「書套」；催發劑「美娜水」稱之為「美娜」或「汽水」。

有關吸食及注射毒品方式之術語則包括：以注射器具施打靜脈者，稱之為「水路」；注射雙邊鼠蹊部或雙肘靠腋窩處以及兩膝蓋之後彎等動脈者，稱之為「打燙」或「打淌」；因長期注射致血管「鈣化」或「下沉」而無法做靜脈注射，改以皮下肌肉注射，稱之為「打皮膚」，由於常見兩手臂僵硬、肌肉萎縮之故，「機器人」即為其通稱。

另外，由口鼻吸入者，稱之為「走」；摻入香煙吸食者，稱之為「當煙」，國語另稱為「追龍」、「搬薰」或「吸白粉」。

江湖術語南北大不同

吸毒或販毒之人常見術語

從事之行為	通用的說法	北部俗稱	南部俗稱
走私毒品	走、粉仔		
販賣毒品	發、粉仔、藥頭		
貨源幕後老闆（最頂手）		老闆	頭仔
吸食施打毒品者		火雞、雞仔、小雞	吃粉仔、嗎啡仙仔
毒癮較深者		老火雞	大隻嗎啡仔
煙毒族群			白蓮教
長期注射導致肌肉萎縮者	機器人		

毒品種類、器具之術語

毒品名稱或器具	通用的說法	北部俗稱	南部俗稱
嗎啡、海洛因	白粉、白麵		粉仔
安非他命	安仔、安公子		
注射針筒		筆、書套	筒仔、槍
美娜水（催發劑）	美娜、汽水		

施打毒品之常見術語

使用毒品的方式	常見術語
以注射器打靜脈	水路
注射雙邊鼠蹊部或雙肘靠腋窩處	打燙、打淌
皮下肌膚注射	打皮膚
由口鼻吸入	走
掺入香煙吸食	當煙、追龍、搬薰、吸白粉

UNIT **4-11**
藥物濫用江湖術語（二）

毒品外形屬「重骨仔」，即經壓縮而質量較重之粉末，其品質良好；屬「澎裝仔」或「澎粉仔」，即較鬆散之白粉末，通常品質較差；而外形屬「螞蟻卵」，即形如洗衣粉顆粒，乃毒品中品質最佳者。

最後，毒癮發作時，稱之為「難擋了」，本省話稱為「哈」或「啼」。施打後產生藥效稱為「搬高了」，本省話稱之為「茫了」。一般而言，除了「茫」的程度外，尚有「味」，尤其以菊花味道之程度為衡量藥效之重要參考。至於發作後的痛苦症狀，本省話稱「摔」；吸毒過量，導致抽搐、休克或死亡時，本省話稱「拔筋」。

(三) 毒品之計量黑話

❶ 「本省人」之用語

①本省人所用「一」至「十」的代用語：一—建；二—耐；三—鍾；四—賜；五—ㄇㄚˋ；六—離；七—新；八—反；九—ㄙㄨㄛ；十一—卡。例如：二十就代稱「耐卡」；五磅嗎啡就叫「ㄇㄚˋ磅」；一兩海洛因就是「建兩」。

②百—鼓。如：百磅毒品可匿稱「鼓貨」。

③仟—猜。如：三仟則叫「鍾猜」。

④萬—本。在過去百元鈔面額為最大時，道上場子所謂「一本」就是一萬塊「孫先生」，「二本」就是二萬。今由於仟元鈔為最大額，所以現在稱「一本」則是十萬了。

⑤錢—飽、ㄆㄧˋ或孫先生等代號。如：問某人「有錢嘸」，則說對方「有飽嘸」。

⑥支票—符仔。如：開張支票就是「畫張符仔」。

❷ 「外省人」之用語

①「一」至「十」之代號是：一—柳；二—月；三—五；四—折；五—中；六—申；七—新；八—張；九—愛；十一—菊。簡舉一例：罵人十三點不正經，則可稱呼對方是「柳菊五」。

②百—牌。如：一百則是「柳牌」。

③仟—千。兩仟則叫「月千」。

④萬—丹。參萬就是「五丹」。

⑤錢—鏘。如：問對方錢多不多時就簡單地問說：「海不海？」所謂「海」就是「多」的意思；而「鍊」就是「少」或「沒有」之意思。如沒有毒品則可說「鍊貨」了。另如：「我柳毛掛個大鍊了」，就表示自己連一塊錢也沒有了。

⑥支票—火葉子。

形容毒癮的江湖術語

毒癮
發作時

稱之為「難擋了」。
本省話稱為「哈」、「啼」。

毒品產生
藥效時

稱之為「搬高了」。
本省話稱為「茫了」。

發作後感覺
痛苦時

本省話稱為「摔」。

過量導致抽
搐、休克或
死亡時

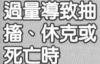

本省話稱為「拔筋」。

計量黑話

數量	本省代稱	外省代稱
一	建	柳
二	耐	月
三	鍾	五
四	賜	折
五	ㄇㄚˋ	中
六	離	申
七	新	新
八	反	張
九	ㄙㄨㄛ	愛
十	卡	菊
百	鼓	牌
仟	猜	千
萬	本	丹
支票代稱	符仔	火葉子
錢的代稱	飽、ㄆㄧˋ、孫先生	鄒

UNIT *4-12*
藥物濫用犯罪者之心態及在監生活特性

藥物濫用者具有獨特之心態與價值觀，在獄中更衍生迥異之生活型態，茲分述如下：

(一) 心態

根據張伯宏之分析，煙毒犯具有下列心態：

❶ **好奇型**：想親身體驗各種經驗，以便印證他人所說或書中所提之事。

❷ **刺激型**：不滿當前生活單調乏味，尋求聲色刺激及不同變化。

❸ **夢幻型**：不滿現實世界的固著，藉毒品誇張擴大自我刺激之效果。

❹ **逃避型**：承受不了家庭、學校、社會給予的壓力，又擺脫不了道德約束，想暫時脫逃一陣。

❺ **孤僻型**：強烈感覺與這世界有疏離感，身邊四周的人又不了解他（她），他（她）也不願意降格以求，而寧願獨善其身。

❻ **無情型**：缺乏家人關愛、師長重視或同學接納，對自己失去信心，對自己存在的價值感到懷疑。

❼ **報復型**：不滿父母對待或教養方式，又不敢對他們表達內心之感受，積壓久了，便採取激烈的方式來警告或反抗家人，或一心一意想讓他們也嘗到痛苦的滋味，而先傷害自己以傷害親人。

❽ **自殺型**：覺得人生乏味，生命無意義，一切都是虛情假意。反正不想活下去又不敢跳樓、跳水、割腕自殺，而以吸毒為慢性自殺之方式。

❾ **失意型**：遇挫折、困難，懷疑自己之能力，缺乏實質之成就感。

❿ **焦慮型**：神經過敏、容易緊張、無法放鬆自己，失眠頭痛而常吃安眠藥、鎮定劑，以維持工作效率及生活步調，久而久之，藥愈吃愈重而嘗試更強烈之毒品。

其次，美國獄政專家 Irwin 則對煙毒犯做如下之觀察：

❶ 一日為煙毒犯，終身為煙毒犯（Once a dope fiend, always a dope fiend）。

❷ 與其他受刑人迥異，具有獨特之用藥次文化與價值觀。

❸ 不在乎他人之感受，以自我為中心。

❹ 認為世界是沉悶的、例行性的，缺乏刺激。

❺ 由於無法合法獲取藥物，普遍認為社會缺乏公平。

(二) 生活特性

參照黃徵男之見解，下列諸點為煙毒犯之一般特性：

❶ 好吃懶做，好逸惡勞，生活懶散，缺乏意志力。

❷ 道德觀念低落，欠缺廉恥心，善於掩飾，且容易撒謊。

❸ 喜好搞小團體，易隨聲附和，而有集體行為發生。

❹ 陰險狡猾，疑心病重，善用心計。

❺ 因無被害人，故多半不承認自己是罪犯。

❻ 受毒品之害，身體健康與性能力普遍較差。

❼ 經常感到無奈、無力、無助等三無感存在；怨天尤人，自怨自艾。

❽ 欺善怕惡，見管教人員懦弱則盛氣凌人；反之，有如龜孫子般，卑躬屈膝。

❾ 三情蕩然，即親情淡薄、感情虛假、無情澈底。

煙毒犯的多樣心態

大家稱我們是煙毒犯

但我們的心態有很多種

好奇型	無情型
刺激型	報復型
夢幻型	自殺型
逃避型	失意型
孤僻型	焦慮型

獄政專家對煙毒犯之觀察

觀察煙毒犯筆記：
❶ 具有獨特之用藥次文化與價值觀。
❷ 以自我為中心。
❸ 認為世界是沉悶的、缺乏刺激。
❹ 由於無法合法獲取藥物，認為社會缺乏公平。

煙毒犯的主要特性

缺乏意志力

親情淡薄，無情澈底

容易撒謊

欺善怕惡

煙毒犯

喜歡搞小團體

怨天尤人自怨自艾

疑心病重，善用心計

健康較差

不承認自己是罪犯

UNIT **4-13**
藥物濫用之防治（一）

圖解犯罪心理學

　　基本上藥物濫用者一旦成癮，即須花費無數之時間、精力、金錢進行戒治，而一旦觸法，進入刑事矯正機構，政府亦須斥鉅資（拿納稅人之稅款）對其加以矯正與治療。故藥物濫用之防治仍以預防重於治療為最高指導原則。茲分別說明防治之具體做法如下：

（一）預防

　　美國國家藥物濫用研究所（NIDA）研究指出，每花費 1 元在預防上，可節省 7 元之處理藥物濫用之相關費用。以美國白宮為例，2012 年聯邦政府花費 17 億美元致力於教育與預防及宣導方案，此較 2010 年經費成長近 1.2 億美元。目前聯合國毒品與犯罪問題辦公室（UNODC）亦在經費分配上著重於預防及宣導作為，其乃基於預防勝於治療與處理之理念。

　　聯合國毒品與犯罪問題辦公室（2013）在藥物濫用預防之國際準則（International Standards on Drug Use Prevention）中，進一步指出應針對高風險藥物濫用之群體，採取選擇預防策略（Selective Prevention Strategy），進行分眾宣導，且聚焦於高風險場域。藥物濫用預防場域必須從家庭擴展至工作場所、學校、娛樂場所和社區。此有賴教育部與法務部、衛福部、內政部及勞動部等結合地方政府積極努力。

❶ 健全家庭組織功能與強化親子關係

　　家庭在藥物濫用之防治上扮演著重要之角色。倘家庭趨於解組、夫妻失和、父母缺乏和諧、父母與子女親子關係不良致無法有效溝通、父母未能採行適當之管教等，皆易使行為人瀕臨吸毒之危險。因此，對解組家庭之介入、輔助並規劃、施行親職教育，甚至進行家族治療，乃為預防濫用藥物之重要工作。

❷ 加強學校教育與宣導

　　學校應扮演比以往更積極的角色，以教育、輔導青少年來抗拒、摒除毒品之入侵。一般而言，學校防治濫用毒品方案包括：認識毒品教育與宣導、抗拒毒品之技巧、社交與人際處理之生活技巧訓練、學生康樂休閒活動之規劃等（Bukoski, 1985）。此外，對於高危險群少年，更宜進行專業之心理諮商與社工輔導，避免藥物濫用行為更加惡化。

❸ 強化社區藥害衛生教育及宣導

　　除應透過媒體積極宣導藥害教育，更應定期在各地區舉辦非法毒品防治講座或研討，並推動民間反毒活動，讓少年或社會大眾了解有關藥物濫用對身體弊害，進而拒絕其誘惑。

藥物濫用戒治耗費鉅資

成癮者 →（觸法）→ 進入刑事矯正機構 → 矯正與治療

政府須斥鉅資（拿納稅人之稅款）對成癮者加以矯正與治療。故藥物濫用之防治仍以預防重於治療為最高指導原則。

藥物濫用之防治

家庭方面

家庭在藥物濫用防治上，扮演著重要的角色。因此，對解組家庭之介入、輔助並規劃、施行親職教育，甚至進行家族治療，乃為預防濫用藥物之重要工作。

學校方面

以教育輔導青少年摒除毒品。對於高危險群少年，更宜進行專業心理諮商與社工輔導，避免濫用藥物行為更加惡化。

社區方面

可透過媒體積極宣導藥害教育，定期在各地區舉辦違禁藥品講座或研討，並推動民間反毒活動，讓少年或社會大眾了解有關藥物濫用對身體之弊害，進而拒絕其誘惑。

UNIT 4-14
藥物濫用之防治（二）

（二）處遇

❶ 藥物控制與治療

最著名的是美沙酮維持療法（methadone maintenance），此方法在1960年代末期被用來代替嗎啡與海洛因。其係一種化學合成之麻醉劑，本身亦是一種成癮之藥物，但其有助於嗎啡與海洛因成癮者在使用該藥物之後，逐漸脫離對原成癮藥物之依賴，且副作用較小，惟使用時應謹慎避免成癮，並配合其他醫療服務，以達成較佳之功效。此外，亦可採用拮抗劑（antagonist drug），例如：拿淬松（naltrexone hydrochlride），以阻絕成癮者腦部感覺器官對麻醉藥品的需求，避免產生安樂感及藥物依賴。最後，一種由中藥提煉名為「金不換」之藥物，亦曾在中國大陸陝西省被實際應用至成癮者身上，而有助於減輕成癮症狀，且較無副作用，值得密切注意。

❷ 心理輔導與行為療法

前已述及以藥物控制之方法對藥物濫用成癮者之生理依賴加以治療。惟鑑於成癮者常因周遭之人事或環境因素，意志力薄弱無法摒除誘惑而再犯，因此，加強心理層面之建設或更進一步地對其潛在動力（如：潛意識）予以重塑，乃成為處遇之重點。其中有關心理輔導部分可以認知療法、正念療法、現實療法、內觀法等加強其心理建設。此外，亦可使用催眠療法（hypnotherapy）或前世催眠（hypno-past life-therapy）之技術，以澈底去除成癮者再犯，永遠脫離藥癮之毒海。有關行為療法部分，可以嫌惡治療（aversive technique）、代幣法（token economics）與行為契約法（behavior contracts）等加以運用。輔導、治療之重點應注意：①把握治療之契機、愈早愈好；②提供長期、持續性之診斷治療；③處遇分階段性，以磨練成癮者心性並培養責任感。此外，新近研究復指出認知行為療法（cognitive-behavioural interventions）之相關技術，如行為自我控制訓練（behavioral self-control training）、社交技巧訓練（social skills training）、復發預防（relapse prevention）、生活型態之修正（lifestyle modification）及正念療法等對於藥物成癮者之改善甚有助益。最後，亦可借重已戒除毒癮、悔改向上之出獄人及宗教界人士協助推動各項輔導工作。例如：美國麻醉藥品成癮者匿名組織（Narcotics Anonymous, NA）、希納農組織（Synanon）以實際之行動主動協助毒品勒戒、輔導工作，以及基督教福音戒毒中心牧師與戒毒成功者不定期赴煙毒專業矯治機構現身說法，以激發受刑人戒毒意志及決心，即為最佳之例子。

❸ 社區治療法

又稱治療性社區（therapeutic residential），係指在社區中運用社區資源與居民之力量，協助藥物成癮者順利復歸社會。其乃基於下列三項假設：①藥物成癮者係在其所居住之環境中成癮；②係將經常停留或居住在該環境中；③治療方式並非改變該環境，而係加強藥物成癮者面對環境壓力之能力；其須參加會心團體，而社區民眾應予以支持與協助。

對成癮者進行藥物治療

美沙酮維持療法

- 被用來代替嗎啡與海洛因。其係一種化學合成之麻醉劑。
- 有助於嗎啡與海洛因成癮者在使用該藥物之後，逐漸脫離對原成癮藥物之依賴。
- 使用時應謹慎避免成癮，並配合其他醫療服務，以達成較佳之功效。

對成癮者進行心理輔導與行為療法

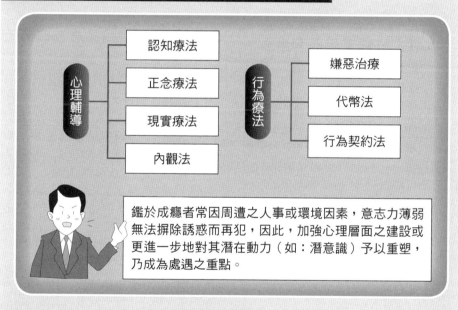

心理輔導
- 認知療法
- 正念療法
- 現實療法
- 內觀法

行為療法
- 嫌惡治療
- 代幣法
- 行為契約法

鑑於成癮者常因周遭之人事或環境因素，意志力薄弱無法摒除誘惑而再犯，因此，加強心理層面之建設或更進一步地對其潛在動力（如：潛意識）予以重塑，乃成為處遇之重點。

對成癮者進行社區治療法

社區治療法又稱治療性社區（therapeutic residential），係指在社區中運用社區資源與居民之力量，協助藥物成癮者順利復歸社會。

UNIT **4-15**
藥物濫用之防治（三）

（三）強化社區追蹤輔導與監控

鑑於藥物成癮之再犯可能性甚高，故當其經勒戒、矯治後，仍須予以追蹤輔導，甚至由觀護部門進行「密集式之觀護監督」（intensive probation supervision），並增加尿液篩檢次數，以確保這些人不致再度嗑藥。而警察人員除加強查察外，亦可強化社區座談與監控措施，如居民訪談、告知檢舉電話及宣導，以斷絕毒品供給，並減少需求。

（四）設立藥物濫用監測中心，進行長期預警監測與調查分析

目前先進諸國如美國、歐盟及澳洲等均設有藥物濫用監測組織，監測藥物濫用之發展，以了解濫用趨勢並早期預警與介入，包括美國國家藥物濫用研究所（NIDA）從 1975 年起委託密西根大學社會研究所，每年針對 8、10、12 年級之全美公私立國高中學校學生進行抽樣調查之計畫「監測之未來」（Motoring the future, 2012），透過學生使用的藥物種類（處方藥物、非法藥物、酒精、香菸等）以及價值判斷（毒品危害性的認知、不贊成使用毒品的態度、獲得毒品的難易度等）之自陳報告，來長期掌握國高中學生藥物濫用的趨勢。此外，歐盟毒品與成癮監控中心（European Monitoring Centre for Drugs and Drug Addiction）屬跨國之藥物濫用監控機制，透過查獲的毒品（供應面）及處遇中心的註冊人口（需求面），達到對於歐洲的毒品問題有所掌控與因應的目的，目前約有 30 個國家參與該監控中心，資料除了呈現歐洲全貌外，由於監測指標一樣，可供跨國比較。澳洲政府則設澳洲犯罪研究所（Australian Institute of Criminology）執行非法藥物使用之監控計畫（Drug Use Monitoring in Australia, DUMA, 2012），自 1999 年起每季將警察拘留所（截至 2010 年已超過 4,000 個拘留所）中調查犯罪被建捕者的自陳報告與尿液檢測，對於即時了解毒品吸食與犯罪之趨勢發展貢獻至鉅。

（五）加強管制藥品之進口與流動

應加強國際合作，以斷絕毒品走私來源並管制非法藥物之流通。尤其應強化兩岸合力打擊犯罪之合作，因 2015 年臺灣查獲的 4,840 公斤毒品中，有 1,222 公斤來自大陸，2,319 公斤來自香港。其次，應致力於加強機場、港口與海關之檢查工作，尤其在偵緝毒品上之技術應尋求改進，例如：精密鑑定儀器及電子鼻之應用。第三，對管制販賣及使用之醫療上藥物，經進口或製造後，應建立一套完整之流動紀錄制度，並加強督導與查核，以免藥物淪為非法買賣及使用。第四，藥物管制單位應與司法單位及執法部門合作，詳細編製列管藥物之圖片及說明書，供查緝藥物有關之人員參考，以提高執法效果。

藥物濫用防治 ── 強化社區追蹤輔導

成癮者 ➡ 勒戒、矯治 ➡ 追蹤輔導

可由觀護部門進行「密集式之觀護監督」，並增加尿液篩檢次數。而警察人員除加強查察外，亦可強化社區座談與監控措施。

藥物濫用防治 ── 設立藥物濫用監測中心

國家	單位名稱	監測實際做法
美國	美國國家藥物濫用研究所（NIDA）	每年針對 8、10、12 年級之全美公私立國高中學校學生進行抽樣調查，透過學生使用的藥物種類以及價值判斷之自陳報告，來長期掌握國高中學生藥物濫用的趨勢。
歐盟	歐盟毒品與成癮監控中心（European Monitoring Centre for Drugs and Drug Addiction）	屬跨國之藥物濫用監控機制，透過查獲的毒品（供應面）及處遇中心的註冊人口（需求面），達到對於歐洲的毒品問題有所掌控與因應的目的。目前約有 30 個國家參與該監控中心。
澳洲	澳洲犯罪研究所（Australian Institute of Criminology）	執行非法藥物使用之監控計畫，自 1999 年起，每季將警察拘留所中調查犯罪被逮捕者的自陳報告與尿液檢測，對於即時了解毒品吸食與犯罪之趨勢發展貢獻至鉅。

藥物濫用防治 ── 管制藥品進口與流動

管制藥品進口做法

➤ 加強國際合作，斷絕毒品走私。

➤ 致力於加強機場、港口與海關之檢查工作。

➤ 對管制之藥物，經進口或製造後，應建立完整之流動紀錄制度，並加強督導與查核。

➤ 藥物管制單位應與司法單位及執法部門合作，詳細編製列管藥物之圖片及說明書，供查緝藥物有關之人員參考。

酗酒與犯罪

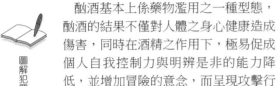

UNIT 5-1
酗酒之意涵

(一) 酗酒的型態與結果

酗酒基本上係藥物濫用之一種型態，酗酒的結果不僅對人體之身心健康造成傷害，同時在酒精之作用下，極易促成個人自我控制力與明辨是非的能力降低，並增加冒險的意念，而呈現攻擊行為。

2011 年世界衛生組織之《全球疾病負擔報告》指出，酒精飲用導致全球每年約 250 萬人死亡，酗酒不僅會提高飲用者多種慢性疾病（如癌症、心血管疾病等）與傷害的風險（如跌落、車禍等），也會對家庭、社會安全與生產力構成威脅（如家暴、曠職等）。

(二) 酗酒的界定

酗酒或酒癮之界定並不易，主要乃因考量之角度不一，例如：飲酒量、頻率、機能之受損、妨害正常活動等，均為界定之重要指標。無論如何，學界與政府部門慣用之定義仍可提供參考。

❶ 世界衛生組織

超越傳統習慣及吃飯時飲酒，或超越社會上一般飲酒習慣的任何飲酒型態，即屬癮；又不論個人之遺傳體質、後天的生理疾病因素、新陳代謝及其他因素如何，凡因飲酒而導致個人健康及社會關係障礙者，均為酒癮。

❷ 美國國家酗酒標準委員會

美國國家酗酒標準委員會所訂定的酗酒認定標準如下：

① 酒精斷除症（withdrawal symptoms）。酗酒者在需要酒的時候若是沒有酒，身體感覺很痛苦，以至於有顫抖、昏迷、中毒等現象。

② 容忍度（tolerance）愈來愈高。例如：本來喝一杯就會醉，現在喝兩杯才會醉，表示他對酒的容忍度增高了。

③ 持續性飲酒。

④ 重大的疾病。例如：肝硬化。

❸ 美國精神醫學會

依照精神疾病診斷與統計手冊（DSM-5）對於酒癮（又稱「酒精使用障礙症」）之定義，若個案因長期使用酒精而造成個人、家庭及職業上的困擾與傷害，在一年內出現至少二項下述情形，即符合：

① 比預期的還大量或長時間攝取酒精。

② 持續渴望或無法戒除、控制使用酒精。

③ 很多時間花在購買、飲用酒類或從其效應恢復。

④ 對於喝酒有強烈渴望。

⑤ 因反覆喝酒造成無法完成工作、學業或家務等義務。

⑥ 儘管喝酒導致持續或反覆的社交問題產生，仍不斷喝酒。

⑦ 因喝酒而減少，甚至放棄重要的社交、職業或休閒活動。

⑧ 在會傷害身體的情境下反覆喝酒。

⑨ 儘管知道喝酒恐引起持續或反覆的生、心理問題，仍持續喝酒。

⑩ 酒精耐受性改變：

Ⓐ 顯著增加喝酒量之需求而致想要的效果或酒精中毒。

Ⓑ 持續飲用等量的酒而效果顯著降低。

⑪ 出現酒精戒斷症狀，藉喝酒或使用安眠藥等相近物質解除戒斷症狀。

酗酒的界定

在需要酒的時候若是沒有酒，身體會感覺很痛苦，以致有顫抖、昏迷、中毒等現象，就可視為酗酒。

酗酒對健康的傷害

長期使用酒精會造成個人、家庭及職業上的困擾與傷害。若已成癮，無法擺脫喝酒的渴望，請立即尋求相關單位的協助。可參考衛福部網站關於酒癮戒治的相關資料（網址為：https://dep.mohw.gov.tw/domhaoh/np-4099-107.html）。

 ★學者 Winick 對酒癮的界定

　　酒癮（alcoholism）係指超越正常飲食及社會習慣之飲酒，而產生的一種慢性疾病。其對個人社交、健康或經濟功能帶來負面影響，包括每次飲酒必喪失自我控制之狀況。

UNIT **5-2**
酗酒之影響

適度飲酒有其正面功能，但倘飲酒過量，酒精即可能對人體產生負面效果。根據臺灣大學廖榮利教授之綜合分析，飲酒過度（或酗酒）之負面影響，至少包括下列各項：

(一) 發生意外事件

飲酒過量或飲用後從事一些需要心智集中的活動時，會有不良甚至危險的影響。

一個人假如喝了過量的酒，協調作用即會消失，此時最易發生車禍及其他受傷事件，因此，臺灣近年在取締酒醉後駕車的法定濃度標準乃日趨嚴格。

(二) 酗酒可能引發的犯罪行為

喝酒並不必然引起犯罪，但據許多臨床實例顯示，酒會導引犯罪的相關度是很高的，以下五點是許多犯罪學學者研究所得的看法：

❶ 失業、被社會隔離及慢性中毒的酒鬼，為獲取飲酒以符其需要，易在神智清醒時，竊取財物和酒類。

❷ 經常犯法的慣竊，時常於行竊前飲酒少許，以壯膽的習性。

❸ 不良少年常常與一群同夥共飲，進而產生一些不良後果。

❹ 男性大多會在酗酒的憤懣狀態下，施暴於他人或殺戮他人。

❺ 搶劫犯為達犯罪目的，常痛飲烈酒以堅定意志。此外，美國一項資料紀錄顯示，殺人案件有近半數是飲酒後發生的，自殺者也約有四分之一是飲酒後發生。楊士隆調查 1,682 名臺灣地區殺人犯罪受刑人則發現案發前喝酒者近四成八，與國外研究相似。

(三) 生理疾病

適量的酒對身體有正向功能，但若飲用過量，極容易對身體造成傷害、產生疾病，影響層面包括：神經系統、肝臟、心臟、血液、腸胃系統等，此外，酒精中毒的婦女所生的子女為畸形或低能缺陷的可能性甚高。

(四) 人際關係與社會、家庭喪失功能

酒精可以使大腦皮質變性，因而引起譫語、顫抖、酒精失憶症狀之克沙克夫精神病（Korsakoff's psychosis）和人格的改變。酗酒者常會有行為喪失功能的現象，變得性情不穩定、儀容不端、行為邋遢等；此外，他會對周圍的人咆哮、野蠻和無情，特別是對他原先所喜愛的人。上述的種種表現往往是因為酗酒者產生嚴重的罪惡情結（guilt complex）。酗酒者在嚴重時會對家人施行暴力、亂倫，以及虐待兒童。另外，酗酒者容易曠職、工作能力減低和故意逃避工作，致使生產量減低，帶來人事上的困擾。

喝酒不開車

酒會使人興奮、壯膽、知覺模糊而暫時逃避痛苦，一個人假如喝了過量的酒，協調作用即會消失，於是步態不穩、笨手笨腳、視力不能集中、眼球震顫、天旋地轉。此時，最易發生車禍及其他受傷事件。因此，臺灣近年在取締酒醉後駕車的法定濃度標準乃日趨嚴格。

酗酒的負面影響

酗酒的負面影響

→ 發生意外事件

→ 可能引發犯罪行為

→ 對身體造成傷害

→ 人際關係與社會、家庭喪失功能

★飲酒的效果 —— 測量血中酒精濃度判斷身體受損程度

每小時飲酒量	血中酒精濃度（BAC）	效果
1～2	0.02	放鬆、輕微感受身體溫暖
3	0.05	鎮靜作用、平靜、反應時間變慢
6	0.10	說話含糊、協調度差、思考緩慢
12	0.20	走路笨拙、明顯的酒精中毒（酒醉）
18	0.30	可能醉倒、顫抖、嘔吐
24	0.40	昏迷、可能死亡
30	超過 0.50	死亡

資料來源：社團法人臺灣酒與社會責任促進會 http://www.tbaf.org.tw；潘昱萱，2004，221 頁。
註：每小時飲酒量：一單位為 1.5 盎司威士忌或白蘭地、5 盎司的葡萄酒，或 12 盎司的啤酒。
BAC：血液中酒精含量因人而異，依體重、飲酒時飲食的量及對酒精的耐受性。

UNIT **5-3**
酒精中毒與酒癮戒斷症候群型

(一) 酒精中毒的診斷準則

酒精中毒係指最近開始喝酒的飲酒者,在喝酒時或喝酒之後很快地產生臨床上顯著問題行為或心理改變(如:不宜的性或攻擊行為、情緒轉變或判斷力受損),且症狀之產生無法歸因於其他身體病況或精神疾病,若個案出現下述至少一項症狀,即符合酒精中毒之診斷準則(臺灣精神醫學會,2014):

❶ 言語不清。

❷ 不協調。

❸ 步伐不穩。

❹ 眼球震顫。

❺ 注意力或記憶減損。

❻ 呆滯或昏迷不醒。

(二) 酒精戒斷的診斷準則

酒精戒斷症狀係指酒癮者在大量和長期喝酒後,停止或減少飲酒數小時至數天而出現,且症狀之產生無法歸因於其他身體病況或精神疾病,造成臨床上顯著不良影響,或社交、職業及其他重要領域功能減損。

若個案出現下述至少一項症狀,即符合診斷準則:

❶ 自律神經功能過度活躍(如:大量流汗或脈搏加快)。

❷ 手抖增加。

❸ 失眠。

❹ 噁心或嘔吐。

❺ 短暫的視、觸、聽幻覺或錯覺。

❻ 精神動作激動。

❼ 焦慮。

❽ 泛發性強直(即陣攣癲癇)發作。

(三) 酒精戒斷的相關症狀

根據方文芳等人對於酒精戒斷症候群其臨床症狀,依據時序發生所作之整理,其發現酒精戒斷症候群大多發生於停止喝酒(即最後一口酒喝完時)後24至48小時,且嚴重程度與個案對酒精之依賴程度呈正相關。

相關症狀依輕微到嚴重描述如下:

❶ 停酒後6至12小時:失眠、手抖、輕度焦慮、腸胃不適、頭痛、冒冷汗、心悸與食慾不振等。

❷ 停酒後12至24小時:酒精性精神症狀:視覺、觸覺及聽覺之幻覺。

❸ 停酒後24至48小時:戒斷性癲癇、全身性僵直、陣攣性發作。

❹ 停酒後48至72小時:酒精戒斷性譫妄:視幻覺、認知感損失、意識混亂、心跳加速、高血壓、輕微發燒等。

酒精中毒的診斷準則

酒精中毒

言語不清

不協調

步伐不穩

眼球震顫

注意力或記憶減損

呆滯或昏迷不醒

酒精戒斷的診斷準則

若個案出現下述至少一項症狀，即符合診斷準則：
❶ 自律神經功能過度活躍（如：大量流汗或脈搏加快）。
❷ 手抖增加。
❸ 失眠。
❹ 噁心或嘔吐。
❺ 短暫的視、觸、聽幻覺或錯覺。
❻ 精神動作激動。
❼ 焦慮。
❽ 泛發性強直（即陣攣癲癇）發作。

酒精戒斷症候群臨床症狀與時序之關係

	症狀	停酒後所發生的時間
輕微 ↓ **嚴重**	失眠、手抖、輕度焦慮、腸胃不適、頭痛、冒冷汗、心悸與食慾不振等。	6 至 12 小時
	酒精性精神症狀：視覺、觸覺及聽覺之幻覺。	12 至 24 小時
	戒斷性癲癇、全身性僵直、陣攣性發作。	24 至 48 小時
	酒精戒斷性譫妄：視幻覺、認知感損失、意識混亂、心跳加速、高血壓、輕微發燒等。	48 至 72 小時

UNIT 5-4
酗酒者之類型

圖解犯罪心理學

(一) 酗酒者呈現的多種類型

酗酒者呈現多種類型，學者傑林庫（Jellinek）指出酗酒者至少具有下列五種類型（廖榮利，1993）：

❶ α 型：指為消除內心的不適而大量飲酒，並有強烈的心理依賴者。這類人所飲用的酒量可能超過傳統許可範圍，且可能因飲酒帶給自己和別人的不便。但一般說來，他還未達到不能控制的地步，當他停酒後沒有戒斷症狀（withdrawal symptoms），也沒有轉變成慢性酒癮的現象。

❷ β 型：也是指有酗酒引起的身體併發症，如：多發性神經病變、胃炎、肝硬化等，但是他不一定會有身體或心理依賴，當他停酒時戒斷症狀並不多見，這類人以營養不良的酗酒者居多。

❸ γ 型：對酒精的耐性（tolerance）愈來愈高，要喝更多的酒才能達到預期的效果。並且產生強烈的心理和身體上的依賴，會積極地找酒喝，以滿足其心理需要；只要一停酒就會有戒斷症狀，但無法克制自己不喝酒。

❹ δ 型：其特徵與 γ 型相似，但比 γ 型更嚴重，已無任何控制自己的能力，不可一日無酒，否則立刻出現戒斷現象。

❺ 依丕浠（ipsilon）型：亦稱暴飲型（dipsomania），是指「陣發性」（episodic）暴飲，不飲則已，每飲必爛醉如泥者。

(二) 酗酒者的分類

此外，學者 Kennedy 對於酒徒則有以下之分類：

❶ 社交型（the social drinker）：此類酒徒大致在週五晚至週日間飲酒過量。

❷ 醺醉型（the spree drinker）：此類型酒徒每週約醉幾天，然後醒來，回到正常生活。

❸ 神經官能型（neurotic or psychotic）：此類型酒徒極易提升至酒癮（alcoholism）之境界，呈現各類神經生理症狀。

❹ 高原型（the plateau drinker）：此類型酒徒並不常飲酒，酒量亦不大，但卻為酒所緊緊地束縛，其常徘徊流連於流浪漢之街頭。

😊 小博士解說

吳金白以曾於發生酒駕肇事，並移送法辦之行為人為對象，進行焦點團體訪談，了解行為人再犯肇事、再犯危險因子、歷程與親身經驗。研究發現酒駕肇事再犯之行為人，以中年男性居多，查獲原因均為肇事後於警察處理時現場查獲，肇事時間多為夜間至凌晨；喝酒的原因以習慣性飲酒、同事、朋友聚會居多，而肇事再犯之行為人中，以每天須駕車者的情形最為嚴重，因此可印證飲酒的機會與次數愈多，其再犯酒駕肇事機率就愈高。

從被查獲的案件中，再犯之比例高達59%，原因則以僥倖心理最多，其次是風險認知不足。

酗酒者的類型

類型	身心呈現狀態	戒斷症狀
α 型	為消除內心的不適而大量飲酒，但一般說來，還未達到不能控制的地步。	沒有戒斷症狀。
β 型	有酗酒引起的身體併發症，但不一定會有身體或心理依賴。	戒斷症狀並不多見。
γ 型	對酒精的耐性（tolerance）愈來愈高，產生強烈的心理和身體上的依賴，會積極地找酒喝。	只要一停酒，就會有戒斷症狀，無法克制自己不喝酒。
δ 型	特徵與 γ 型相似，但比 γ 型更嚴重，無任何控制自己的能力。	不可一日無酒，否則立刻出現戒斷現象。
依丕浠型	亦稱暴飲型（dipsomania），是指「陣發性」（episodic）暴飲。	不飲則已，每飲必爛醉如泥。

α 型

依丕浠型

酒徒的分類

類型	生活型態
社交型	大致在週五晚至週日間飲酒過量。
釀醉型	每週約醉幾天，然後醒來，回到正常生活。
神經官能型	此類型酒徒極易提升至酒癮之境界，呈現各類神經生理症狀。
高原型	並不常飲酒，酒量亦不大，但卻被酒緊緊束縛，常徘徊流連於街頭。

UNIT 5-5
酗酒之成因分析

酗酒之成因係相當複雜，有許多理論或觀點嘗試對其提供解釋，但沒有一個理論觀點能做充分之說明。茲參酌學者 Winick 之見解，說明酗酒之可能成因。

(一) 心理分析的觀點

酗酒者在幼童時期，常因母親之放任，父親有時禁止、有時滿足小孩的需求，此種矛盾的管教情況造成其無法習得自我控制。對於這些人而言，酒精提供他們一種接受外在現實或自我評價之機會。此外，另有心理分析學家指出，在兒童早期因無法解決許多內在之衝突而影響到成年之行為，包括大量飲用並且極端依賴酒精。心理分析觀點強調，幼年時期之需求沒有滿足，是造成酗酒主要之原因。

(二) 人格理論

此派強調酗酒者的一些人格特質，為酗酒提供了出路。這些人格特質包括：高度焦慮、欠缺成熟的情感、感情衝突、孤獨、衝動性、罪惡感增加、性別角色的混亂等。這些特質特別需要依賴酒精以減輕焦慮。

(三) 家庭的因素

酗酒的起源，家庭因素影響非常大。在一群嚴重的酗酒者中，其父母、兄弟經常亦是酗酒者。此與遺傳、角色模仿密切相關。此外，酗酒者通常是家中的老么，因為老么在過度保護的環境中成長，較為依賴，並表現在飲酒之行為上。

(四) 自我概念之觀點

酗酒者大多缺乏整合的自我概念，飲酒主要是為了改變與其他自我形象不一致的人格觀念。藉著飲酒可避免面對自我概念的矛盾。酒精比其他方法更可使酗酒者擁有較高的自尊。事實上，無法處理挫折和焦慮的年輕人極易被酒精吸引，藉由酒精減輕其症狀。

(五) 成熟論

此派認為飲酒係為了使自己覺得成熟，尤其喝酒所產生錯亂的感覺，容易產生幻想，使自己覺得獨立而成熟。

(六) 生理的因素

部分嗜好喝酒者，其身體上有適合飲酒的生理因素。例如：對酒精有過敏反應、特別變化或生理之需求者，較沉溺於酒精。酗酒的結果將造成大腦的傷害，破壞判斷能力，更加使行為人無法停止酗酒行為。

(七) 學習理論

根據學習理論之觀點，酗酒者藉飲酒來減輕內在緊張，並獲取愉悅的經驗，此種情形與行為之報酬與強化有關。

(八) 環境文化觀點

大部分的人係在社會習俗中學習到喝酒，倘長久地在有喝酒的文化背景中成長，即可能受文化之影響而飲用更多的酒。例如，各國原住民之飲酒文化或美國人習慣在短時間內大量的飲酒，其他國家人民則較分散。

酗酒的可能成因

酒才是我的好朋友啦！

為什麼爸爸愛喝酒？我等一下一定又會挨揍了！

可能成因	飲酒的動機
心理分析觀點 幼年時期的需求沒有被滿足，亦有可能成長於矛盾管教的家庭，無法學習自我控制。	認為酒精可提供一種接受外在現實或自我評價的機會。
人格理論 具有特別的人格特質，例如：高度焦慮、欠缺成熟的情感、感情衝突、孤獨、衝動性、罪惡感增加、性別角色的混亂。	需要依賴酒精，以減輕焦慮。 
家庭因素 家庭成員的影響。	與遺傳、角色模仿密切相關。
自我概念觀點 缺乏整合的自我概念。	藉著飲酒避免面對自我概念的矛盾。一般來說，無法處理挫折和焦慮的年輕人，極易被酒精吸引，藉由酒精減輕其症狀。
成熟論 為了使自己覺得成熟。	喝酒所產生錯亂的感覺，容易產生幻想，使自己覺得獨立而成熟。
生理的因素 身體上有適合飲酒的生理因素。	對酒精有過敏反應、特別變化或生理之需求者，較沉溺於酒精。
學習理論 與行為之報酬與強化有關。	藉飲酒來減輕內在緊張，並獲取愉悅的經驗。
環境文化觀點 受環境文化的影響，在社會習俗中學習到喝酒。	若是在有喝酒文化的背景中成長，即可能受文化影響而飲用更多的酒。

酗酒之成因係相當複雜，有許多理論或觀點嘗試對其提供解釋，但沒有一個理論觀點能做充分之說明。上述分析茲參酌學者 Winick 之見解。

UNIT **5-6**
酗酒之防治

酗酒之成因至為複雜，故防治之方向亦應是多方位的（Multi-dimensional），但防治之重點仍是預防勝於治療。茲分述預防與處遇之努力方向：

(一) 酗酒之預防

❶ 一方面以課稅、限制販賣等手段來控制酒類的流通，另一方面則鼓勵製造、販賣不含酒精成分的飲料。

❷ 嚴正執法，吊銷酒醉駕駛人的執照並提高肇事者刑度。

❸ 應該對酒精中毒者早期發現、早期治療，故醫生、法官、牧師、教師、長官、同事、治療團體等單位間應該同心協力、協調一致。

❹ 增加治療酗酒者的場所。

❺ 加強對酗酒問題的研究。

❻ 以教育的手段來克服酒精犯罪的危險性，藉由灌輸人民克制利己主義、快樂主義，而以艱苦奮鬥來肯定自己的價值體系來預防酒精作祟。

❼ 倡導健康的飲酒禮儀，減少豪飲。

(二) 酗酒之處遇

❶ 藥物治療

具體措施包括：急性酒精中毒時，從人體消除酒精之醫療（detoxification）、減少戒斷症狀與緊張焦慮之各類藥物之服用。此外，亦可使用 disulfiram 之藥，使酗酒者嘔吐、反胃、頭痛、心悸，使其在往後喝酒時有不舒服之感覺，減少酗酒之意願。

❷ 團體治療（group therapy）

此技術應用於酗酒之戒治，顯然較個別治療為佳。蓋在團體中，酗酒者可獲支持之力量，洞察問題本質，強化治療之信心。

❸ 行為療法（behavior therapy）

係治療酗酒有效方法之一種。諸如：嫌惡制約（aversive conditioning）、認知行為法（cognitive behavioral approach）等，均可運用戒除酒癮，但應注意倫理道德原則，避免濫用。

❹ 匿名戒酒協會（Alcoholics Anonymous）

係透過曾經是酒徒，但已戒除酒癮之人士所組成之戒酒組織，協助酗酒者戒酒。其優點在於藉戒酒成功者之現身說法、關懷，可強化酗酒之戒治信心，免受酒精之害。

❺ 復發預防（relapse prevention）訓練及環境干預

酗酒者除面臨個人問題外，其戒治成功之關鍵，尚須對其負面之家庭、社交情況加以改善。換句話說，假如酗酒者之周遭環境是敵對、負面，則重點應放在教導酗酒者以理性周延之措施因應。此外，假使外界之環境是惡劣的，不利其戒除酒癮，工作重點即應消除這些不良環境負因或尋找較優良之戒治環境（如：中途之家或診療醫院）協助之。

如何預防酗酒

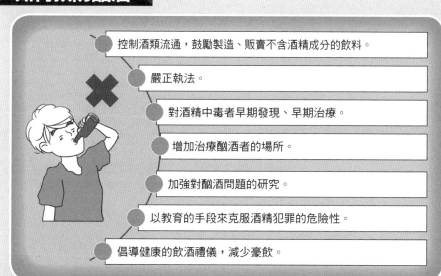

控制酒類流通，鼓勵製造、販賣不含酒精成分的飲料。

嚴正執法。

對酒精中毒者早期發現、早期治療。

增加治療酗酒者的場所。

加強對酗酒問題的研究。

以教育的手段來克服酒精犯罪的危險性。

倡導健康的飲酒禮儀，減少豪飲。

酗酒之處遇

藥物治療

- 急性酒精中毒時，從人體消除酒精之醫療。
- 使用 disulfiram 之藥，使酗酒者嘔吐、反胃、頭痛、心悸，使其在往後喝酒時有不舒服之感覺，減少酗酒之意願。

團體治療

- 較個別治療為佳。
- 在團體中，酗酒者可獲支持之力量，強化治療信心。

行為療法

- 係治療酗酒有效方法之一種。
- 諸如：嫌惡制約、認知行為法等，均可運用戒除酒癮，但應注意倫理道德原則，避免濫用。

匿名戒酒協會

- 成功戒除酒癮之人士所組成之組織，協助酗酒者戒酒。
- 其優點在於藉戒酒成功者之現身說法、關懷，可強化酗酒之戒治信心。

復發預防訓練及環境干預

- 戒治成功之關鍵，尚須改善酗酒者之負面家庭、社交情況。教導酗酒者以理性周延之措施因應環境。
- 若外界環境不利戒除酒癮，可尋找較優良之戒治環境（如：中途之家或診療醫院）。

第 6 章
擄人勒贖犯罪

● 章節體系架構

UNIT *6-1*
擄人勒贖之型態與動機

(一) 綁架的型態

1997 年臺灣地區發生白○○案,使擄人勒贖案件成為眾所矚目的犯罪,警方投注大批警力,終於使綁匪獲得制裁。但擄人勒贖事件雖有減少但卻未停止,綁架的對象也從平民百姓轉移至商人及企業家,對整體社會治安造成巨大衝擊,亟待正視並研擬對策因應。

美國學者 Alix 曾將綁架(kidnapping)細分成十五種型態,但都有相同的基本構成要素:非法的挾持和違反他人自由意志的拘留。

美國聯邦調查局(FBI)在 1970 年代把人質的挾持、擄人方面的犯罪人區分成四大類:恐怖活動者(terrorists)、以俘虜為目的者(prisoners)、一般犯罪者(criminals)、心理異常者(mentally disordered)。典型的擄人勒贖,是由有組織的集團藉由暴力的手段來從事犯罪,其目的是藉由威脅被綁者的生命安全來獲取金錢。

(二) 未成年被害者的綁架分類

未成年被害者的綁架分類,可區分為兩大類:家屬的和非家屬的綁架,主要是依據 NIBRS(Information about the National Incident-Based Reporting System)的報告而來。Finkelhor 和 Ormrod 則同樣引用 NIBRS 的資料針對未成年被害者的綁架去分類,其研究認為當代的未成年綁架分類並不恰當,應從綁架者的身分方面來分類。從熟識者到陌生人可分為下述三類:

❶ 親人綁架型。
❷ 認識者綁架型。
❸ 陌生者綁架型。

(三) 犯罪類型

根據 Marongiu 和 Clarke 的研究,其認為擄人勒贖需考量該地的地理因素、民情風俗、歷史傳統、社會結構等,其以副文化理論和理性選擇論來研究此一現象,歸納出以下兩種不同本質的犯罪類型:

❶ **同質性的擄人勒贖**(internal ransom kidnappings)

犯罪人和被害人有著相同的地理因素、民情風俗、歷史傳統、社會結構。

❷ **異質性的擄人勒贖**(external ransom kidnappings)

犯罪人和被害人有著不同的地理因素、民情風俗、歷史傳統、社會結構。被害者主要是當地或者其他地方的有錢群體,例如商人、企業家、觀光客等。

(四) 犯罪人的動機

另外,Miron 和 Goldstein 依據犯罪人的動機分成兩類:

❶ **工具性的**

在工具性的挾持方面,擄人的動機是針對物質上的獲取(金錢)。

❷ **表現性的**

表現性的挾持,擄人則是一種心理上的問題,犯罪者的動機是想要變有名或是想要去享有控制他人的事實,或是想要利用媒體對其行動的報導(如劫機、恐怖活動),以達成他們某些目標。

擄人犯罪人的類型與動機

類型

綁架者
的類型 ➡

- 恐怖活動者
- 以俘虜為目的者
- 一般犯罪者
- 心理異常者

未成年
被害者 ➡
綁架者的身分類型通常有三種：
親人、認識者、陌生人。

同質性 ➡
犯罪人和被害人有著相同的地理因素、民情風俗、歷史傳統、社會結構。

異質性 ➡
犯罪人和被害人有著不同的地理因素。被害者主要是當地或者其他地方的有錢群體：商人、企業家、觀光客等。

動機

工具
性的 ➡
動機是針對物質上的獲取（金錢）。

表現
性的 ➡
動機是想要變有名，或想享有控制他人的事實，或想利用媒體對其行動的報導（如劫機、恐怖活動），以達成他們某些目標。

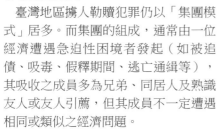

UNIT **6-2**
擄人勒贖之犯案歷程與犯罪模式

(一) 以「集團」模式居多

❶ 吸收之成員

臺灣地區擄人勒贖犯罪仍以「集團模式」居多。而集團的組成,通常由一位經濟遭遇急迫性困境者發起(如被追債、吸毒、假釋期間、逃亡通緝等),其吸收之成員多為兄弟、同居人及熟識友人或友人引薦,但其成員不一定遭遇相同或類似之經濟問題。

❷ 犯罪基地

通常犯罪者會以郊區或山區隱密廢棄之建築物,或以偽造之證件租賃房屋,甚至以行動車輛作為組織運作、囚禁人質之基地。至於目標之設定,通常由成員提出,經團體商議後決定,但亦有隨機選取下手目標(少數);一旦決定目標之後,犯罪者便著手準備相關運輸、通訊、制伏及控制被害人之工具,並積極觀察目標物之生活作息,以尋求適當之下手時機,以守候跟蹤為最多的方式,而且會因犯罪者與被害人之關係而有所不同。

❸ 取款方式

當犯罪者擄獲被害人之後,有些直接將其殺害或意外殺害,有些以藥物或恐嚇的方式,甚至暴力相向,逼迫人質就範。至於取款的方式,則有定點式、透過高速公路或鐵路運輸,以「丟包」的方式為之,及新興的利用金融漏洞以人頭帳戶或 ATM 提款機取款。

(二) 關於贖金

根據楊士隆對 1996 至 2003 年間,臺灣最高法院有關擄人勒贖案件判決確定的 31 起判例進行分析,勒贖金額的多寡,並無一定的比率或規則,端視犯罪者人數、被害人的身分、經濟條件而定。但其中有些特殊現象,是值得進一步關注與探討。

❶ 犯罪者通常高估犯罪所得

研究的 31 起案例中,平均每案勒贖金額為 1,700 萬元,實際取得金額約為 690 萬元。而真正取得贖款者,仍為少數,多數犯罪者均在取得贖款之前,已遭警政單位偵破。此外,針對目前全國各監獄中,因涉及擄人勒贖罪而遭入獄服刑的 176 名受刑人進行問卷調查,只有近四成的受訪者達到他原先想要的勒贖金額。

❷ 犯罪者決定贖金金額的要素

贖金數目的決定主要有三種:

①集團成員所需償還的債務或生活費用。

②被害者的身價。

③未事先決定,而是臨時講價。

至於集團成員打算如何利用贖金,與當初的動機有關。有債務壓力的成員會將贖金用來還債;若是本身沒有債務壓力,加入集團是因為受人之託或一時貪心,則會打算將贖金拿去花天酒地,或用來做生意。

擄人勒贖犯罪歷程與犯罪模式

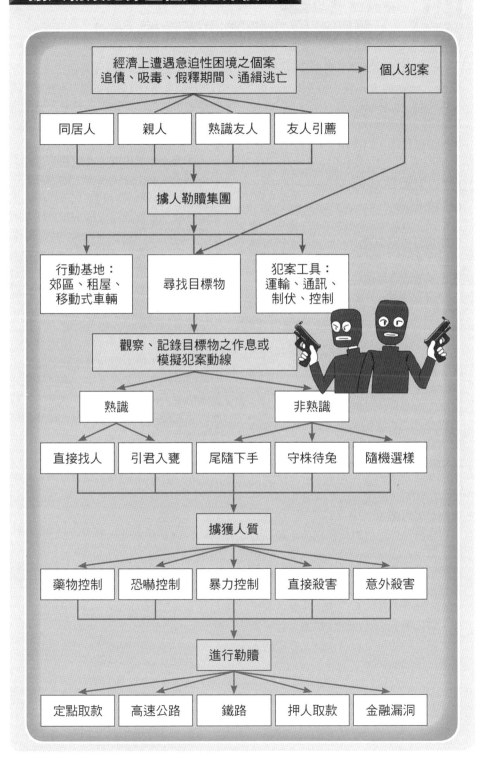

経濟上遭遇急迫性困境之個案
追債、吸毒、假釋期間、通緝逃亡 → 個人犯案

同居人　親人　熟識友人　友人引薦

擄人勒贖集團

行動基地：
郊區、租屋、
移動式車輛　　尋找目標物　　犯案工具：
運輸、通訊、
制伏、控制

觀察、記錄目標物之作息或
模擬犯案動線

熟識　　非熟識

直接找人　引君入甕　尾隨下手　守株待兔　隨機選樣

擄獲人質

藥物控制　恐嚇控制　暴力控制　直接殺害　意外殺害

進行勒贖

定點取款　高速公路　鐵路　押人取款　金融漏洞

UNIT **6-3**
人質與綁匪之特殊心理症候（一）

在人質遭挾特並與綁匪互動過程中，學者指出實務上呈現「倫敦症候群」（London syndrome）與「斯德哥爾摩症候群」（Stockholm syndrome）二類特殊心理症候，值得關注。

（一）倫敦症候群

❶ 引申意義

根據人質談判專家張文瑞之撰述：倫敦症候群的引申意義係指一種人質持續與暴徒爭吵，或威脅暴徒，結果導致人質遭暴徒殺害的情境。

1980 年 5 月，6 名伊朗綁匪占領位於英國倫敦的伊朗大使館，挾持 26 名使館人員為人質，英國反恐特種部隊（SAS），經過 6 天和綁匪對話談判之後，擬定攻堅計畫拯救人質。正當特種部隊擬定攻堅拯救計畫之際，1 名人質遭綁匪槍殺身亡，屍體被拋到街道上。人質身亡成為特種部隊發動攻堅搶救其他生還人質的導火線，攻堅救援行動只經歷 11 分鐘，警匪槍戰中，6 名綁匪中的 5 名被警方當場擊斃，1 名綁匪被警察逮捕，特種部隊少數人員受傷，人質則毫髮無傷。

根據特種部隊檢討報告指出，該名遇難人質早在警匪談判破裂後，警方攻堅行動前，即遭綁匪殺害，這是唯一慘遭暴徒殺害的人質。當時該名被殺人質和暴徒爭吵不休，甚至還以肢體挑釁暴徒，經過數個小時不斷地騷擾、惹火暴徒，導致暴徒動手殺害人質，屍體從人質所在現場被丟出。

後來，人質談判專家史春智（Strentz）首先稱此案為「倫敦症候群」，意指人質與暴徒爭吵後，導致暴徒殺害人質的情境。

❷ 相關效應案例

一件與倫敦症候群效應相關的最有名案例為「柯林河夫（Leon Klinghoffer）謀殺案」。1985 年 10 月 7 日，69 歲坐著輪椅的乘客柯林河夫搭乘義大利「阿奇羅洛號」（The Achille Lauro）遊艇旅行，遊艇航行中遇上 4 名巴勒斯坦人劫持，乘客被挾持為人質，暴徒控制船艇後，提出「釋放被監禁在以色列監獄的 50 名巴勒斯坦人」的條件。

正當談判開始進入膠著狀態，人質之一的柯林河夫和暴徒吵架，辱罵暴徒，向暴徒吐痰，雙方進而發生肢體衝突，柯林河夫的行為激怒暴徒，促使暴徒凶殘地槍殺了行動不便的柯林河夫，並將他的屍體連同輪椅推落海中，其他人質則安然無恙。

「倫敦症候群」名詞由來

發生時間與地點	➡	1980 年 5 月，英國倫敦的伊朗大使館。
事件重點摘要	➡	❶ 6 名伊朗綁匪挾持 26 名使館人員為人質。 ❷ 當特種部隊擬定攻堅拯救計畫之際，1 名人質遭綁匪槍殺身亡，屍體被拋到街道上。 ❸ 攻堅救援行動中，6 名綁匪中的 5 名被警方當場擊斃，1 名綁匪被警察逮捕，特種部隊少數人員受傷，人質則毫髮無傷。
人質被殺主因	➡	該名被殺人質和暴徒爭吵不休，甚至還以肢體挑釁暴徒，經過數個小時不斷地騷擾、惹火暴徒，導致暴徒動手殺害人質。
名詞首次出現	➡	人質談判專家史春智（Strentz）首先稱此案為「倫敦症候群」。

倫敦症候群

人質怒罵綁匪	➡	綁匪一氣之下把人質給殺了

「倫敦症候群」是指一種人質持續與暴徒爭吵或威脅暴徒，結果導致人質遭暴徒殺害的情境。

「倫敦症候群」相關效應

柯林河夫 （Leon Klinghoffer） 謀殺案	➡	發生於 1985 年 10 月 7 日，義大利「阿奇羅洛號」遊艇上。
		遊艇遭 4 名巴勒斯坦人劫持。
		柯林河夫和暴徒吵架，辱罵暴徒，向暴徒吐痰，激怒暴徒，促使暴徒凶殘地槍殺了行動不便的柯林河夫，並將他的屍體連同輪椅推落海中。

UNIT 6-4
人質與綁匪之特殊心理症候（二）

（二）斯德哥爾摩症候群

❶ 案例起源

「斯德哥爾摩症候群」，基本上係指「人質與擄掠者合而為一，被視為一種生存的策略」（Kuleshnyk, 1984）。其由來，源自於 1973 年間，「瑞典的斯德哥爾摩市發生一樁銀行搶案。搶匪為 2 名男子，3 名女子與 1 名男子被挾持了六天。在這段期間，4 名人質與綁匪建立了雙向的緊密聯繫；這些人質甚至認為，綁匪是保護他們以免受到警方的傷害！

事後，其中一名綁匪被問及他為什麼沒有殺死人質來增加其談判籌碼，他答說他下不了手，因為他與人質間已培養起深厚的感情。在人質重獲自由之後，據說其中 1 名女子與 1 名綁匪已然彼此相許。」

❷ 呈現現象

根據人質談判專家張文瑞之撰述，斯德哥爾摩症候群呈現以下三種現象：

①挾持者對人質產生正面的感覺和情感轉移

Ⓐ人質談判專家史春智（Strentz）指出，當人質處在極度依賴和恐懼的情境下，人質的心理會回復到嬰幼兒成長時期依靠父母的襁褓並接受保護狀態，對挾持者產生認同和情感，因而，人質的生命獲得保障。

Ⓑ在人質危機初期，人質感激挾持者延長他們的生命，因為歹徒沒有殺害他們，人質深覺欠歹徒一份人情債。因此，人質開始對挾持者產生正面的、友好的感覺。這種現象有學者稱為生存認同（survival identification）或是侵略者認同（aggressor identification）。

Ⓒ除了依賴挾持者保命之外，人質依賴挾持者提供其他物質、安全、自尊心等基本需求，一旦危機經過一段時間，挾持者的心情較平靜，情緒回到正常狀態後，挾持者和人質之間開始如同人類般互相對待關係，人質會變得溫順而聽話，挾持者會變成一個「好人」，雙方產生認同和情感轉移現象（transference）。

Ⓓ綁架人質及挾持人質案件中，情感轉移現象常發生在人質與劫持者之間或警察談判官與歹徒之間，但是，警察談判官與人質之間則很少發生。

斯德哥爾摩症候群呈現的現象 (一)

挾持者對人質產生正面的感覺和情感轉移

人質處在極度恐懼的情境下，心理會回復到嬰幼兒時期依靠父母保護的狀態，對挾持者產生認同和情感。

人質感激挾持者延長他們的生命，深覺欠歹徒一份人情債。因此，開始對挾持者產生正面的、友好的感覺。

挾持者的心情較平靜後，和人質之間開始如同人類般互相對待關係，雙方開始產生認同和情感轉移現象。

斯德哥爾摩症候群呈現的現象 (二)

人質對挾持者產生正面的感覺和情感轉移

人質危機結束後，獲救人質有時拒絕與警方合作，拒絕對他們的檢警人員提供證據，拒絕到法院作證或接受訊問。

人質可能會關心歹徒，安撫歹徒及其家屬，以宗教信仰勸歹徒重新向善，與歹徒通信聯絡或到監獄探視。

UNIT **6-5**
人質與綁匪之特殊心理症候（三）

②人質對挾持者產生正面的感覺和情感轉移

Ａ人質危機結束後，獲救人質對劫持者的正面感覺。獲救人質有時拒絕與警方合作，拒絕對他們的檢警人員提供證據，拒絕到法院作證或接受訊問。

Ｂ人質可能會關心歹徒，安撫歹徒及其家屬，以宗教信仰勸歹徒重新向善，為歹徒祈福，與歹徒通信聯絡或到監獄探視，為歹徒籌款設立辯護基金，還努力使歹徒免於被監禁。

③人質與挾持者對警方與政府產生負面的態度

Ａ警方的槍枝跟挾持者手中的武器一樣具殺傷力，身為平民的人質對警方的訓練方式、談判策略、處理程序和攻堅戰術是完全陌生的。對人質而言，警方是否可以辨別出挾持者或人質，令人質憂心。

Ｂ假如警方開槍攻擊，人質感覺他會和挾持者一樣很可能受到傷害或殺害。這種恐懼心理造成人質反對警察的攻堅救人行動，甚至辱罵警察、阻止警察的處置行為。

❸ 斯德哥爾摩症候群的其他徵兆

另外，張淑茹與劉慧玉則指出，如果某人呈現斯德哥爾摩症候群，可能會出現下列這些徵兆：

①受害者與施虐者呈雙向的密切結合。

②受害者對於施虐者施予的小惠，感激得五體投地。

③受害者否認施虐者對其施暴，要不就是會為暴行找理由。

④受害者否認自己對施虐者感到憤怒。

⑤受害者對施虐者的需求極端敏感，並試圖隨時滿足對方；為了達到這個目的，受害者嘗試從施虐者的角度來看待事物。

⑥受害者從施虐者的角度來看世界，可能失去自己原有的立場。

⑦當受害者有了前述的狀況，她就會把外界企圖拯救她出去的力量（如警力、父母）當成「壞人」，而施虐者則是「好人」，認為施虐者是在保護受害者。

⑧受害者即使重獲自由，卻發現自己很難離開施虐者。

⑨即使施虐者已經死亡或坐牢，受害者仍害怕他會回來找她。

⑩受害者出現「創傷後壓力疾患」症狀。

斯德哥爾摩症候群呈現的現象 (三)

人質與挾持者對警方與政府產生負面的態度

警方的槍枝跟挾持者手中的武器一樣具殺傷力，而人質對警方的訓練方式、談判策略、處理程序和攻堅戰術是完全陌生的。對人質而言，警方是否可以辨別出挾持者或人質，令人質憂心。

假如警方開槍攻擊，人質感覺他會和挾持者一樣很可能受到傷害或殺害。這種恐懼心理造成人質反對警察的攻堅救人行動，甚至辱罵警察、阻止警察的處置行為。

斯德哥爾摩症候群的其他徵兆

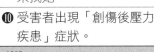

❶ 受害者與施虐者呈雙向的密切結合。

❷ 受害者對於施虐者施予的小惠，感激得五體投地。

❸ 受害者否認施虐者對其施暴，或為暴行找理由。

❹ 受害者否認自己對施虐者感到憤怒。

❺ 受害者對施虐者的需求極端敏感，並試圖隨時滿足對方。

❻ 受害者從施虐者的角度來看世界，可能失去自己原有的立場。

❼ 受害者會把外界企圖拯救她出去的力量（如警力、父母）當成「壞人」，而施虐者則是「好人」，認為施虐者是在保護受害者。

❽ 受害者即使重獲自由，卻發現自己很難離開施虐者。

❾ 即使施虐者已經死亡或坐牢，受害者仍害怕他會回來找她。

❿ 受害者出現「創傷後壓力疾患」症狀。

資料來源：張淑茹、劉慧玉，1998。

UNIT **6-6**
擄人勒贖犯罪之防制（一）

針對擄人勒贖犯罪之犯罪型態，在預防及控制上筆者歸納出四方面建議：

(一) 被害預防方面

針對民眾如何預防成為被害的措施，建議如下：

❶ 密切注意居家附近或工作場所是否連續數日出現可疑車輛、人物，若有，則儘速與地方警政單位聯繫，避免成為擄人勒贖之目標。

❷ 在擄人勒贖犯罪中，「熟識者犯罪」多為大宗，認識被害人比例甚高，故多年未曾聯繫之同學、軍中同袍、職場同事、親戚等，突然連日拜訪，或打探自己現在的就業情況、經濟情況時，則應特別留意，且勿單獨與其外出，如無法避免，則應清楚與家人交代去向、與何人相約，並隨時保持聯繫。

❸ 平日生活應保持儉樸、低調，避免與人為惡；單獨外出時，儘量避免駕駛高級房車過度炫耀，或過度華麗之裝扮，以免成為歹徒隨機下手的目標。

(二) 遭遇被害之應變方面

對被害人與其家屬的建議──當不幸地成為擄人勒贖的被害人時，一切準則應以保命為首要，並提出下列幾項準則：

❶ 當民眾一旦不幸成為歹徒下手的目標，一定要保持高度的冷靜，並應避免無謂的抵抗，以免激怒歹徒而引發其殺機。因為，根據研究發現，除了直接殺害外，擄人勒贖者大部分都是因為被害人反抗、逃跑或呼救而意外殺死被害人。

❷ 千萬不要明顯揭穿歹徒的身分（許多被害人均會被蒙住眼睛），縱使已得知其身分，僅牢記心中即可，以免歹徒為了避免被捕而殺人滅口。

❸ 擄人勒贖犯罪動機上幾乎都屬於工具性的挾持，也就是針對物質上的獲取（金錢）為目的。故被害人與其家屬要儘量與歹徒建立表面的合作關係，甚至與綁匪有同理心，儘量配合其要求，再俟機脫逃求援。

❹ 案發後被害人家屬應該立即報案處理。國內歷年來擄人勒贖犯罪的破案率均維持在 90% 以上，故民眾應該對警方保持信心，儘量配合警方要求以利破案。

(三) 行政機關回應方面

❶ 加強相關法治與公民養成教育。對擄人勒贖罪刑期的理解，只有少數綁匪知道會被判重刑，其餘大部分並不知道會被判重刑，因此必須要加強相關法治與公民養成教育以建立刑罰的威嚇性。並可宣導不要殺害人質。

❷ 加強金融控管之功能。隨著科技進步，歹徒的取款方式也愈來愈狡猾，例如：利用金融漏洞以人頭帳戶或 ATM 提款機取款的方式進行取贖。因此有必要實施 ATM 提款機匯款與提款的限制以防止洗錢。

擄人勒贖之被害預防

密切注意居家附近或工作場所是否連續數日出現可疑車輛、人物。

久未聯繫之朋友突然拜訪,應特別留意,且勿單獨與其外出。

平日生活應保持儉樸、低調,避免與人為惡,以免被當成綁架的目標。

被綁架時之應變

保持冷靜,避免無謂的抵抗,以免激怒歹徒。

不要揭穿歹徒身分,以免被殺人滅口。

儘量配合要求,再伺機逃脫求援。

被害人家屬應立即報警,配合警方要求以利破案。

UNIT **6-7**
擄人勒贖犯罪之防制（二）

(四) 警政機關應變方面

最後是警政部門對擄人勒贖犯罪的因應措施。除了確保人質安全外，更要維護治安，因為擄人勒贖是很引人注目的，可能產生強烈的社會反應和媒體的廣泛報導。茲提出下列幾項建議：

❶ 強化通信監察之措施

①部分擄人勒贖犯會預先準備通訊工具進行犯案，且大部分以電話方式通知家屬取贖金額與地點。這部分需要各家民營系統業者馬上配合，通信監察系統的整合要達到立即馬上顯示基地台的位置，以縮小偵辦的範圍。

②若歹徒以大陸或香港之行動電話系統，以漫遊的方式在臺灣作為犯案聯繫的工具，警政單位之偵查即受到限制，必須強化防治措施以為反制。

❷ 建立陸空聯合辦案模式

①因為研究發現歹徒往往有相當的地緣關係，熟悉環境，如以三度空間的偵查網路，將能有效因應我國日益發達之運輸系統所造成犯罪偵防的死角。

②必要時若能配合空中的監控勤務，將能有效掌握歹徒的去向，以利後續營救人質，逮捕嫌犯之行動。

❸ 加強系統偵查之功能

①歹徒以直接押人取款為多數，但仍相當重視取贖方式的複雜性、隱匿性與機動性，盡其所能地擺脫警方的追蹤。

②絕大多數的擄人勒贖犯罪者其所要求贖金之支付，均以「現鈔」為主。宜盡量運用新科技如 GPS（全球衛星定位系統），將追蹤器置入贖金中以追蹤歹

徒行蹤，並避免正面衝突，傷及人質或警務人員之安全。

❹ 政府相關單位應仿效美國聯邦調查局籌設贖款準備金。

①研究也顯示部分被害人只是被誤以為有錢，而並不一定能短時間內籌募贖金。當警政單位接獲家屬報案之後，應善盡籌湊贖款的責任，以利援救人質。

②其次，亦可作為一種偵查手段，如可在贖金中裝置 GPS、鈔票染色裝置或預先記錄鈔票編號。

❺ 強化警察裝備並進行攻堅演練

在預先準備的擄人相關工具方面，綁匪多以交通工具的準備較多，其次是槍械，因此警方在跟監綁匪或對峙時不能掉以輕心。

❻ 加強取締賭場及地下錢莊

擄人勒贖犯罪者大多因沉溺賭博或在地下錢莊欠下大筆債務，而在龐大債務壓力下從事擄人勒贖行動，故警察機關應戮力取締臺灣各角落之賭場與地下錢莊，以肅清犯罪之根源。

擄人勒贖犯罪防制

(一) 行政機關可加強的部分

行政機關

加強相關法治與公民養成教育，以建立刑罰的威嚇性。

宣導不要殺害人質。

加強金融控管之功能，實施 ATM 提款機匯款與提款的限制以防止洗錢。

(二) 警政機關可強化的部分

維護治安 **提高警覺** **加強取締**

應變方式	做法
強化通信監察之措施	與各家民營系統業者配合，通信監察系統的整合要達到立即馬上顯示基地台的位置，以縮小偵辦的範圍。
	若歹徒以大陸或香港之行動電話系統，以漫遊方式在臺灣作為犯案聯繫的工具，警政單位之偵查即受到限制，必須強化防治措施以為反制。
建立陸空聯合辦案模式	以三度空間的偵查網路，將能有效因應我國日益發達之運輸系統所造成犯罪偵防的死角。
	必要時若能配合空中的監控勤務，將能有效掌握歹徒的去向，以利後續營救人質，逮捕嫌犯之行動。
加強系統偵查之功能	宜儘量運用新科技如 GPS（全球衛星定位系統），將追蹤器置入贖金中以追蹤歹徒行蹤。
	避免正面衝突，傷及人質或警務人員之安全。
仿效美國聯邦調查局籌設贖款準備金	當警政單位接獲家屬報案之後，應善盡籌湊贖款的責任，以利援救人質。
	可作為一種偵查手段，如可在贖金中裝置 GPS、鈔票染色裝置或預先記錄鈔票編號。
強化警察裝備並進行攻堅演練	綁匪多以交通工具的準備較多，其次是槍械，因此警方在跟監綁匪或對峙時不能掉以輕心。
加強取締賭場及地下錢莊	應戮力取締臺灣各角落之賭場與地下錢莊，以肅清犯罪之根源。

第 **7** 章

殺人犯罪

● 章節體系架構 ▼

UNIT **7-1**
殺人犯罪之動機與類型（一）

在各類型犯罪中，最令民眾感到恐懼、害怕者為殺人等致命性犯罪案件之發生。

（一）動機

殺人犯罪之動機有時至為單純，如為錢財或因憎恨，但亦有隱含複雜之動機，如隱蔽罪行而殺人、精神病態殺人或政治性謀殺等。根據美國統一犯罪報告（UCR, 1996）的資料顯示，自 1991 至 1995 年全美殺人犯罪者的動機平均以爭吵占第一位，之後依次為不詳、強盜殺人、毒品交易時所引起的殺人等。而在 1995 年被害者被害的動機以不詳占第一位，之後依次為爭吵、強盜殺人、因毒品交易所引起的殺人等。楊士隆（1998b）之研究發現殺人動機以爭吵占首位（60%），其次為錢財者（13.7%），再次為仇恨（10.9%）。

（二）呈現類型

在刑法上將殺人犯罪區分為普通殺人罪、殺害直系血親尊親屬罪、義憤殺人罪、母殺子女罪、加工自殺罪及過失致死罪。在犯罪研究文獻上有關犯人犯罪之分類則依殺人犯罪之人數、殺人期間、動機、加害者與被害者之關聯性等而呈現差異，其分類扼要敘述如下：

❶ 系列殺人

　　① 重要要素

屬於較為特殊並引起大眾關心的殺人類型，系列殺人係多重殺人之亞型，一般係指在歷經一段時間（如週、月或年），持續但不是很密集、活躍的殺人。其重要之要素如下：

　Ａ 重複的殺人。

　Ｂ 一對一殺人為主。

　Ｃ 加害者與被害者間通常不熟識，或僅稍許認識。

　Ｄ 系列殺人係被啟動的，有別於傳統之激情表現。

　Ｅ 缺乏明顯、清楚的動機。

　　② 分類

根據 Holmes 與 De Burger（1988）之見解，系列殺人可細分：

　Ａ 幻想殺人者：多數係在聽取神的旨意下對特定族群如娼妓、同性戀等下毒手。

　Ｂ 任務取向殺人者：主要基於任務對特定之人毫不留情的（非基於幻想或瘋狂）加以殺害。

　Ｃ 享樂殺人者（hedonistic killers）：以殺人為娛樂方式，藉此追求快樂與刺激。

　Ｄ 權力／控制取向殺人者：以追求完全的駕馭、控制被害者之生死為滿足。

值得注意的是，犯罪學家基本上對於此類型的殺人犯罪可說所知不多，各種不同的因素如心理疾病、性挫折、精神分裂、孩童忽略及不良的親子關係等皆有可能是殺人犯罪的原因。

但大部分的專家認為，系列殺人犯具有反社會人格病態傾向，享樂殺人，對於被害者的痛苦和折磨無動於衷，且於被逮捕後沉溺於閃光燈或大眾傳播媒體的大幅報導。

爭吵占殺人動機的首位

楊士隆之研究發現，殺人動機以爭吵占首位；其次為錢財者；再次為仇恨。

系列殺人犯

❶ 指在歷經一段時間（如週、月或年），持續但不是很密集、活躍的殺人。

❷ 重複的殺人。

❸ 一對一殺人為主。

❹ 加害者與被害者間通常不熟識，或僅稍許認識。

❺ 系列殺人係被啟動的，有別於傳統之激情
表現。

❻ 缺乏明顯、清楚的動機。

❼ 幻想殺人者多數係在聽取宗教的旨意下，對特定族群下毒手。

❽ 任務取向殺人者主要基於任務，對特定之人毫不留情的加以殺害。

❾ 享樂殺人者以殺人為娛樂方式，藉此追求快樂與刺激。

❿ 權力／控制取向殺人者，則以追求完全的駕馭、控制被害者之生死
為滿足。

大部分的專家認為，系列殺人犯具有反社會人格病態傾向；享樂殺人，對於被害者的痛苦和折磨無動於衷，且於被逮捕後沉溺於閃光燈或大眾傳播媒體的大幅報導。

UNIT 7-2
殺人犯罪之動機與類型（二）

❷ 集體殺人

①定義：集體殺人是在同一時間內殺死數人，例如 1984 年間發生於美國聖地牙哥麥當勞之瘋狂殺人案件屬之。J. O. Huberty 一人殺死 21 條人命。1996 年國內發生劉邦友等 9 名遭槍殺血案亦屬集體殺人類型。

②分類：Lunde 從精神醫學之觀點將集體殺人犯區分為以下兩種類型：

Ⓐ妄想思覺失調型：具有被迫、誇張、嫉妒等妄想症，極易在妄想及幻聽覺之情況，激情失去自我控制而殺人。

Ⓑ性虐待型：以凌虐、切割肢體方式殺害他人以獲取性滿足為樂。

Fox 與 Jack 在檢視 156 個涉及 675 條人命之個案指出：集體殺人犯並無心理、精神或基因上的異常。相反地，他們認為集體殺人犯常是「邪惡勝於發狂者」，少有精神妄想症者。大部分表現出社會病態人格傾向，缺乏良心和罪惡感。

❸ 美國聯邦調查局犯罪報告區分之類型

①重傷害之謀殺。

②有重傷害嫌疑的謀殺。

③起因於雙方爭執的謀殺（無犯罪預謀）。

④其他動機或狀況而起的謀殺（非屬前一項的任何已知動機之謀殺）。

⑤動機未明的謀殺。

❹ 依殺人犯罪動機區分之類型

①利慾殺人（Gewinnmord）：以獲得財產上之利益為目的之殺人，即謀財害命，如強盜殺人、為詐取保險金之殺人等是。

②糾葛殺人（Konfliktmord）：因戀愛、憎恨、嫉妒或其他個人的情緒糾葛而生之殺人，如殺害配偶、情侶、尊親屬等屬之。

③隱蔽殺人（Deckungsmord）：為隱蔽自己之其他罪行而殺害對自己不利之目擊者以滅口，如強姦後殺害被害者以滅口，社會上有地位者唯恐自己使未成年少女懷孕之醜事被揭發而殺害少女等均是。

④性慾殺人（Sexualmord）：以殺人為滿足性慾之手段者，如有戀態性慾之所謂嗜虐症（Sadism）者之淫樂性殺人屬之。斯類殺人往往以殺人行為本身作為性的代價現象。

⑤出於多種複雜動機之無型群（Amorphe Gruppe Verschiedenster Beweggrunde）：如精神病患者及政治性刺客之殺人等不定型之殺人者屬之。

集體殺人犯

集體殺人是在同一時間內殺死數人。

犯人類型

❶ 妄想思覺失調型：極易在妄想及幻聽覺之情況，激情失去自我控制而殺人。

❷ 性虐待型：以凌虐、切割肢體方式殺害他人以獲取性滿足為樂。

※ Fox 與 Jack（1985）認為集體殺人犯常是「邪惡勝於發狂者」，少有精神妄想症者。大部分表現出社會病態人格傾向，缺乏良心和罪惡感。

依殺人犯罪動機區分之類型

利慾殺人	即謀財害命，如強盜殺人、為詐取保險金殺人等皆是。
糾葛殺人	因戀愛、憎恨、嫉妒或其他個人的情緒糾葛而殺人。
隱蔽殺人	即殺人滅口。為隱蔽罪行，殺害對自己不利之目擊者。
性慾殺人	以殺人為滿足性慾之手段者。
多種複雜動機之無型群	精神病患者及政治性刺客之殺人等不定型之殺人者屬之。

UNIT **7-3**
殺人犯罪之動機與類型（三）

❺ 加害者與被害者關聯之殺人分類

學者 Williams 等人在殺人犯分類中依加害者與被害者之關係分為：家庭間殺人、熟識者間殺人與陌生人間的殺人，而在聯邦調查局所出版的統一犯罪報告（UCR）亦採同樣的分類。各類型的殺人犯罪分述如下：

①**家庭間的殺人**：所謂家庭間的殺人，係指被害者與加害者之間具有親屬關係（relative）或是家庭中的成員間發生的殺人犯罪行為，而一般論及家庭殺人可區分為：

　Ⓐ 夫妻間殺人。

　Ⓑ 殺害尊親屬。

　Ⓒ 幼兒被殺。

②**熟識者間的殺人**：所謂熟識者（acquaintance），依 Williams 與 Straus 的定義係朋友或是彼此認識之人而言，在 Wolfgang 的研究中雖其分類較為詳細（分為親密朋友、熟識者），但所研究的結果發現，在 550 件殺人犯罪中就占了 293 件（41.7%）。

Rojek 與 William 的研究亦有相類似的結果，如在 1979 至 1988 年近十年期間，全美與亞特蘭大的殺人案件比例中，家人與熟識者就超過 54%。陌生人間的殺人犯罪占二成以下，而其中尤以熟識者占第一位將近四成。

③**陌生人間的殺人**：係指加害者與被害者間未具親屬關係或彼此不相熟識，而在犯罪之情境中由陌生者殺害被害人而言。

Riedel（1991）研究陌生人間的殺人犯罪發現兩項特質因素是有密切相關，首先是與被害者或加害者的特性有關，再者是與其出入的場所相關聯（如酒吧、運動場所）。有許多是自發性地造成彼此間話題或言語上的不快，使得兩人之間的熱度升高，若是在飲酒之後，更是容易造成殺人行為。

Rojek 與 William 的研究則發現陌生人間的殺人犯罪許多是以經濟取向為主因，換句話說殺人並非其本意，而是其手段，再者其種族間發生的比例高於其他類型。

晚近侯崇文指出，有關加害者與被害人之傳統分類過於簡化，可援引學者 Decker 之五種關係分類較為細膩，包括：

　Ⓐ 陌生人（stranger）。

　Ⓑ 普通朋友。

　Ⓒ 熟識朋友。

　Ⓓ 親戚。

　Ⓔ 與情感有關者。

加害者與被害者之間的關聯

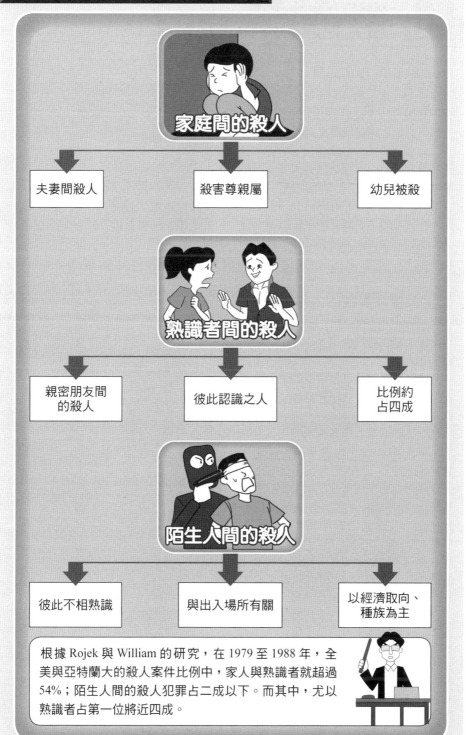

家庭間的殺人

夫妻間殺人　　殺害尊親屬　　幼兒被殺

熟識者間的殺人

親密朋友間的殺人　　彼此認識之人　　比例約占四成

陌生人間的殺人

彼此不相熟識　　與出入場所有關　　以經濟取向、種族為主

根據 Rojek 與 William 的研究，在 1979 至 1988 年，全美與亞特蘭大的殺人案件比例中，家人與熟識者就超過 54%；陌生人間的殺人犯罪占二成以下。而其中，尤以熟識者占第一位將近四成。

UNIT 7-4
殺人犯之心理與人格特性（一）

(一) 以暴力方式回應

傳統上，殺人犯被認為是被激怒的個人，在喪失理智與衝動的情況下，突發地殺人。然而，卻有其他學者認為殺人犯具有某些獨特之心理與人格特性，容易在特定情境中以暴力方式反應。美國紐約州立大學犯罪心理學教授 Toch 在《暴力男性》（*Violent Men*）一書中即指出，許多暴力犯罪之衍生係行為人從人際衝動中習得，以慣性之方式暴力相向獲益。

(二) 高度攻擊性的人格特性

Megargee 指出高度攻擊性者具有以下兩種心理人格特性：

❶ 低度控制

低度控制者無法抑制攻擊行為，當被激怒或面臨挫折時，即暴力相向。

❷ 過度控制

過度控制者基本上具有高度挫折忍受力，能禁得起一般之挑釁，並接受社會規範約制，但在超過其容忍度之情況，其可能比前述低度控制者更具暴力反應。學者 Miklos 等人針對南斯拉夫 S. Mitrovica 地區監獄中的 112 名殺人犯進行訪談，以 MMPI 施測及官方資料等進行人格類型研究，結果發現有三分之一的殺人犯並沒有心理異常的現象，反而呈現過度控制之情形。

(三) 暴力之衍生

Baumeister 等人指出，暴力之衍生並非完全係與行為者之低自我肯定有關。相對地，高自我評價者在面臨外在貶抑與負面評價而自我受到威脅時，更易引發暴行。其引述 Polk 對陌生者殺人之研究指出，多數陌生者殺人行為係受到他人之羞辱後，自覺面子掛不住，而以暴力攻擊行為因應。

(四) 殺人犯心理特性

除前述殺人犯心理、人格特性說明外，Hickey 曾就殺人犯心理特性深入探索，分述如下：

❶ 精神疾病

殺人犯是否具有精神相關疾病亦為犯罪研究人員所重視。首先就較嚴重之精神病（psychosis）而言，一般人可能認為精神病與殺人犯罪間有相當的關聯性，但據 Henn 與其同事的研究結果顯示：從 1964 至 1973 年被評估具有精神疾病的 2,000 名殺人嫌犯中，只有 1% 的人真正患有精神病。再就精神官能症而言，與前者相較精神官能症較不具有暴力本質，但是二者皆具有高度焦慮、強迫及偏執行為。Brodsky 在檢驗九項有關監獄受刑人的研究發現：在受刑人之間只有 1% 至 2% 具有精神病，4% 至 6% 具有精神官能症。

高度攻擊性的殺人犯

具有以下兩種心理人格特性：

| 低度控制 | ▶ 被激怒或面臨挫折時，無法抑制攻擊行為。 |

	▶ 具高度挫折忍受力，禁得起一般挑釁。
高度控制	▶ 在其容忍度下，可接受社會規範約制。
	▶ 若超出其容忍度，暴力反應比低度控制者強烈。

暴力的衍生

低自我肯定。	
高自我評價者面臨外在貶抑及負面評價時。	引發暴行
受到陌生人羞辱覺得面子掛不住。	

精神疾病殺人犯

據 Henn 等人的研究結果顯示：從 1964 至 1973 年被評估具有精神疾病的 2,000 名殺人嫌犯中，只有 1% 的人真正患有精神病。

	兩者相異處	兩者相同處
精神病	較具有暴力本質	具有高度焦慮、強迫及偏執行為。
精神官能症	較不具有暴力本質	

UNIT **7-5**
殺人犯之心理與人格特性（二）

❷ 解離性疾患

解離性疾患與殺人犯罪間的研究是近幾年來才開始，該類與殺人犯罪有關的心理疾病有：

①解離性漫遊症。

②多重人格疾患。

③解離性失憶症。

以上的症狀主要障礙為一或多次的發病，不能記起重要個人資料，通常本質與創傷或壓力有關，諸如早年不愉快的經驗、人生重大的變故等。此等疾病與殺人犯罪上的相關研究多屬個案臨床的研究，且所占人數並不多。

❸ 精神分析

依精神分析（Psychoanalytic Factors）的觀點，殺人犯罪是因為在犯罪人成長的階段，其超我未習得社會規範及良好的自我，以至於無法控制本我的衝動。

Gallagher 指出由於本我與超我之間的衝突產生了不正常的行為，而不正常的行為通常源於早年不良經驗，其中以雙親及子女間發展出不良的關係為最多。

❹ 心理病態人格

臨床心理學家認為心理病態人格（DSM-II 版後稱之為反社會人格）具有下列症狀：

①攻擊危險。

②行為少經過思考。

③對自己的犯罪行為不具有悔意及不具有情感應性。

雖然心理病態人格不全都具有暴力行為，但研究卻證實與他人相較其較有暴力傾向。此外亦較他人具有危險性。Hickey 指出，在犯罪矯正機構的受刑人中大約有 20% 至 30% 具有心理病態人格特質。

❺ 暴力行為者的特性

此外，許多文獻發現，大多數之暴力行為者具有下列特性：

①男性。

②年輕。

③單身。

④來自下階層之家庭。

⑤情緒不穩。

⑥性格衝動。

⑦人際關係不佳。

⑧生活適應不良。

❻ 殺人犯罪常見的特徵

殺人犯罪者似乎亦不例外，常見之特徵包括：

①幼年遭受暴力或虐待。

②與其他小孩或兄弟姊妹作對。

③與他人只有表面關係或虛偽關係（例如許多系列殺人犯與成年異性建立關係有障礙，其對性之罪惡感使他們視女性為淫蕩及誘惑者）。

④大多數之殺人犯很年輕，約在 20 至 40 歲間，且較集中於 20 歲。

⑤大多數殺人犯為男性，僅約 12% 為女性。

殺人犯之心理與人格特性

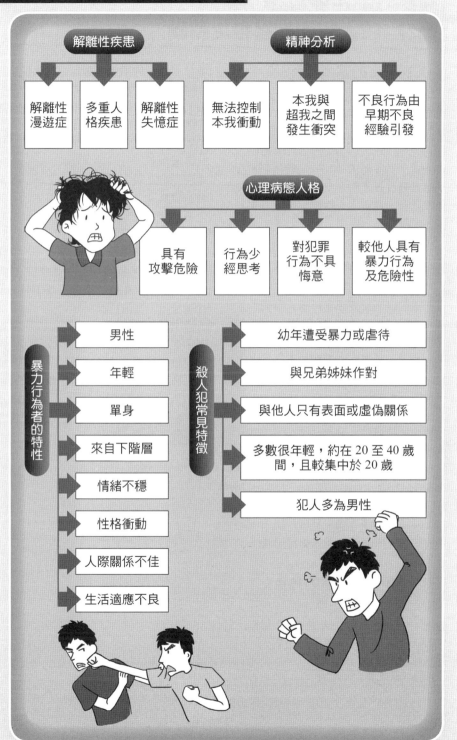

解離性疾患
- 解離性漫遊症
- 多重人格疾患
- 解離性失憶症

精神分析
- 無法控制本我衝動
- 本我與超我之間發生衝突
- 不良行為由早期不良經驗引發

心理病態人格
- 具有攻擊危險
- 行為少經思考
- 對犯罪行為不具悔意
- 較他人具有暴力行為及危險性

暴力行為者的特性
- 男性
- 年輕
- 單身
- 來自下階層
- 情緒不穩
- 性格衝動
- 人際關係不佳
- 生活適應不良

殺人犯常見特徵
- 幼年遭受暴力或虐待
- 與兄弟姊妹作對
- 與他人只有表面或虛偽關係
- 多數很年輕，約在 20 至 40 歲間，且較集中於 20 歲
- 犯人多為男性

UNIT **7-6**
殺人犯與被害者之關聯

(一) 被害者的基本特性

綜合臺閩刑案統計、法務部之犯罪狀況及其分析與筆者之研究，被害者以18歲以上30歲以下者占最多數，30至40歲未滿者次之。性別上則以男性占最多數，女性僅占小部分。職業分布上以無業者占最多數，次為技術工、營建工職業者，受害者之教育程度則集中於國高中程度。

(二) 加害者與被害者之關係

在美國1992年官方犯罪報告的統計資料顯示以下重要訊息。絕大多數的加害者事前已認識被害者，因此一個人較易為所知悉的人殺害，而非完全是陌生人，在加害者與被害者關係上，加害者是家庭中成員者占26%，而加害者是熟識者則占52%。

楊士隆之調查結果顯示，被害者與加害者關係為陌生人者占57.2%，關係為朋友者占30.4%，關係為家人者占2.2%，關係為親戚者占1.2%，關係為夫妻者占5.2%。與美國的統計資料相較，臺灣地區被害者為陌生人者仍占多數，為被害者的主體，若就熟識者與陌生人二者加以區分，則差異情形減少。

(三) 被害者所扮演的角色

研究殺人犯罪一重要的課題為殺人犯罪中，被害者扮演之角色為何？Wolfgang所提「被害者引發之殺人」概念為檢視之重點。

根據Wolfgang之定義，「被害者引發之殺人」係指被害者在犯罪事件中係一個直接、正面的催促者。其角色為在殺人之情節（中爭吵）率先對其後之加害者，使用肢體暴力或武器攻擊。

Wolfgang在費城對558名殺人犯之研究，發現約有150件（26%）係由被害者所引發之殺人案件。其後之研究雖大致證實其間之關聯性，但被害者所發動之殺人犯罪比率並不高，例如Sobol在美國水牛城之研究，僅證實13%屬之。

在澳洲Wallace之研究及丹麥由Wikstrom所主持之研究則發現，被害者引發之殺人犯罪比率分別為10.4%及11%。

楊士隆之臺灣地區殺人犯罪研究則顯示：案發前發生爭吵者占21.5%，案發前發生攻擊者占58.4%，案發前有飲酒者占47.7%，而案發前加害者與被害者相互認識者占37.3%，不認識者占60.4%，部分符合Wolfgang所提「被害者引發之殺人」概況。

殺人犯與被害者之關聯

殺人犯與被害者之關聯

被害者基本特性

18 至 30 歲
占最多數

以男性
占最多數

以無業者
占最多數

教育程度集中
在國高中程度

彼此間的關係

美國地區
統計，彼此
多為熟識者

臺灣地區被害
者多為陌生人
（占 57.2%）。

被害者扮演的角色

部分被害者在犯罪
事件中扮演直接或
正面的催促者，例
如先對加害者言語
或暴力攻擊。

案發前通常會
發生爭吵、攻擊

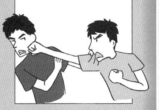

案發前多有飲酒
（約占 47.7%）

UNIT 7-7
殺人犯罪之成因分析（一）

許多研究並未針對殺人犯罪之成因進行統合分析，其主要係因殺人犯罪之成因依各殺人犯罪類型（如家庭殺人、朋友與熟識者間之殺人及陌生者殺人等）而呈現部分差異。

基於許多項對攻擊行為之研究，殺人犯罪主要之成因分述如後：

(一) 生物因素

殺人犯罪之衍生與犯罪者本身或具有 XYY 性染色體異常、缺 MAO 基因，下視丘邊緣體長腦瘤或遭傷害、兒童期間呈現注意力缺乏過動疾患（Attention Deficit Hyperactivity Disorder, ADHD）及生化上不均衡（如低血醣、內分泌異常）等有關，但專家指這些因素並不必然與一個人之反社會性有直接關聯，充其量為前置因素，其常須與後天環境及行為者心理因素互動，始可能產生暴行。

(二) 心理因素

犯罪心理研究指出，行為人各層面認知與思考因素，與其暴力行為之反應密切相關。

❶ 從犯罪者理性抉擇角度來看

殺人犯罪之衍生可能係加害者在進行成本效益分析後，認為殺人對其較為有利，而在預謀或有利犯罪機會之情況下，從事殺人行為。

❷ 犯罪人常有認知曲解之情形

包括：欠缺理性與邏輯、短視、以自我為中心、未能注意他人需求、歸罪他人、不負責任、認為自己是受害者等。而在這一些錯誤之認知型態下，無法妥善處理人際衝突而產生暴力。

部分研究指出殺人犯之認知自我調節機制呈現明顯失常，故而在面臨壓力情境下以攻擊方式因應。例如早期 Dollard 等之挫折攻擊假設指出，行為人在朝向某一目標的系列行為遭受挫折時，即可能衍生攻擊行為。

至於 Bandura 之研究，則指出行為人在如下情況之誘發下易衍生攻擊行為（含殺人行為）：

❶ 楷模的影響

當個體看見他人表現攻擊行為後，受到楷模學習，亦可因此呈現攻擊行為。

❷ 嫌惡的遭遇

當個體遭受身體的迫害、言詞的威脅或受到侮辱時，容易表現攻擊行為。

❸ 激勵物的引誘

當個體預期攻擊行為會產生積極的效果時，就可能引發攻擊行為。

❹ 教導性的控制

透過社會化的過程，個體接受法定權威的指導，決定是否表現攻擊行為。

❺ 奇異的表徵控制

當個體不能有效與現實生活經驗連結時，常被幻覺的力量所操縱，因而表現攻擊行為。

UNIT **7-8**
殺人犯罪之成因分析（二）

(三) 行為互動因素

許多殺人犯罪之衍生係因殺人犯與被害者行為產生互動，進而提升至爭吵暴行與殺機。

學者 Wolfgang 研究費城 1948 至 1952 年的殺人犯罪案件，其結果發現，有將近 26% 的殺人犯罪是由所謂的被害者所引起，而且這些被害者往往是首先挑起爭執、毆打加害者或是拿出武器者。

Luckenbill 的研究亦有類似的結果，他曾對 70 件殺人犯罪案件之情境轉換歷程進行研究，其指出殺人犯罪之衍生常與殺人犯及被害者之一連串動作（moves）與情緒反應（如傷害自尊）而激怒彼此有關，進而提升至暴行與殺人之層次。

此外，Athens（1997）亦有類似論點，其指出，暴力殺人行為之衍生往往是加害者被置於一定的境況（situated），認為對方對其不利、有害、產生挫折而發生嚴重的衝突。

(四) 社會結構因素

對於殺人犯罪之解釋，社會結構因素中的歧視、財富分配不均、貧富差距擴大，個人長期被經濟剝奪、絕對剝奪、相對剝奪感擴增而衍生挫折與憤怒，轉而產生暴力行為（殺人犯罪）之機制，晚近受到學者之正視。

(五) 暴力副文化與不良友伴，團體接觸因素

Wolfgang 與 Ferracuti 在對費城之殺人犯做系統性研究後，提出「暴力副文化」之概念。所謂副文化，即社會中某些附屬團體所持有之一套與主文化有所差異之文化價值體系。

他們認為，在某些社區或團體裡可能因暴力副文化之存在，致暴力為現存之規範所支持，並滲入到生活方式、社會化過程及人際關係之中，而殺人犯罪即為此類副文化之產物。

其次，在少年犯罪相關研究上：顯示不論少年是否具有犯罪傾向，少年結幫之結果，其從事偏差與犯罪行為之頻率即大增。而幫派中殺人等暴力行為之衍生往往被合理化，少年如從事是項行為可減輕刑罰，對部分少年而言為效忠與可饒恕之行為。

此外，鑑於少年集團犯罪之特性，在集團壓力下，少年可能從事許多非理性之暴力，甚至殺人行為。

殺人犯罪成因分析（二）

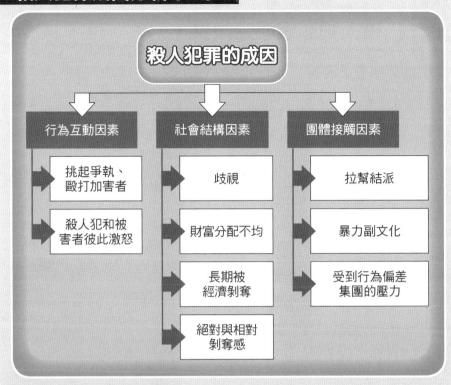

殺人犯罪的成因

行為互動因素
- 挑起爭執、毆打加害者
- 殺人犯和被害者彼此激怒

社會結構因素
- 歧視
- 財富分配不均
- 長期被經濟剝奪
- 絕對與相對剝奪感

團體接觸因素
- 拉幫結派
- 暴力副文化
- 受到行為偏差集團的壓力

學者的相關研究

（一）Wolfgang 的研究

費城 1948 至 1952 年的殺人犯罪案件

→ 有將近 26% 的殺人犯罪是由所謂的被害者所引起。被害者往往是首先挑起爭執、毆打加害者或是拿出武器者。

（二）Luckenbill 的研究

針對 70 件殺人犯罪案件之情境轉換歷程進行研究

→ 殺人犯罪之衍生常與殺人犯及被害者之一連串動作與情緒反應而激怒彼此有關。

（三）Athens 的研究

暴力殺人行為之衍生往往是加害者被置於一定的境況（situated），認為對方對其不利、有害、產生挫折而發生嚴重的衝突。

UNIT **7-9**
殺人犯罪破案之因素

圖解犯罪心理學

(一) 案件偵查之困難

在殺人犯罪案件中,警政及其他司法人員運用科學辦案及其他方法嘗試偵破結案,但每年臺灣地區仍約有 10% 的案件無法偵破。事實上,國外之研究亦顯示,近年來隨著警察資源、權限之縮減及都會區目擊證人不願意提供訊息,使得許多殺人犯罪案件之偵查更加困難(Wellford and Cronin, 2000)。

值得注意的是,晚近之殺人犯罪研究多聚焦於殺人犯罪成因與犯案模式,未針對案件本身破案之關鍵進行調查,致使辦案人員無法從中習得較具效能之犯罪偵查經驗。所幸在部分研究人員之努力下,殺人犯罪案件破案與否之關鍵因素逐漸被揭開。例如美國學者 Wellford 及 Cronin 曾辨識出五十一項影響案件偵破之特徵,而其中約有十四項與警察實務無關。

(二) 破案之關鍵

主要破案關鍵在於以下二項:
❶ **資源的投入**

例如刑警人數、解剖時刑警在場的人數,以及刑警到達現場的時間。
❷ **情報(情資)之品質與取得與否**

例如目擊證人、密告者及電腦查驗之結果。

此外,美國犯罪現場調查之技術工作團體則指出犯罪案件本身對於案件偵破的影響力不大,反而是警察所採行之政策與偵查程序具有實質之影響。

(三) 其他犯罪之觸發

Reidel 與 Rinehart 發現,在芝加哥案件偵破與否之關鍵,在於案件本身是否為正在從事其他犯罪所觸發有關。Keppel 與 Weis 則認為犯罪地點與犯罪階段之時間為偵破與否之關鍵。其指出了解犯罪發生之地點較屍體丟棄之地點有助於犯罪偵破。

最近澳大利亞學者 Mouzos 及 Muller 援用澳洲殺人犯罪資料(1989-2000),對 3,292 件已偵破及 430 件未偵破之案件進行分析,並對 11 名刑事偵查人員進行調查後發現,無法偵破之殺人案件大多為其他犯罪案件所引發,如搶劫或陌生者入侵,非有明確之關係者,且犯罪之地點非一般住宅區域。至於無法偵破案件之被害者多數為槍枝犯案之結果,且多數為 30 歲以上。

(四) 加速破案時間之要件

Mouzos 與 Muller 並指出警察偵辦殺人犯罪案件並未有一定公式可援用,但倘具備以下要件,則可加速破案的時間:

①有經驗豐富且具效能之刑事偵查人員,並具備卓越分析證據能力。
②有足夠的時間投入犯罪偵查。
③長官的支持。
④同僚的合作。
⑤便利之通訊設備。

案件偵查困難之主因

警察資源、權限縮減

都會區目擊證人不願意提供訊息

導致殺人犯罪
案件偵查困難

值得注意的是，晚近之殺人犯罪研究多聚焦於殺人犯罪成因與犯案模式，未針對案件本身破案之關鍵進行調查，致使無法從中習得較具效能之犯罪偵查經驗。所幸在部分研究人員之努力下，殺人犯罪案件破案與否之關鍵因素逐漸被揭開。

破案關鍵

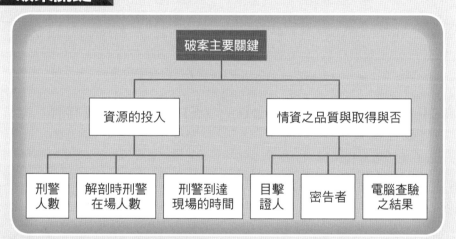

破案主要關鍵

資源的投入

情資之品質與取得與否

刑警人數

解剖時刑警在場人數

刑警到達現場的時間

目擊證人

密告者

電腦查驗之結果

加速破案時間的要件

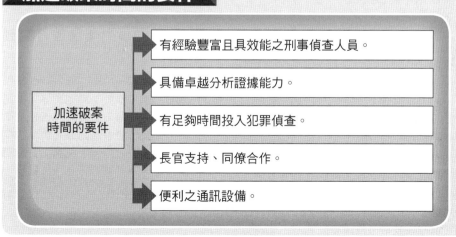

加速破案
時間的要件

有經驗豐富且具效能之刑事偵查人員。

具備卓越分析證據能力。

有足夠時間投入犯罪偵查。

長官支持、同僚合作。

便利之通訊設備。

UNIT 7-10
殺人犯罪之防治（一）

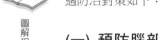

殺人犯罪之成因如前述至為複雜，故其防治對策應是多面向的，而非偏重於一方，茲依據國內外研究心得，說明妥適防治對策如下：

(一) 預防腦部功能受創並加強保護與治療

殺人犯腦部常有受創情形，故應在胎兒形成、嬰兒分娩成長及未來生活各階段注意防護，避免腦部受傷，進而影響情緒控制，衍生暴行。而對於腦部受創之個案，社政、醫療單位及犯罪矯正機構應予適當監管與診療，以避免暴力行為之發生。

(二) 發揮教育功能，避免潛在惡性發展

殺人犯罪者有精神疾病之比例並不高，故研究者認為殺人犯罪之防治重點不應由改善犯罪者之精神狀態著手。相反地，在各級教育學程中透過適當教育措施，改善潛在犯罪者邪惡之意念，灌輸正確的法治及人權觀念，進而提升公權力，重建社會秩序，為防治殺人犯罪之重點。

(三) 加強親職教育，落實兒童少年保護工作

殺人犯常來自破碎與欠缺和諧之家庭，並曾遭性虐待及凌虐，同時其家庭成員並有酗酒情形，此為其子女反叛與暴力行為製造了危機。因此，建議社政機關加強對於未獲適當教養、遭遺棄、虐待或受其他迫害之兒童與少年予以妥適緊急安置、寄養或收養，同時應加強父母親職教育，發揮家庭功能，此為防止殺人犯罪發生之根本工作。

(四) 學校傳授人際溝通與憤怒情緒管理課程

殺人犯具高度攻擊性，而研究相繼指出暴力行為與暴力犯本身具有非理性之認知、人際溝通拙劣及憤怒情緒之缺乏控制與管理有密切關聯，例如暴力犯在人際衝突中，常認為都是別人的錯，不回擊即表示自己懦弱，不同意別人意見時咒罵他人等，故有必要在就學階段強化社交技巧訓練與憤怒控制訓練，或辦理提升情緒智商（EQ）之講習，以減少暴力行為之衍生。

(五) 淨化大眾傳播媒體

研究發現，殺人犯在接觸不良傳媒（閱讀不良書刊、觀賞色情錄影帶、暴力影片等）的頻率上以填答「有時如此者」占多數，因此，建議加強對煽惑他人犯罪或違背法令、妨害公共秩序或善良風俗、傷害少年或兒童身心健康之傳播內容加強警告、罰鍰、停播暨吊銷執照之行政處分。

(六) 及早從事少年偏差行為輔導

殺人犯在青少年時期即從事許多偏差行為活動，如：抽菸、無照駕車、進出聲色場所、觀賞暴力影片等，占相當高的比例；因此防治殺人犯罪之重點工作之一為：必須重視少年（兒童）犯罪防治工作，及早對其偏差行為予以輔導，避免行為進一步惡化。

殺人犯罪之防治方向與重點

生理方面

在各階段注意防護，避免腦部受傷

對腦部已經受創的個案，各單位應予以適當監管與診療

教育方面

學校教育

改善潛在犯罪者邪惡之意念

灌輸正確的法治及人權觀念

傳授人際溝通與情緒管理課程

及早對少年偏差行為進行輔導

家庭教育

社政機關應對受虐待或被遺棄之兒少予以妥善安置

加強父母親職教育，發揮家庭功能

預防勝於補救

抽菸喝酒　　暴力傾向　　吸食毒品　　無照駕駛

殺人犯在青少年時期即從事許多偏差行為活動，如：抽菸、無照駕車、進出聲色場所、觀賞暴力影片等；因此防治殺人犯罪之重點工作之一為：必須重視少年（兒童）犯罪防治工作，及早對其偏差行為予以輔導，避免行為進一步惡化。

UNIT **7-11**
殺人犯罪之防治（二）

(七) 改善貧富不均、資源分配不公等機會結構問題

Walker（1989）在其名著《*Sense and Nonsense about Crime*》一書中，檢視犯罪抗制相關文獻後指出，優良之經濟政策，有助於治安之維護與改善。

事實上，根據犯罪成因分析，筆者認為目前我國所得分配不均，貧富差距日益擴大，此無形中製造出許多社會與治安問題，因此有必要採行必要措施，如健全稅制稅收、加強社會福利、貫徹經濟自由化政策，以抑制財富分配不均現象。

此外，鑑於解嚴後之社會秩序紊亂現象，筆者認為其與政府各項資源分配未臻於均衡有關，包括政治、社會、經濟、文化資源等，因此應致力於妥適分配資源以滿足各方需求，可減少衝突及暴力行為之發生。

(八) 提升優良社區文化與社區意識

從 Wolfgang 等所提暴力副文化概念所獲之啟示，改造不良社區文化，致力於社區精神文化建設、提倡正當休閒活動、端正社會風氣之努力，為建立祥和社區，減少暴力之重要方向。

此外，對社區環境妥善規劃，加強居民歸屬感，動員社區居民參與社區事務，加強守望相助等，均有助於提升社區生活品質，減少犯罪之發生。

(九) 致力酗酒預防宣導與戒治工作

Goetting（1995）之研究顯示，28.2% 之加害者在案發前飲酒，而被害者飲酒則占 29.7%。本土研究發現殺人犯在案發前酗酒者高達 54%，顯然酗酒的結果極易促使行為人降低自我控制與明辨是非之能力，增加冒險的意念而呈現攻擊性。因此，筆者建議政府應致力於倡導健康、合宜的飲酒禮儀，減少豪飲，同時鼓勵廠商製造不含酒精成分之飲料，供民眾選擇。最後並應致力於酗酒預防宣導與戒治工作，以減少過量飲酒導引之心理、生理失調，甚至暴力攻擊行為之衍生。

(十) 援用環境設計及情境預防策略

殺人犯罪之發生集中於特定地點、範圍及時間內，因此，透過環境設計情境預防措施，以各種有系統常設的方法對犯罪可能衍生之環境加以管理、設計或操作，降低犯罪機會，即屬防範暴力行為發生之有效方法之一，其具體措施包括：增加犯罪的阻力、提升犯罪的風險、降低犯罪的酬賞、減少犯罪刺激、去除犯罪的藉口等二十五種防範犯罪之技術。

諸如在極易衍生暴力事件（如酗酒鬧事）之海邊度假據點，要求酒店經營者取消部分優惠措施，如不再提供折扣售酒期間，傾銷販賣酒類，改採酒精含量少之飲料，訓練酒吧服務人員應對酗酒者等；在球場或其他具暴力性質比賽之場合不准販賣酒精類飲料；強化錄影監控及光線亮度；加強出入口之管制，強化自然監控效果等均屬之。

從法制方面進行殺人犯罪之防治

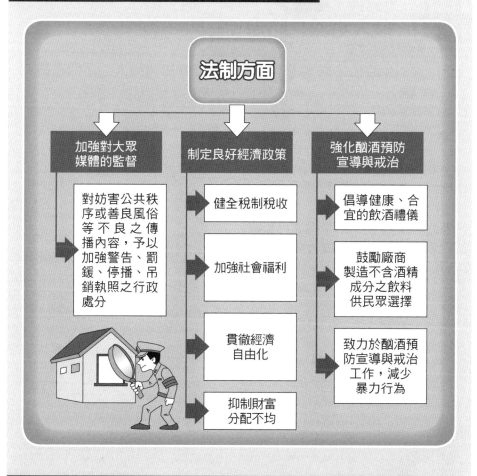

法制方面

加強對大眾媒體的監督
- 對妨害公共秩序或善良風俗等不良之傳播內容，予以加強警告、罰鍰、停播、吊銷執照之行政處分

制定良好經濟政策
- 健全稅制稅收
- 加強社會福利
- 貫徹經濟自由化
- 抑制財富分配不均

強化酗酒預防宣導與戒治
- 倡導健康、合宜的飲酒禮儀
- 鼓勵廠商製造不含酒精成分之飲料供民眾選擇
- 致力於酗酒預防宣導與戒治工作，減少暴力行為

從社區文化及環境設計進行殺人犯罪之防治

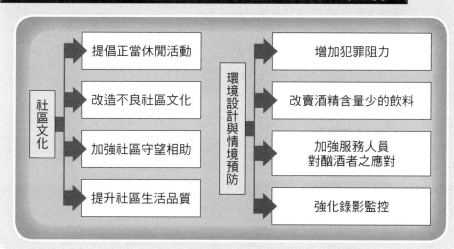

社區文化
- 提倡正當休閒活動
- 改造不良社區文化
- 加強社區守望相助
- 提升社區生活品質

環境設計與情境預防
- 增加犯罪阻力
- 改賣酒精含量少的飲料
- 加強服務人員對酗酒者之應對
- 強化錄影監控

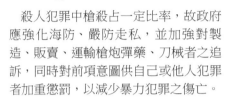

殺人犯罪之防治 (三)

(十一) 杜絕走私，嚴懲槍枝犯罪

殺人犯罪中槍殺占一定比率，故政府應強化海防、嚴防走私，並加強對製造、販賣、運輸槍炮彈藥、刀械者之追訴，同時對前項意圖供自己或他人犯罪者加重懲罰，以減少暴力犯罪之傷亡。

(十二) 加強檢警偵防犯罪能力，強化嚇阻效能

晚近臺灣重大殺人犯罪案件之發生，包括前桃園縣長劉○○等集體遭槍擊案件，民進黨婦女部主任彭○○疑遭姦殺等案件均無法早日破案，緝獲凶手，甚至讓彼等歹徒繼續犯案，造成社會極度恐慌。故有必要強化檢警偵防犯罪能力，如可透過調查研究，掌握破案之關鍵因素，提升偵防效能。同時加強刑事鑑識能力，運用心理描繪、DNA 檢定、測謊器測驗等科學辦案方法，甚至催眠偵查等，以使殺人犯無所遁形，並收嚇阻之效。

(十三) 重視暴力犯之犯罪矯治與預防再犯工作

研究發現殺人犯有前科紀錄者高達 54%，顯然殺人犯在犯案前已前科累累。因此，筆者認為有必要強化犯罪矯治工作，以避免其再犯。目前在暴力犯之矯治方面，學術與實務界大致認為以著重於改變暴力犯扭曲認知、拙劣社交技巧及憤怒情緒之認知行為處遇法最具效能，國內犯罪矯正機構有必要積極引進、評估、試驗，對暴力犯進行干預，以協助其獲得適當處遇，減少再犯。

(十四) 加強殺人犯罪問題研究

殺人犯罪具血腥、恐怖之特性，對社會各層面衝擊甚大，為最嚴重之犯罪行為，但令人遺憾的是目前國內對各類殺人犯罪之成因與特性仍所知不多，多止於媒體的報導，故有必要進行深入研究，俾提供政府防治殺人犯罪之參考。

筆者除以科際整合精神進行「臺灣地區殺人犯罪之研究」外，另在國立中正大學之贊助下從事「臺灣地區少年殺人犯、暴力犯及非暴力犯犯罪危險因子之比較研究」，晚近侯崇文進行殺人犯罪加害者與被害者之研究，許春金等及謝文彥等紛紛投入弒親及親密關係殺人罪研究。侯友宜深入探討性侵害殺人犯罪之研究，這些研究有助於揭開各型態殺人犯罪之神祕面紗。

未來學術與行政部門更可強化殺人犯或其犯罪集團之個案研究，並仿美國司法部全國暴力犯罪分析中心（National Center for the Analysis of Violent Crime, NCAVC），建立重大刑事案件資料庫，俾對其犯罪防治做最大之貢獻。

杜絕槍炮彈藥走私

殺人犯罪
中，槍殺占
一定比率 → 防治方法 →

| 應強化海防、嚴防走私 |
| 加強對製造、販賣、運輸槍炮彈藥、刀械者之追訴 |

加強檢警偵防與犯罪矯治

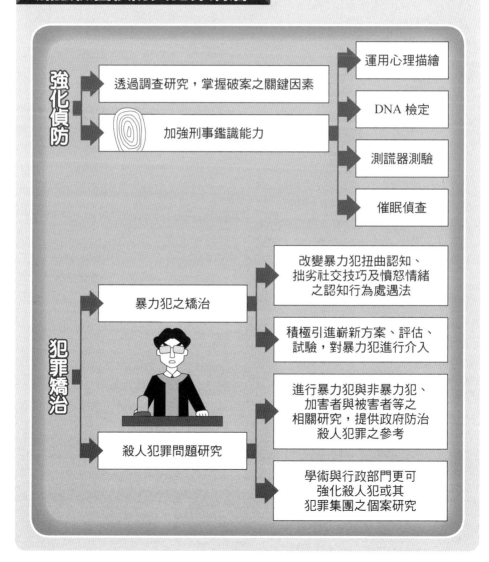

強化偵防

透過調查研究，掌握破案之關鍵因素

加強刑事鑑識能力

- 運用心理描繪
- DNA 檢定
- 測謊器測驗
- 催眠偵查

犯罪矯治

暴力犯之矯治

- 改變暴力犯扭曲認知、拙劣社交技巧及憤怒情緒之認知行為處遇法
- 積極引進嶄新方案、評估、試驗，對暴力犯進行介入

殺人犯罪問題研究

- 進行暴力犯與非暴力犯、加害者與被害者等之相關研究，提供政府防治殺人犯罪之參考
- 學術與行政部門更可強化殺人犯或其犯罪集團之個案研究

UNIT **7-13**
殺人犯罪之殺童案件分析與防治（一）

(一) 全球現況

❶ 兒童案件的統計資料

近年兒童遭殺害案件持續發生，引發民眾之極度恐慌與不安。世界衛生組織指出，全球有相當多的兒童遭受身體及性虐待的侵害。根據統計資料，在單一年中，約有 57,000 名未滿 15 歲之兒童遭殺害，死因以頭部受傷為最多，腹部受傷與窒息次之。

❷ 兒童安全遭到威脅

根據聯合國毒品與犯罪問題辦公室所進行之全球殺人犯罪調查顯示，2012年全球約有 437,000 人被殺害，平均每 10 萬人約有 6.2 人被殺。其中 0 至 14 歲之兒童被害男女之比例為每 10 萬人有 2.1 人及 1.9 人。兩者比例差別不大。其指出部分國家如芬蘭及瑞典之殺人犯罪大約為 20% 係在吸食毒品與酒精之影響下犯案。而英國之 Unicef 報告更指出，全球數以百萬計之兒童無論在家中、學校或社區均遭到安全之嚴重威脅，其被害風險與戰場之士兵一樣。

(二) 殺害兒童之主要類型與特性

❶ 常見的犯罪類型

對兒童殺人之犯罪類型，一般以家庭間的殺人、熟識者間的殺人、陌生人間的殺人等三類較常見。此外，學者另指出憎恨偏見、遭人欺壓情緒抒發、功利性之金錢目的及隨機殺人亦為常見之類型。臺北市內湖兒童遭砍頭基本上係隨機隨性且漫無目的選擇被害者，未有情感、金錢或其他利益糾結或長期預謀而發生的。

❷ 暴力犯的主要特性

①暴力之歷史（前科）。
②精神疾病之證據。
③物質依賴。
④憂鬱。
⑤病態歸咎他人之型態。
⑥神經系統功能之損傷。
⑦挫折忍受力低。
⑧人格違常之證據。
⑨幼年遭受暴力或虐待。
⑩與其他小孩或兄弟姐妹作對。

諸如暴力前科、妄想、受毒品影響、無穩定工作、缺少朋友等，初步符合 2016 年臺北市內湖殺童案之王嫌特徵。

(三) 殺害兒童之成因

基本上，殺害幼童之發生有其犯罪之前置因素、誘發因素與情境詮釋等。在成因方面有時看似直接單純，但深入探討後卻發現其成因亦至為複雜，包括：缺陷的基因、腦部功能受損、認知偏差、低自制力、相對剝奪感增加、暴力犯罪副文化、失業、媒體充斥暴力、色情等微觀與鉅觀之因素均有可能。

除前述前置因素之長期影響與醞釀形成外，研究顯示其他誘發因素對於殺人行為之啟動具有實質之影響，包括吸毒嗑藥、酗酒、槍枝與刀械之容易取得及遭遇差辱、自尊受損等。最後，殺人行為之實際發生仍須透過個體對當時所處情境事件之解釋而定，如挫折、有害的詮釋及可能受妄想幻覺等驅使。

殺童案件分析

致死原因	以頭部受傷為最多，腹部受傷與窒息次之
受威脅場所	家庭、學校、社區
常見殺童犯罪類型	家庭間的殺人
	熟識者間的殺人
	陌生人間的殺人
	隨機殺人
	出於金錢目的
殺害兒童之成因	缺陷的基因、腦部功能受損
	認知偏差、低自制力
	失業、相對剝奪感增加
	暴力犯罪副文化
	媒體充斥暴力、色情

暴力犯的主要特性

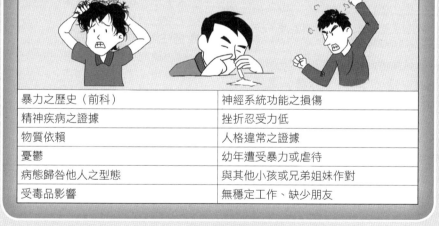

暴力之歷史（前科）	神經系統功能之損傷
精神疾病之證據	挫折忍受力低
物質依賴	人格違常之證據
憂鬱	幼年遭受暴力或虐待
病態歸咎他人之型態	與其他小孩或兄弟姐妹作對
受毒品影響	無穩定工作、缺少朋友

 ★殺童孤狼式犯案特性

對於一個人之孤狼式犯案，一般認為具有以下特性：
❶自認受到社會組織或大企業、政府的壓迫而長期受苦；❷受某種隱疾所苦、有妄想症狀或有其他持續而慢性的精神疾病；❸病態的自我中心；❹缺少朋友（不管男、女性皆是），離群索居；❺以青、中年占多數；❻無穩定工作；❼對男性威權很不信任、鄙視，對父親有恨意；❽心理發展狀態未通過伊底帕斯情結；❾可能有慢性疾病，從心臟疾病、癌症、肺結核等，都有可能。

UNIT **7-14**
殺人犯罪之殺童案件分析與防治（二）

(四) 預防之作為

此類隨機殺童案件，在防範上難度極高，筆者建議由下列四個面向著手：

❶ 加強肅清社會病源

首先，防治類似隨機殺人事件必須從根本做起，家長與老師及相關專業人員應注意個體是否交友複雜、最近經常逃學或蹺班、自我封閉、沉默不語、行為輕佻、常口出威脅或做出攻擊的姿態等，並及時予以介入，以避免個體犯下暴力犯罪與不可彌補之傷害。

晚近研究指出暴力行為與個體本身可能血清素濃度過低或具有認知偏差、缺乏人際溝通技巧與欠缺憤怒情緒之控制及管理有密切關係。因此對於行為有異狀者，有必要轉介給精神科醫師治療、援引適切藥物或認知行為治療技術，著重個體之社交技巧與情緒智商的改進，並著重憤怒控制訓練，讓個體在面臨挑釁等負面情況時，能控制自己當時的憤怒及激動。此外，政府應妥適分配資源，注意失業者問題並建構合宜之就業與社會福利措施，以滿足各階層需求，減少衝突及暴力行為之發生。

❷ 嚇阻之作為

警政司法部門則仍應加強檢肅毒品，2015 年臺灣執法部門查獲 4,840.2 公斤毒品，再創新高，而毒品犯之累再犯比例甚高，為治安惡化留下許多不確定因素伏筆，未來應加強毒品吸食人口之監控及強化戒癮治療資源之挹注。另重刑化嚇阻性之刑法執行措施，仍應留意目前監所是否挹注足夠資源，可負擔長刑期之受刑人之安全維護與教化工作，高

雄大寮事件殷鑑不遠，死刑執行係屬不得已之措施，但非唯一選項，仍須依個案犯罪動機及精神心理狀況依法量刑。

❸ 情境預防措施之應用

犯罪發生有三要件：有動機的犯罪者、合適的標的物及監控者不在場；而讓前述三者之一缺席，犯罪便很難發生。除依兒童福利聯盟及警政署之預防建議外，可運用情境犯罪預防之技術與策略，包括增加犯罪之困難，如目標物強化（如校園警衛之加強巡邏）、提升犯罪之風險如降低匿名性（如兒童顯著之服飾識別、錄影系統之提醒與加強）、隱藏與移除目標物（如提供兒童與女性安全車廂）、降低挑釁（如不主動刺激及通報神情怪異、四處遊蕩之陌生人），及移除犯罪之藉口（如藥物酒精之控制）等。

❹ 挹注資源，加強提升矯治成效

過去研究曾指出長期使用安非他命易導致妄想、恐慌等副作用，也在實證上和衝動性暴力犯罪有顯著關聯性。有鑑於此，建議政府強化現有毒品施用者戒治之專業人力，提升戒治處遇成效，使毒癮者能順利戒除毒癮及復歸社會，降低再犯比率。

犯罪三要件

| 有動機的犯罪者 | ➡ | 合適的標的物 | ➡ | 監控者不在場 |

殺童案件防治

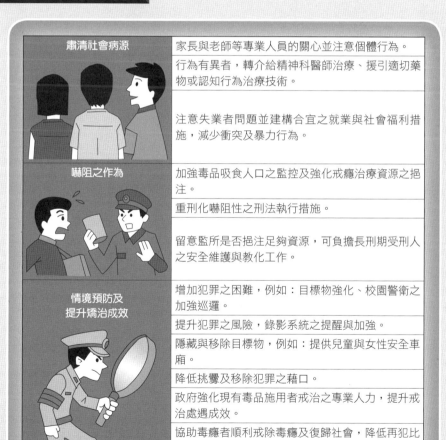

肅清社會病源	家長與老師等專業人員的關心並注意個體行為。
	行為有異者，轉介給精神科醫師治療、援引適切藥物或認知行為治療技術。
	注意失業者問題並建構合宜之就業與社會福利措施，減少衝突及暴力行為。
嚇阻之作為	加強毒品吸食人口之監控及強化戒癮治療資源之挹注。
	重刑化嚇阻性之刑法執行措施。
	留意監所是否挹注足夠資源，可負擔長刑期受刑人之安全維護與教化工作。
情境預防及提升矯治成效	增加犯罪之困難，例如：目標物強化、校園警衛之加強巡邏。
	提升犯罪之風險，錄影系統之提醒與加強。
	隱藏與移除目標物，例如：提供兒童與女性安全車廂。
	降低挑釁及移除犯罪之藉口。
	政府強化現有毒品施用者戒治之專業人力，提升戒治處遇成效。
	協助毒癮者順利戒除毒癮及復歸社會，降低再犯比率。
	留意監所是否挹注足夠資源，可負擔長刑期受刑人之安全維護與教化工作

第 **8** 章

孤狼恐怖分子
暴力攻擊

●●●●●●●●●●●●●●●●●●●● 章節體系架構 ▼

UNIT 8-1
孤狼式恐怖分子之定義、特性與犯案特徵

(一) 定義

最常被引述的定義,是由 Burton 與 Stewart 所提出的:「孤狼即是個人獨自行動,其行為沒有任何組織的授意,甚至沒有與任何組織有所接觸」。

這個定義的目的,是要與其他組織化的恐怖活動做區分,以行動者的結構分類,用個體的、團隊的,甚至是國家級的角度來分類。

其人格特質具有反社會行為之傾向,包括以自我為中心、反抗權威、虛偽多詐,並合理化其行為。孤狼式恐怖攻擊之定義與特色在學理上可歸納為:

❶ 孤單的狀態,亦即是個別執行的或是還有其他人介入。

❷ 指導,亦即是自我決定的行動,抑或是受到外部的指導與控制。

❸ 動機,亦即僅是基於個人的報復抑或是政治、社會、宗教等之其他原因。

(二) 特性

依 Hamm 及 Spaaij 的研究指出,孤狼攻擊者的個人背景因素,大多為無業者、有前科的單身男性白人,相對於團體恐怖分子,孤狼恐怖分子的年紀較長、教育程度較低、有較多的心理病態問題;相較於蓋達基地組織者,他們較多為與社會脫節者。

學者彙整研究文獻指出孤狼式恐怖分子具有以下特性:

❶ 自認受到社會組織或大企業、政府的壓迫而長期受苦。

❷ 受某種隱疾所苦、有妄想症狀或有其他持續而慢性的精神疾病。

❸ 病態的自我中心。

❹ 缺少朋友(不管男、女性皆是),離群索居。

❺ 以青、中年占多數。

❻ 無穩定工作。

❼ 對男性威權很不信任、鄙視,對父親有恨意。

❽ 心理發展狀態未通過伊底帕斯情結。

❾ 可能有慢性疾病,從心臟疾病、癌症、肺結核等都有可能。

(三) 犯案特徵

根據 Bakker 及 Graaf 之分類描述,具有以下四項犯案特徵:

❶ **單獨行動**

孤狼恐怖分子不受任何個人、團體或組織的支援。

❷ **不接受任何組織的命令**

孤狼恐怖分子與潛藏間諜不同,孤狼恐怖分子可以自己決定、策劃行動,而不受該組織之指揮系統所控制。

❸ **不與任何組織聯繫**

孤狼恐怖分子行動時不與組織接觸,但是,在行動之前的準備工作或激進化過程中,卻用不同方式與組織極端分子接觸或學習,以達到個人激進化的目的,因此,孤狼恐怖主義不包括與組織有聯繫的恐怖分子。

❹ **攻擊的目標大多是社會的自然人。**

孤狼的主要特質

缺少朋友 → 以自我為中心 → 自認受壓迫

沒有接觸組織 → 與社會脫節 → 心理病態

反社會行為 → 虛偽多詐 → 無業有前科

孤狼即是個人獨自行動，其行為沒有任何組織的授意，甚至沒有與任何組織有所接觸。

孤狼恐怖分子的犯案特徵

單獨行動

不接受任何組織的命令

不與任何組織聯繫

大多攻擊社會的自然人

UNIT 8-2
孤狼式恐怖分子的動機與激進化過程（一）

(一) 動機

依 Hamm 及 Spaaij 的研究顯示相對剝奪感導致孤狼恐怖主義，在社會排除下，孤獨的個人感覺到他們被有權力者剝奪，既而形成對政府的不滿，應對其失業、歧視與不公平對待負責。他們的暴力是達不到目標的偏差調節手段（緊張理論）。

此外，Deloughery 與共同研究者在研究美國的孤狼攻擊與其他恐怖集團攻擊模式分布差異時也指出，比較 101 起孤狼攻擊行為，以及 424 起恐怖主義團體的攻擊發現，孤狼攻擊的主要區域跟因種族性別以及性向引起的 46,000 件憎恨攻擊的地理區域有很高的重疊性。

簡言之，孤狼攻擊行為較易發生的區域為人口密集、住宅自有比率低，以及優勢白人占率高（種族同質性高）的地區。

而 Artiga 歸納孤狼式恐怖分子的動機通常有以下幾種：
❶ 利用恐怖行動傳達其信念。
❷ 利用恐怖行動提高民眾對某些議題之重視，例如散播生化病毒，促使民眾對環境污染議題之重視。
❸ 影響國家之經濟與政治進程。
❹ 散播恐懼。
❺ 糾正社會之不公正行為，例如屠殺被無罪釋放之犯罪人。

(二) 激進化過程

❶ 個人與政治不滿

孤狼恐怖分子傾向於結合個人與政治不滿。911 事件前，結合上開兩者有 30 件（總件數 38）約占 80%，911 事件後，兩者兼具者有 36 件（總件數 45）

亦約占 80%，相較於激進團體的集體不滿之動機，有明顯不同。

❷ 親近極端團體或線上支持者

孤狼恐怖分子傾向於親近極端團體，並透過網路線上或有線電視，尋找信念與其一致的極端團體。911 事件前，有 63% 孤狼恐怖分子親近有組織的極端分子，包括美國南部分裂主義者、新納粹團體、巴勒斯坦運動、反墮胎團體。911 事件後，有 42% 孤狼恐怖分子親近極端組織，包括蓋達基地組織、美國保守派團體「茶黨愛國者」、新納粹國家聯盟。

❸ 推動者的啟發

孤狼恐怖分子可透過以不自覺地協助攻擊計畫方式直接啟動，或透過鼓勵恐怖主義的人間接進行，而在個人層面上，推動者是為某人不知不覺地執行可能的發動攻擊任務，或透過間接的受恐怖主義鼓舞的人。

在 911 事件前，有 57% 的孤狼恐怖分子受他人推動發動攻擊；在 911 事件後，成長到 67% 且幾乎是間接推動。以 911 事件後的聖戰來說，最多人被奧薩瑪・賓拉登以及安瓦爾・奧拉基推動啟發；至於 911 事件後對白人至上反政府運動極端分子來說，最多人被威廉・皮爾斯推動啟發。

孤狼恐怖分子的攻擊動機

太不公平！太惡劣！
我要他們付出代價！

孤狼恐怖分子的暴力，是達不到目標的偏差調節手段。

攻擊的主要動機	利用恐怖行動傳達其信念。
	利用恐怖行動提高民眾對某些議題之重視。
	影響國家之經濟與政治進程。
	散播恐懼。
	糾正社會之不公正行為。
較易發生地區	人口密集。
	住宅自有比率低。
	優勢種族比率較高。

孤狼從不滿到攻擊

結合個人與政治不滿　　尋找信念一致的極端團體　　受他人間接推動或鼓勵而發動攻擊。

孤狼恐怖分子可透過以不自覺地協助攻擊計畫方式直接啟動，或透過鼓勵恐怖主義的人間接進行，而在個人層面上，推動者是為某人不知不覺地執行可能的發動攻擊任務，或透過間接的受恐怖主義鼓舞的人。

UNIT **8-3**
孤狼式恐怖分子的動機與激進化過程（二）

❹ 廣播意圖

①交流的方式：雖然孤狼恐怖分子與社會隔絕，但同時他們透過口頭陳述、威脅、信件、宣言和錄像宣傳與外部人進行交流，類似於蓋達基地組織與ISIS成員上傳到互聯網的聖戰殉教視頻。廣播意圖可以明確提及即將到來的攻擊，廣播意圖可能發生在攻擊之前的數週、數天，甚至數小時內。

②預防的角度：廣播意圖可能是最重要的共同點。廣播意圖在孤狼恐怖分子中普遍存在。在911事件前有84%的孤狼恐怖分子在攻擊前有廣播；911事件後則有76%的孤狼恐怖分子通常不止一次播出他們的意圖。廣播通過電子郵件、短信、臉書和推特，以及簡報的發表進行。發表對象包括家人、朋友、心理健康提供者、運輸工作者和警察，還有對報紙編輯，甚至有致國會議員與美國總統的信。

③無廣播意圖的案例：但也有無廣播攻擊意圖的案例，例如「2013年洛杉磯國際機場槍擊案」，在2013年11月1日上午9時20分，孤狼恐怖分子西恩西亞進入洛杉磯國際機場第三航廈，從印有「要把運輸安全局的人員與豬殺掉」的袋子中拿出一把半自動M&P15來福槍進行槍擊，造成3名美國運輸安全管理局的官員和5名旁觀者死亡或受傷。

調查發現，當天稍早嫌犯發送短信給他在新澤西州的兄弟表示即將自殺，旋即由其父親在上午10點6分通報洛杉磯警察局，6分鐘後警察趕到嫌犯的公寓，但為了防止剛剛開始的槍擊事件已經晚了45分鐘。

❺ 觸發事件

觸發事件是孤狼恐怖主義的催化劑，這類事件在恐怖組織成員中很常見。對孤狼來說，觸發事件可能是個人的或政治的，或者兩者的組合。觸發事件有時是直接的，其他時候，隨著時間的推移，是緩慢累積，直到其在壓力下迅速發生，引發攻擊行為。在911事件前，有84%具備觸發事件，911事件後為71%。

(三) 總結

由孤狼分子的激進化過程，可知孤狼主義的共同點形成了激進化模式，Hamm及Spaaij指出孤狼恐怖攻擊主義的激進化模式，開始於個人和政治不滿，成為親近極端主義團體的基礎。

接下來是識別推動者，然後是廣播意圖。最後的共同點是觸發事件或恐怖主義的催化劑。

攻擊前發送訊息

發送方式：透過口頭陳述、威脅、信件、宣言和錄像視頻、臉書和推特等。

發送對象：家人、朋友、心理健康提供者、運輸工作者和警察、報紙編輯、議員、總統等。

例外：也有無廣播攻擊意圖的案例，例如 2013 年 11 月 1 日「洛杉磯國際機場槍擊案」。

攻擊的催化劑

個人	或	政治	或	個人＋政治

直接	或	慢慢累積

壓力點或觸發事件一到，立即發動攻擊。

孤狼與極端主義團體

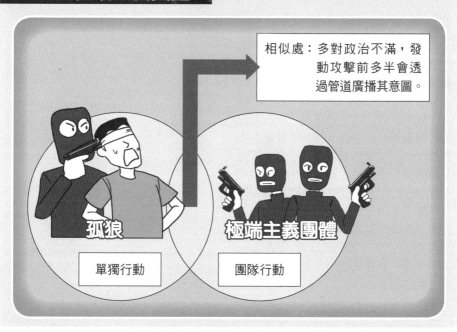

相似處：多對政治不滿，發動攻擊前多半會透過管道廣播其意圖。

孤狼 — 單獨行動

極端主義團體 — 團隊行動

UNIT **8-4**
孤狼恐怖攻擊防制對策（一）

(一) 軌跡模式非常複雜

孤狼式恐怖攻擊，在近年成為重要的反恐項目，甚至被認為是未來重要的防制項目，但這種以個人為唯一策劃、執行者的恐怖活動型態，並非是憑空出現，而這些恐怖分子的行為模式和人格心理特質，也有一定的軌跡可循，了解這樣的模式，就有進一步預防、因應的空間。

Hamm 與 Spaaij 指出暴力激進化的過程非常複雜，以至於政府尚未有連貫一致的政策，來制止孤狼恐怖主義，尤其缺少的是理解孤狼的犯罪思維方式和使他們走上暴力極端主義之路的具體情況的理論指導。

因此，犯罪學生命歷程理論可以用來確定導致恐怖主義的各個軌跡的順序，以及這些轉折點在激進化共同點的深入程度。

(二) 防制的對策

綜整 Byman、Hamm 與 Spaaij 的研究建議如下：

❶ 洞察攻擊前的激進化過程

由於孤狼恐怖攻擊主義的激進化模式，開始於個人和政治不滿，成為親近極端主義團體的基礎，接下來是識別推動者，然後是廣播意圖，最後的共同點是觸發事件或恐怖主義的催化劑。因此建議執法部門和情報部門為防止孤狼恐怖攻擊主義的能力，洞察這些過程，可能會為調查人員提供一種檢測系統，或者「簽名」——盡可能少地出現——具有恐怖主義意圖的個人在準備攻擊時將表現出來。

❷ 識別潛在的孤狼恐怖攻擊分子

由於孤狼在恐怖攻擊前的激進化過程將產生諸如個人和政治不滿，廣播恐怖主義意圖，與在線同情者／極端主義團體的關係，對促成者的依賴以及觸發事件等「簽名」。當與區域專家（宗教學者、心理學家、通訊專家、爆炸專家等）匯集的情報融合在一起時，這些簽名可以確定狼群攻擊如何形成的指標。

❸ 加強全民監控恐攻意圖

在孤狼恐怖主義的新趨勢下，單靠警察等治安與情報部門之官方力量已無法有效反恐，因此全民的參與變得很重要，且有鑑於大約八成的孤狼恐怖分子發動攻擊前，將廣播意圖，曾有疑似孤狼恐怖分子的案例，在揚言攻擊學校前，因學校同學即時報告，加上警方積極處置，遏止可能發生的校園槍擊案。

孤狼激進化模式

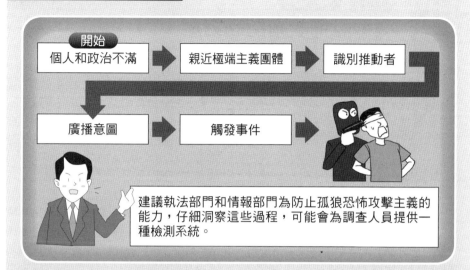

開始
個人和政治不滿 ➡ 親近極端主義團體 ➡ 識別推動者

廣播意圖 ➡ 觸發事件 ➡

建議執法部門和情報部門為防止孤狼恐怖攻擊主義的能力，仔細洞察這些過程，可能會為調查人員提供一種檢測系統。

識別潛在的孤狼

區域專家　心理學家

通訊專家　爆炸專家

匯集各方情報 ➡ 確定狼群攻擊如何形成的指標

加強全民監控恐攻意圖

非常重要

全民參與

曾有疑似孤狼恐怖分子的案例，在揚言攻擊學校前，因學校同學即時報告，加上警方積極處置，遏止可能發生的校園槍擊案。

UNIT **8-5**
孤狼恐怖攻擊防制對策（二）

❹ **孤立孤狼**

正如上述，孤狼往往接觸恐怖主義後漸趨激進化，因此政府有必要打擊恐怖組織的宣傳，著力廣納情報，拘捕嫌疑組織領袖，以無人機摧毀恐怖組織的宣傳塔。

❺ **減低殺傷**

美國向來限制持有爆炸物，令恐怖分子較難製造大殺傷力炸藥，但半自動步槍則不在此限，例如釀成 49 人死亡的奧蘭多槍擊案，主要凶器便是 AR-15 系列半自動步槍，子彈威力足以穿透 2 個人，「專為美軍多快好省地殺敵」，由於殺傷力太大，美軍如非正式操練都鎖起不用，現時卻是美國最受歡迎槍種。假如將爆炸物的管制應用於槍械，絕對有助減低孤狼的殺傷力。

❻ **反制任何孤狼可能製造出來的「英雄型態」**

多數孤狼式恐怖分子都有自己自成一格的意識形態，而且會因此攻擊他所認定的「敵人」，而這樣的認定，難免會有人群把恐怖分子當作英雄，而現今的網路傳播又比過去要快，因此經由特定動機的鼓吹，這類英雄形象的塑造是很難控制的，然而這類的現象，很容易誘發更多類似的恐怖活動，或催化使特定行動者變得更加積極。一個可以考慮的方式是，新聞媒體可以盡量不要焦聚在犯罪者身上，而是將焦點轉到受害者，強調他們的無辜、需要幫助，如此就有可能沖淡或降低孤狼式恐怖行動所可能誘發出來的自我英雄式的滿足感。

❼ **監控網路**

鑑於恐怖組織倚賴社交網路宣傳，情報機關監管帳戶動態，要求社交媒體如臉書和推特應加緊審查與恐怖主義相關的言論，甚至查封帳戶，有助打擊恐怖組織吸納人手。一項研究顯示，ISIS 雖有數以萬計推特帳戶，但只有少數投放於傳訊，自從推特於 2014 年起著手查禁恐怖組織帳戶，ISIS 的社交網路宣傳效力已漸下降。

❽ **反向宣傳**

近年 ISIS 為防範滲透，已拒絕不少外來人士加入組織，政府大可利用偏執心態，散播虛假消息擾敵，或是發動駭客入侵激進網站，製造混亂打擊宣傳，或是直接關閉網站。另一方面，政府亦應反宣傳恐怖主義，例如邀請前激進主義者作證。

❾ **融合與溝通**

政府不應因零星恐襲而孤立伊斯蘭教派，反而要給予支持，同時維持治安，減少因歧視或罪案而衍生的暴力，增加供出恐怖分子的誘因，才可團結伊斯蘭社群協力反恐，畢竟孤狼僅屬少數，亦是伊斯蘭教徒的公敵，政府必須加以運用，比起孤立伊斯蘭社區，與伊斯蘭溝通與融合才是更務實的反恐手段。

防制孤狼的綜合策略

打擊組織宣傳 · 去除恐怖英雄的製造

打擊組織宣傳 · 去除
恐怖英雄的製造機會

- 拘捕嫌疑組織
  領袖，打擊恐
  怖組織宣傳

- 以無人機摧毀
  恐怖組織的
  宣傳塔

- 新聞媒體應將
  焦點轉到受害
  者，強調他們
  的無辜

- 降低孤狼式恐
  怖行動所可能
  誘發之自我英
  雄式的滿足感

減低殺傷 · 監控網路

減低殺傷 · 監控網路

- 槍械管制

- 查禁恐怖組織
  社群網路帳戶

- 審查與恐怖主
  義相關的言論

- 打擊恐怖組織
  吸納人手

反向宣傳 · 融合與溝通

反向宣傳 · 融合與溝通

- 政府可利用偏
  執心態，散播
  虛假消息擾敵

- 發動駭客入侵
  激進網站，製
  造混亂打擊宣傳

- 邀請前激進
  主義者作證

- 孤狼僅屬少數，
  團結伊斯蘭社
  群協力反恐

第 9 章
性攻擊行為與犯罪

UNIT **9-1**
強制性交罪（一）

性行為在正常婚姻架構中是被允許與期待的，但倘為強暴、脅迫性質之性攻擊行為，在人類社會中則常受道德的批判。本章擬對性攻擊行為中引起社會最大困擾之強姦犯罪（強制性交罪）及兒童性騷擾與侵害（戀童狂犯罪）加以探討，同時對其他可能衍生犯罪行為之性變態行為一併介紹，以供讀者參考。

(一) 定義

根據新修訂刑法第 221 條之規定，對於男女以強暴、脅迫、恐嚇、催眠術或其他違反其意願之方法而為性交者，屬強制性交罪。

同法第 222 條規定，犯前條之罪而有下列情形之一者，屬加重強制性交罪：

❶ 2 人以上共同犯之者。

❷ 對 14 歲以下之男女犯之者。

❸ 對精神、身體障礙或其他心智缺陷之人犯之者。

❹ 以藥劑犯之者。

❺ 對被害人施以凌虐者。

❻ 利用駕駛供公眾或不特定人運輸之交通工具之機會犯之者。

❼ 侵入住宅或有人居住之建築物、船艦或隱匿其內犯之者。

❽ 攜帶兇器犯之者。

另刑法第 227 條規定了「妨害性自主罪」，即對於未滿 14 歲之男女為性交及猥褻之行為者，及對於 14 歲以上未滿 16 歲之男女為性交及猥褻之行為者屬之。

(二) 強制性交犯罪對被害者之影響

研究指出，受害者在遭遇強制性交後，其所造成之傷害非一般人所能了解，至少是身體與心理的雙重傷害，扼要說明如下：

❶ 身體之創傷

除可能面臨一般外傷、陰道淤傷、處女膜破裂外，女性亦可能因此而懷孕、感染性病或其他疾病，嚴重時甚至強姦後遭殺害、肢解及棄屍。

❷ 心理之傷害

①強制性交創傷症候群：係指強制性交受害後之生理與心理適應不良症候，包括抑鬱、沮喪、睡眠與飲食模式改變，抱怨不明的頭痛或其他病痛而不願上班工作，喪失自信心，工作表現一落千丈、無力感、無助感、脆弱感，與工作單位、職務產生莫名的不滿或疏離，感覺與其他同事的隔離，對兩性關係的態度與行為有所改變，無法集中注意力，害怕與焦慮，易與家人或朋友生齟齬，並可能導致酗酒與藥物之成癮依賴。

②創傷後壓力疾患：依據美國精神醫學會之說明，係指受害者對受創事件之持續體驗、持續逃避與此創傷有關之刺激，或對外界反應麻木。持續驚醒性增加，如難以入睡、驚嚇反應誇大、冒汗等，而症狀至少持續一個月以上。

強制性交罪及加重刑罰

對男女以強暴、脅迫、恐嚇、催眠術或其他違反其意願之方法而為性交者，屬強制性交罪。

加重刑罰

❶ 2 人以上共同犯罪。
❷ 侵犯 14 歲以下、或精神、身體障礙或其他心智缺陷之人。
❸ 下藥、對被害人凌虐或利用駕駛供公眾或不特定人運輸之交通工具的機會犯案。
❹ 侵入住宅或有人居住之建築物、船艦或隱匿其內。
❺ 攜帶兇器。

受害者的雙重傷害

遭遇強制性交 → **導致**

身體受創或被殺害肢解棄屍。

心理的傷害，產生創傷症候群，症狀持續出現。

知識補充站

　根據臺閩刑案統計，臺灣地區強制性交案件之發生數每年約為 2,000 件左右。官方所記載之發生數仍不多，但值得注意的是，強制性交犯罪存有極高之犯罪黑數。許多案件由於被害者基於聲譽不願報案，或由於刑事司法體系處理不當致被告缺乏報案意願，因而使得強制性交犯罪之真實數量無法正確呈現。

　無論如何，強制性交犯罪之數量依推估絕對是冰山一角，亟待正視。

UNIT **9-2**
強制性交罪（二）

(三) 強制性交犯罪之型態

強制性交犯罪之型態，依動機可區分為：性滿足、暴力攻擊及混合型等，依對象則可區分為下列三類型：

❶ 陌生者強制性交

係指被害者為其所不相認識且無情感交流者，以暴力、脅迫、藥劑、催眠術或他法強行姦淫而言。此類強制性交案件最常使用武器（尤其是刀械）與暴力。

❷ 約會與熟識者強制性交

約會強制性交係指發生於有情感交流關係之人在特定約會或日常接觸情境中所發生的強制性交行為。加害人與被害人之間可能是初次約會的男女、偶爾或經常約會的男女、感情穩定的情侶（男女朋友）。

熟識者強制性交係指發生於有相識關係的人之間的強制性交行為，但不包括約會男女、情侶間的強制性交行為。加害人與被害人之關係可能是一般朋友、認識的鄰居、同事、同學、師長、上司、下屬、親戚、業務上認識的人士。

❸ 配偶強制性交

係指配偶之一方違反當事人之意願，而使用暴力手段，以遂其姦淫之目的。此類配偶強制性交型態甚為普遍，但多數國家並未立法規範，英國、美國及臺灣婦女權益較為先進之國家立法則已將其視為觸法之型態，但臺灣屬告訴乃論罪。

(四) 強制性交犯之類型

強制性交犯之種類甚為繁多，惟可依犯罪者之動機、情緒、特性及受害對象等加以分類，包括：

❶ 替換攻擊型

此類型強制性交犯大多以妻子或女友為對象，藉著強暴並予身體之傷害，以表達憤怒。此類型並不以性滿足為訴求，攻擊行為純粹為羞辱、傷害本質。

❷ 補償型

此類型強制性交犯係以強暴滿足性慾之方式，獲取失去之自尊，重拾男性之尊嚴。

❸ 性攻擊放射型

此類強制性交犯融合了性慾之需求與身體傷害之攻擊暴力，呈現出虐待之病態行為。

❹ 衝動型

此類型強制性交犯缺乏計畫，以機會呈現時之衝動反應為主。

❺ 憤怒型

此類型強制性交犯心中充滿憤怒與敵意，在沮喪、憤怒或長期之衝突累積至一定程度而無法忍受時，即可能爆發。此類型之強制性交犯約占 40%。

❻ 權力型

此類型強制性交犯並不完全以性的滿足為其目標，相對地，從強暴之攻擊行為中，獲取支配權，減輕其不安全感與自卑感；而重拾男人之權威與自尊則為其主要目的。此類型強制性交犯約占 55%。

❼ 虐待型

此類型強制性交犯融合了性之需求與暴力，除強暴外，並以折磨、綑綁、鞭打、燒灼、切割等方式凌虐受害者；施虐行為可使其達到性亢奮。此類強制性交犯約占 5%。

強制性交犯罪之動機與對象

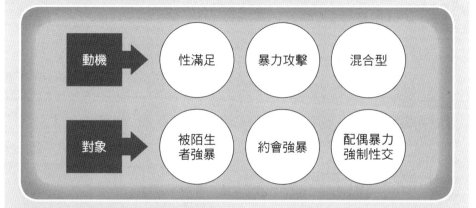

強制性交犯的類型

❶ 依據學者 Cohen 等人之見解

類型	動機與人格特性
替換攻擊型 （Displaced-Aggression Rapist）	以妻子或女友為對象，藉著強暴並予身體之傷害，以表達憤怒。
補償型 （Compensatory Rapist）	以強暴滿足性慾之方式，獲取失去之自尊。
性攻擊放射型 （Sex-Aggression-Diffusion Rapist）	融合性慾之需求與身體傷害之攻擊暴力，呈現出虐待之病態行為。
衝動型 （Impulsive Rapist）	缺乏計畫，以機會呈現時之衝動反應為主。

❷ 依據心理學學者 Groth 對 500 名強制性交犯的臨床觀察

類型	動機與人格特性	所占比例
憤怒型 （The Anger Rapist）	此類犯人在沮喪、憤怒或長期之衝突累積至一定程度而無法忍受時，即可能爆發強暴行為。	40%
權力型 （The Power Rapist）	不完全以性的滿足為其目標。相對地，從強暴之攻擊行為中，獲取支配權，重拾男人之權威與自尊則為其主要目的。	55%
虐待型 （Sadistic Rapist）	此類型強制性交犯融合了性之需求與暴力，除強暴外，施虐行為可使其達到性亢奮。	5%

(五) 強制性交犯之特性

強制性交犯罪加害者之心理、生理與社會特性大致如下：

❶ 教育程度不高。

❷ 職業多為工礦業及無業。

❸ 呈現家庭病史特徵。

❹ 有強烈的異性虐待妄想。

❺ 婚姻生活並不協調美滿。

❻ 部分犯罪加害者有陽痿現象。

❼ 部分犯罪加害者兒童早期曾遭受性侵害。

❽ 犯罪加害者早期常有精神疾病之呈現。

❾ 部分犯罪加害者存在智能不足現象。

❿ 大多挫折忍受力低，並且有嚴重自卑感。

⓫ 人際處理拙劣。

⓬ 早期有偏差（如：酒癮）與犯罪行為出現。

(六) 強制性交犯罪之成因

強制性交犯罪之成因具複雜之背景因素，包括：生物、文化、個人病態心理與意外（偶發）事故等，均有可能；另有學者則將強制性交犯罪之發生怪罪於被害者，茲分別說明如後：

❶ **生物的因素**

部分之強制性交犯，或由於腺體因素，其對性之需求較高，缺乏自制；另強制性交犯亦具高度攻擊性，並呈現部分 ADHD 症候。此外，或因大腦受傷或心智上之缺陷，而對女性懷有敵意，在此情況下，以原始之男性本能（性）對女性造成性侵害。

❷ **文化上的因素**

在學者 Wolfgang 及 Ferracuti 所描述之暴力次文化中成長的人，極易在同儕之鼓舞下，以征服女性之方法（如：強暴），印證其為男人中的男人，而提升地位。此外，在一個具侵略性之國度環境中，如：美國，男性從小即被教導成為剛強的支配者，強制性交犯罪亦可能係此項強勢文化之副產品。

❸ **個人心理因素**

倘個人存有高度自卑感，或年幼時曾遭欺侮、動粗、受性侵害，極可能藉強暴之手段，用以重拾男性自尊或報復；此外，個人表達溝通能力欠佳與異性相處能力薄弱等亦可能埋下日後強暴行為的種子。

❹ **偶發因素**

在犯案前酗酒、吸毒或觀賞一系列暴力色情影片或刊物之影響下，個人可能因此喪失自我控制力，而從事性攻擊行為。

❺ **被害者特性與因素**

研究發現性侵被害者多數為未成年人、中低學歷及學生居多。而衣著暴露、言行舉止表現輕浮，讓人感覺易於求歡、落單至高山溪畔等人煙稀少處等，將自己陷於被害情境中，易導引性侵案件之發生。

強制性交犯罪成因

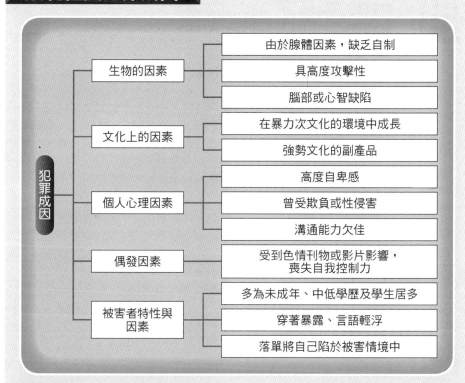

 ★強制性交的迷思

社會上普遍流傳，對強制性交事件以偏概全、似是而非之論點，依據羅燦煐（1995）之引介，強制性交迷思一般可區分為三大類：

❶有關受害人的刻板印象
　①好女孩不會被強姦。
　②女人若奮力抵抗，男人絕無法得逞。
　③婦女若無反抗，就不算強姦。
　④被強姦的女性，一定是穿著暴露或行為不檢。
　⑤女人說「不」，只是故作矜持。
　⑥女性面對強姦時，多是驚嚇過度，無法冷靜應付。
　⑦強姦受害者多是情緒不穩，歇斯底里。
❷有關加害人的刻板印象
　①強姦女人的男人是心理不正常的。
　②男性因為無法控制性慾，才會強姦女性。
　③正常的男人不會強姦女人。
❸有關強姦控訴的刻板印象
　①強姦的目的是為性慾的滿足。
　②大部分的約會強姦控訴，頗令人懷疑。
　③強姦事件多發生在陌生人之間。
　④強姦案件的成立，須有武器或是暴力證據。
　⑤女人會為了某些原因，謊稱受暴。

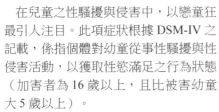

UNIT **9-4**
兒童性騷擾與侵害（一）

(一) 戀童狂意涵

在兒童之性騷擾與侵害中，以戀童狂最引人注目。此項症狀根據 DSM-IV 之記載，係指個體對幼童從事性騷擾與性侵害活動，以獲取性慾滿足之行為狀態（加害者為 16 歲以上，且比被害幼童大 5 歲以上）。

當然，倘使加害人與被害者（幼童）有血緣上之關係，則形成近親相姦之情況。

(二) 戀童症之類型

美國麻州處遇中心（The Massachusetts Treatment Center）根據戀童狂之行為型態而將其做以下之分類：

❶ 特定型或非成熟型

此類型戀童狂將幼童視為性與社交之對象，其無法與其他成年人（男或女）發展成熟之正向關係，且在社交上是欠缺成熟、羞怯、依賴的。其經常在與幼童打成一片，相當熟識後，開始進行性接觸。

特定型戀童犯很少是已婚者，但亦缺乏與他人維持長久之友情。在進行性接觸時，此類型經常以撫摸、關愛之方式進行，但較少以強迫或使用武力之方式進行。由於其視幼童為同夥關係，故在治療上相當困難，再犯率甚高。

❷ 退卻型

此類型戀童狂原本在成長中發展正常，但卻在後來因就業、社交或性生活方面產生問題，而退卻下來。其經常喜歡對陌生之女性幼童進行性器官之接觸。但卻也因從事此項行為後經常感到後悔，因此其矯治之可能性相對地提高。

❸ 剝削型

此類型戀童狂主要係以幼童來滿足性慾之需求。其大多針對幼童之弱點加以控制，以遂其要求。基本上，此類型戀童狂與受害者並不熟識，其嘗試引導幼童離開熟悉的環境，並以武力遂其性侵害之目的。

此類型呈現長期之犯罪與反社會行為，社會關係不良，且性情衝動，故以幼童為侵害對象。臨床之觀察發現矯治之可能性甚低，因為在其生涯中存有太多不易改善之缺陷。

❹ 攻擊型或虐待型

此類型戀童狂對幼童之性侵害兼具性與攻擊之需求。其大多有很長之犯罪紀錄，且對環境之適應甚差。大多數以同性之幼童為施虐之對象，手段甚為殘忍，倘受害者愈痛苦，其獲得性滿足之程度愈高。

此類型戀童狂經常從事兒童綁架與謀殺之案件。臨床發現其不僅對兒童而言是異常的危險，同時在各戀童狂中，亦最難治療，所幸其人數不多。

對兒童性騷擾或侵害即為戀童狂

 ➡ 學者 Russell 對舊金山 930 名婦女之抽樣調查指出，大約有 12% 之婦女在 14 歲前曾遭親戚性侵犯，29% 之婦女在 14 歲前則至少遭遇非親戚陌生人之性侵犯。

戀童症之類型比較

戀童症類型	犯案人的人格特質與手法	矯治之可能性
特定型或非成熟型	無法與其他成年人發展正向關係。	由於其視幼童為同夥關係，故在治療上相當困難，再犯率甚高。
	先與幼童熟識，打成一片。	
	很少是已婚者，缺乏與他人維持長久之友情。	
	經常以撫摸、關愛之方式進行，較少強迫或使用武力。	
退卻型	原本在成長中發展正常，後因種種因素導致退卻。	犯案後，會產生後悔之心，矯治之可能性相對地提高。
	喜歡對陌生之女性幼童進行性器官之接觸。	
剝削型	針對幼童之弱點加以控制。	因為在其生涯中存有太多不易改善之缺陷。矯治之可能性甚低。
	多與受害者不熟識。	
	呈現長期之犯罪與反社會行為。	
	多以武力遂其性侵害之目的。	
攻擊型或虐待型	兼具性與攻擊之需求。	在各戀童狂中，亦最難治療。
	大多有很長之犯罪紀錄。	
	大多數以同性幼童為施虐對象，手段甚為殘忍。	
	經常從事兒童綁架與謀殺之案件。	

 知識補充站 ★戀童症之類型（引述英國學者 Fitch 之見解）

林山田、林東茂引述英國學者 Fitch 之見解，將戀童狂區分成下列五種類型：
❶不成熟型：這類戀童狂自覺無法成功地扮演男性角色，而對於幼童存有幻想。因此，屬於情緒上的不成熟。
❷挫折型：這類戀童狂曾經從成年女性得到性的挫折感，充滿不安定感與被拒絕感，而訴諸原始的行為模式。此種戀童犯可能以自己的兒女為對象。
❸反社會型：此種戀童狂是由於短暫的衝動所驅喚，通常以陌生的幼童為對象。
❹病理型：此種戀童行為是由於精神疾病、心智缺陷、機體失衡或早衰而無法控制性衝動所引起。
❺多重性：戀童行為的發生，不全然由於情緒問題或性問題所造成，其原因可能是多方面的。

UNIT **9-5**
兒童性騷擾與侵害（二）

（三）戀童狂之特性

根據學者 Bartol 之綜合文獻，戀童狂之特性與一般強姦犯甚為相似，主要特性包括：

❶ 戀童狂之年齡層以 36 至 40 歲居多。

❷ 戀童狂以男性居多。

❸ 缺乏責任感，大多認為其行為非其所能控制。

❹ 大多腦部功能具有缺陷。

❺ 呈現智能不足現象。

❻ 有酗酒現象。

❼ 學校生活適應不良，退學率高。

❽ 工作缺乏穩定。

（四）戀童狂之成因

戀童狂之成因至為複雜，非單一之因素所能周延解釋，然而根據 Finkelhor 和 Araji 之研究，戀童狂之成因可以下列四項理論綜合說明：

❶ 情緒相合理論

此項理論嘗試說明為何一個人尋求與兒童發生性接觸，以滿足自己的情緒與需求。此派大致認為戀童狂具有兒童之依賴與情緒需求，故認為與兒童之接觸較為舒服。惟另一分支則認為戀童狂患者在其日常生活中面臨低自尊與喪失效能之經驗，故與兒童之發展關係可從中拾回自尊，並感覺到自己的主宰。

❷ 性喚起理論

此項理論說明為何一個兒童之某些特質可激起其性的激勵。此派認為戀童狂因兒童之某些特性喚起性慾，但由於某些理由，並未對其他正常之成年人有此項感覺。對兒童之鍾愛，乃因與兒童進行性接觸時特別感到生動、刺激，甚至獲得以往無法獲取之性興奮與高潮。此外，另一分支指出，戀童行為之發生與戀童狂在幼年期遭遇高頻率之性侵害有關。然而，為何性侵害之夢魘與戀童行為之愉快感相關聯，則並不清楚。

❸ 阻斷理論

此派認為戀童行為之發生乃因一個人與異性成年人在性與情感關係上阻斷之結果。在面臨此項挫折之同時，因而尋求兒童伴侶。此派特別強調戀童患者具有退卻、羞澀、浮動、缺乏肯定之人格特質，這些社交缺陷使得其無法與成年異性發展性與情緒關係。當婚姻關係趨於破碎時，戀童狂可能尋求與女兒進行性接觸替代之。

❹ 抑制解放理論

此派認為行為人對行為喪失自我控制與管理，導致戀童行為之發生。衝動控制有缺陷、過度使用酒精與藥物及眾多壓力之累積等，均有可能促成偏差性行為型態之發生。許多戀童狂因而將責任歸諸於外界之壓力，拒絕承擔責任。諸如：我無法克服困難、我不知道怎麼會發生在我的身上等，乃成為常見之訴求。

戀童狂之危險特性

性別及年齡層	→	以 36 至 40 歲男性居多。
特質與生活概況	→	缺乏責任感、大多腦部功能具有缺陷、智能不足、酗酒、學校生活適應不良、工作不穩定。

戀童狂的心理成因

從不同面向探討戀童狂的成因

- 具有兒童之依賴與情緒需求,認為與兒童之接觸較為舒服。

- 生活中面臨低自尊,與兒童發展關係會感覺到自己的主宰權。

- 與兒童進行性接觸時特別感到生動、刺激。

- 可能與在幼年期遭遇高頻率之性侵害有關。

- 與異性成年人在性與情感關係上阻斷之結果。

- 具有退卻、羞澀、浮動、缺乏肯定之人格特質。

- 對行為喪失自我控制與管理,過度使用酒精與藥物及眾多壓力之累積。

UNIT **9-6**
性變態攻擊行為

(一) 暴露狂

暴露狂基本上係指在異性前暴露性器官以獲取性的滿足。根據許多研究顯示，暴露狂在西方國家是最常見的性侵犯行為。例如：在加拿大及美國，暴露狂大致占所有性犯罪之三分之一；在英國，暴露狂大約占四分之一；然在印度、日本、拉丁美洲與部分第三世界國家，暴露行為是很少發生的。

Bartol 指出，暴露狂大致具有下列特徵：

❶ 大多以公共場所（如：公園、戲院等）為暴露之地點。

❷ 總是針對陌生之女性進行暴露。

❸ 大多是用來驚嚇女性、示威之用。

在分析暴露狂之背景資料時，學者Blair 及 Lanyon 指出，暴露狂之教育程度與職業適應並不差，且其智能缺陷與發生精神疾病情形亦未如一般人口嚴重；然值得注意的是，暴露狂在其他輕微性攻擊行為上（如：窺視）較為頻繁，但倘真遇上被害者要求性行為時，則大多落荒而逃。

根據馬傳鎮之分析，其成因包括：

❶ 缺乏男性信心，藉此向異性威脅或報復，以增加其優越感。

❷ 典型暴露狂患者，多為安靜、順從的人，來自嚴厲的家庭環境，具有不適當的自卑感與不安全的情緒感覺，同時過分依賴具控制權力的母親。

❸ 已婚男子患者多半是無法從配偶處取得性的滿足。

❹ 大部分暴露狂患者具有強烈的手淫罪惡觀念，繼而常與暴露自己的力量相抗拒，形成一種強迫行為，一旦性動機強烈，即迫使自己發生暴露行為。

(二) 窺視狂

窺視狂係指私下未經允許觀賞他人脫衣服、裸露或從事性行為，以獲取性滿足與興奮之行為。

此項行為基本上並不嚴重，但因侵犯及他人之隱私，故無論在道德或法律上均是可責的。此類窺視狂大多為男性，一般稱之為「偷窺的湯姆」（Peeping Tom）。生活消極、自尊心低、羞怯，其並不以傷害被害者或進行性接觸為目的；偷窺之同時，常伴隨著手淫，其行為一般認為具有可代替正常異性關係之功能。

(三) 戀物狂

係指對無生命之某物，如：異性之內衣褲、胸罩、手帕等產生畸戀，進而希冀占有、輕吻、撫弄、觀賞，從中獲得性滿足而言。

此項行為基本上為男人之專利，大多在室內進行。但因其對某物之畸戀，故可能以偷竊或其他侵入住宅之方式，盜取他人財物，而觸犯竊盜罪。

(四) 觸摸癖

依據美國精神醫學會「精神異常診斷與統計手冊」之定義，觸摸癖係指在未經他人的同意下，用自己的身體部位去碰觸或摩擦他人（多數為女性）的身體，以尋求性刺激之性異常行為型態。

性變態攻擊行為之分析比較

性變態類型	呈現行為	相似處

暴露狂

以公共場所為暴露之地點。

針對陌生女性進行暴露。

用來驚嚇女性、示威之用。

❶ 具有不適當的自卑感與不安全的情緒感覺。
❷ 生活消極。
❸ 自尊心低。
❹ 藉由變態行為獲得性刺激或性滿足。

窺視狂

私下未經允許觀賞他人脫衣服、裸露或從事性行為。

並不以傷害被害者或進行性接觸為目的。

戀物狂

對無生命之某物（如：異性之內衣褲）等產生畸戀，進而希冀占有、輕吻、撫弄、觀賞。

通常會觸犯竊盜罪。

觸摸癖

用自己的身體部位去碰觸或摩擦他人（多數為女性）的身體。

在公共運輸車輛及火車上較易發生。

UNIT **9-7**
性攻擊行為之防治（一）

(一) 性攻擊行為之一般預防措施

可分別從性攻擊者及被害者兩方面著手：

❶ 性攻擊者之初級預防

①健全家庭組織與強化親職教育：強制性交犯多來自破碎、暴力頻傳、管教失當與欠缺溫暖之家庭，故健全家庭組織與強化家庭功能乃刻不容緩。

②建立兩性平等觀念：強制性交行為之發生亦可能導源於兩性觀念或態度之偏差，如：大男人主義、傾向男性化迷思及對被害人不利之強姦迷思，故應透過家庭、學校與社會教育加以導正。

③加強法治教育：研究發現性侵案件類型以兒少合意性交／猥褻為大宗，顯見兒少缺乏對與未滿 16 歲者發生性行為係觸犯法律規範之認知，故應加強對國小高年級以上學生之法治教育觀念，以避免因不知法律而不慎觸法。

④注意曾經疑似有不良紀錄之教師：研究發現加重強制性交／猥褻行為類型部分，兩造關係為師生者占 29.59%。建議教育單位於遴選教師時，應深入了解教師過去的素行，另應強化教師對自我的道德標準，並經常訪查、了解教師平日與學生的互動是否有異狀，以及時介入，防止師生發展法律所不允許的關係或行為。

⑤加強娛樂場所及旅宿業者對於酒醉者的人身安全防護措施：近年來娛樂型態的改變及夜生活文化的流行，經常發生有心人士約會強暴或至夜店（或附近）「撿屍」之案件類型。筆者認為政府機關對於娛樂場所及旅宿業從業人士應加強其保障消費者人身安全的宣導與教育，提供安全防護服務，以避免消費者因酒醉而受害。

⑥改善社會暴力風氣與價值觀：研究顯示社會對暴力行為的支持態度（如：是否贊成死刑、對槍枝管制的態度、對以暴力手段解決問題的態度等）與所允許的暴力活動情形（如：各學校容許體罰的情形、判死刑的多寡等），影響及社會強暴案件之發生率。故積極改善社會暴力風氣，有助於減少強制性交犯罪之發生。

❷ 被害者之預防

①避免成為性攻擊者合適之標的物，包括：衣著暴露、予人易於求歡之印象。

②行為人外出時應結伴而行，避免落單至人煙稀少之地方或隨意至陌生人家中。

③提高警覺防衛意識，隨身攜帶瓦斯噴霧器、警鈴等，或參與自我防衛及防暴訓練，強化自身安全維護工作。

④加強對弱智少女等身心缺陷／身心障礙者之保護，並加強宣導，提高其妨害性自主之認知與防衛能力。

性攻擊者的預防

健全家庭組織以及強化家庭功能，可減少性攻擊者的養成。

注意有不良紀錄之教師，隨時訪查、注意師生互動是否有異常。

透過教育，建立正確的兩性平等觀念。

加強娛樂場所等對酒醉者的人身安全保護，並常加以宣導，提供安全防護服務。

加強對國小高年級以上學生的法治教育觀念，避免觸法。

改善社會暴力風氣，對槍枝進行管制，傳達與宣導正確的價值觀。

被害者的預防

避免成為標的物

避免單獨至人煙稀少處

隨時提高警覺

加強對身心障礙者的保護

UNIT **9-8**
性攻擊行為之防治（二）

(二) 性攻擊行為之處遇

由於性攻擊行為之發生涉及複雜之生理、心理與社會因素，且行為人經常抗拒改變其迥異之性變態型態，因而其矯治並非傳統刑罰機構之制裁所能奏效，故須以處遇之觀點因應。學者 Furby 等人在回顧相關研究與臨床文獻後曾悲觀地指出，目前的處遇雖日趨完善，但並無法保證這些性攻擊行為人出獄（院）後不再犯。

因此，我們認為對各類型性攻擊行為者仍應施以妥適之矯治處遇，以減少其再犯之機率。在處遇上，筆者認為應考量下列諸點：

❶ 由專業人員診斷並援用適切之測驗，對各類性攻擊行為予以妥善分類，達成個別化處遇之目標，同時建立再犯危險評量，避免再犯。

❷ 參考臨床成功之案例，依個案之不同，提供妥適之輔導與治療服務，例如，援用在文獻上廣受肯定之認知行為療法或施以藥物治療等，強化行為之控制與管理，減少再犯。

❸ 由於性攻擊行為之發生往往與行為者成長之家庭結構和環境密切相關，故必要時宜對其進行家族治療。

❹ 對於再犯危險性高之強姦習慣犯，可考慮修法科以強制矯治之保安處分；倘鑑別出與過多之性趨力有關，亦可考慮應用抗男性素或雌激素治療，或施以「打膝」以電擊之方式使其暫時喪失性能力，並輔以心理治療，以避免再犯。

(三) 性攻擊行為之再犯預防

鑑於性侵害加害者再犯之情況並不低，林明傑、王家駿等引述多位國外學者專家之相關研究指出有必要加強再犯預防工作。

如科羅拉多州發展出有名之「抑制模式」，其認為對較高危險的假釋犯應有較密集的觀護（如每週三至五次之面對面監督）、每三個月或半年一次到警局之測謊，詢問其有無再接近高危險因子，如有無再看色情出版品、接近小學、酗酒、有無再犯等，題目由輔導治療施予測謊員擬定，及每半年或一年做一次陰莖體積變化測試儀以了解其偏差之性偏好有無改善。

根據佛蒙特州性罪犯處遇方案所提出「性罪犯之社區監督鑽石圖」，認為性罪犯之社區監督應有如菱形鑽石之四角且缺一不可，此四個元素為觀護人之社區監督、社區之輔導治療師、案主之支持網絡（如好友、工作之老闆，或輔導中之其他人員），及定期測謊。

性攻擊行為處遇應考量之觀點

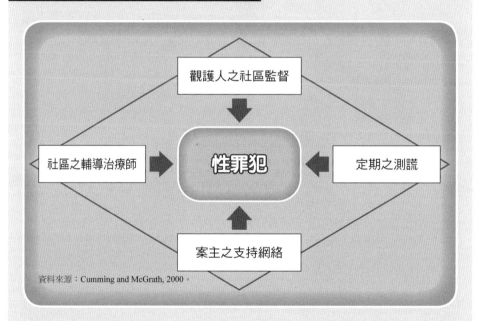

由專業人員診斷，並建立再犯危險評量

依據個案情況，提供適合的藥物或輔導治療

必要時對性攻擊者進行家族治療

對再犯危險性高的慣犯，可考慮修法科以強制矯治

性犯罪之社區監督鑽石圖

觀護人之社區監督

社區之輔導治療師　➡　**性罪犯**　⬅　定期之測謊

案主之支持網絡

資料來源：Cumming and McGrath, 2000。

知識補充站

　　西德犯罪學者施耐德（H. J. Schneider）指出，倘強姦犯未受適當的處遇即離開監獄，在五年內，大約有 35% 的人將重操舊業（林山田、林東茂，1990：300-301）。美國司法部（United States Department of Justice）之研究顯示，未治療之性侵害加害人，在釋放後三年的追蹤，其累再犯率約為 60%，治療後則降為 15% 至 20%（周煌智，1999）。

第 10 章

縱火犯罪

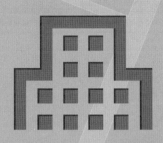

●●●●●●●●●●●●●●●●●●●●●●● 章節體系架構 ▼

UNIT 10-1
縱火犯罪之意涵與特徵

圖解犯罪心理學

(一) 意涵

「縱火」,基本上係一種對於財產上故意且惡意破壞的放火行為。「縱」指「放」或「放任」之意,其中隱含「想怎樣就怎樣」、「煽風點火」的意味;依此觀點,「縱火」主要是指特定人故意放火或放任火災發生而不顧他人生死,亦即行為人置火災可能造成之浩劫於不顧的偏差行為。

除學界之定義外,美國司法部將縱火罪定義為「在未經所有人之同意下,以放火或爆裂之方式,故意或企圖損害或摧毀財物之行為」。我國刑法上認為縱火罪為破壞公共安全之犯罪行為,且依燒燬或炸燬標的物之不同,以及燒燬或炸燬係行為人故意縱火或故意引爆,抑或過失引致火災或爆炸等,而將放火罪與失火罪區分為:放火燒燬現供人用之住宅或現有人在之處所罪、放火燒燬住宅等以外之他人所有物罪等十項。

(二) 特徵

縱火犯罪係最容易著手且危害甚大之犯罪,根據陳金蓮之研究,縱火特徵中最明顯者,包括惡質性、便宜性、破案率低、恐怖性、單獨性和普遍性等六項:

❶ 惡質性

縱火者的動機與行為以憤世嫉俗、仇恨、擾亂、破壞、滋鬧、人格異常者居多,本身即屬惡質意念。而火災一旦釀成,其結果深具破壞性,小則奪人寶貴性命,大則使環境滿目瘡痍,更會造成人心的惶恐不安。

❷ 便宜性

想要縱火的人,極易點燃火種,蓋因火種唾手可得,俯拾皆是。只要輕輕縱放一把火,其勢足以燎原;它可以輕易燒掉犯罪的證據、湮滅證物,也可以藉此詐領鉅額保險金,且罪刑不重,在此一放一收之間,所得代價幾與支出不成比例。

❸ 破案率低

縱火案件破案率低,反映縱火案件不易偵破的事實。究其原因除了縱火之易於湮滅證據、易於著手、易於脫罪外,相關消防單位調查和鑑定能力不足,以及偵查防制不易皆密切關聯。

❹ 恐怖性

縱火基本上具有恐怖主義性質。就恐怖性而言,縱火係藉火災的惡質化,製造恐怖、害怕、受驚情境,使人心煩意亂或心生恐懼,以達到強迫性改變之目的。

❺ 單獨性

縱火只要一根火柴及短時間即可完成犯罪,且亦不需太多的體力,故不管是男女老幼、大人小孩,皆有可能犯罪,其年齡層極為寬廣。惟值得一提的是,連續縱火犯大多為單獨犯,共犯則很少。

❻ 普遍性

無論古今中外,凡有人類聚居生活的地方就有縱火的存在,沒有一個社會是沒有縱火的,僅有數量多寡與程度之差別而已。

惡意的放火行為

縱火犯

→ 對於財產上故意且惡意破壞的放火行為。

→ 破壞公共安全之犯罪行為。

→ 故意縱火或故意引爆。

縱火犯罪之特徵

火災一旦釀成，小則奪人寶貴性命，大則使環境滿目瘡痍，造成人心的惶恐不安。根據陳金蓮（1994）之研究，縱火犯罪之特徵包括：

惡質性

縱火者的動機與行為以憤世嫉俗、仇恨、擾亂、破壞、滋鬧、人格異常者居多，本身即屬惡質意念。

便宜性

火種唾手可得，只要輕輕縱放一把火，可以輕易燒掉犯罪證據、湮滅證物，也可以藉此詐領鉅額保險金。

破案率低

以 18% 之低破案率而言，反映了縱火案件不易偵破的事實。因縱火易於湮滅證據，相關單位調查和鑑定能力不足、偵查防制不易。

恐怖性

縱火基本上具有恐怖主義性質。藉火災的惡質化，製造恐怖、害怕、受驚情境，使人心煩意亂或心生恐懼，以達到強迫性改變之目的。

單獨性

縱火只要一根火柴及短時間即可完成犯罪，連續縱火犯大多為單獨犯，共犯則很少。

普遍性

古今中外，凡有人類聚居生活的地方就有縱火的存在，僅有數量多寡與程度之差別而已。

 ★縱火之歷史案例

俯仰今昔，縱火例子繁多。首先，就古往今來之國外事例而言，據歷史記載，拿破崙曾於西元 1812 年進攻俄國，法軍進抵莫斯科，俄人早已先縱火焚城，採堅壁清野政策；其次，中國之少林寺，歷代皆難逃燹兵之災，在歷史上曾被大火焚燒三次，近代於西元 1928 年，又被軍閥石友三部隊縱火延燒 46 天。

UNIT 10-2
縱火犯之類型

縱火犯之類型，依 Holmes and Holmes 之見解，可區分為有組織及無組織兩種人格類型。

前者有精緻的點火裝置，較有技巧的侵入，物證相對缺乏，並且具有系統的犯罪手法；後者則使用唾手可得的物品，運用火柴、香菸和助燃物，遺留較多之物證。

(一) 縱火犯之四大類型

中原大學心理系張淑慧等，援引陳金蓮所蒐集之 216 名縱火犯資料，對其中 166 名縱火犯進行分析發現，國內縱火犯計有下列四大類型：

❶ **一般縱火犯**

以 20 至 40 歲之男性未婚者為主，縱火方式以汽油為主，以被人檢舉而破案者最多。

❷ **臨時起意犯**

犯罪意圖以臨時起意為多，且多為初犯，使用瓦斯較多，有共犯情形較一般縱火犯為多，年齡較大，教育程度較低，較少與人交遊。

❸ **前科縱火犯**

多有犯罪前科且多預謀，使用汽油較多，相對較具危險性，有共犯比例較一般縱火犯稍多，年紀較輕，未婚較多，較善於交遊，有共犯者較多。

❹ **預謀縱火犯**

犯罪意圖以預謀為多，多為初犯，使用汽油較高，使用瓦斯比例亦較一般為高，很少有共犯，年齡較大，教育程度較高，大多單獨行動。

(二) 縱火症的診斷標準

美國精神病協會（APA）《精神疾病診斷與統計手冊》第 5 版（DSM-5），指出縱火症係屬「破壞干擾，衝動控制和行為的障礙」型態。部分縱火犯係屬縱火症，診斷標準計有以下六項：

❶ 不止一次故意而有目的之縱火。

❷ 在放火前緊張或心情激昂。

❸ 對火災及相關狀況或特點（如滅火裝備及使用、火災後果）覺得魅惑、有興趣、好奇或受吸引。

❹ 當縱火、目睹火災或參與火災事後處理時，有高度的愉悅、滿足或解脫感。

❺ 縱火行為並非為了金錢利益、表現社會政治理念、湮滅犯罪行為、表達憤怒或報復、改善自己生活狀況、反應於妄想或幻覺而做，或是判斷力障礙的後果（如痴呆、智能不足、物質中毒）。

❻ 縱火行為無法以品行疾患、躁狂發作，或反社會性人格疾患做更佳解釋。

有無組織之犯罪手法比較

有組織的縱火犯	精緻的點火裝置，有技巧的侵入，物證相對缺乏，具系統的犯罪手法。
無組織的縱火犯	使用唾手可得的物品，運用火柴、香菸和助燃物，遺留較多之物證。

縱火犯之類型分析

一般縱火犯	臨時起意犯	前科縱火犯	預謀縱火犯
❶ 20 至 40 歲未婚男性為主。 ❷ 以汽油為主。 ❸ 被人檢舉而破案者最多。	❶ 臨時起意。 ❷ 多為初犯。 ❸ 使用瓦斯較多。 ❹ 年齡較大。 ❺ 多有共犯。 ❻ 教育程度較低。 ❼ 較少與人交遊。	❶ 多預謀。 ❷ 使用汽油較多。 ❸ 較具危險性。 ❹ 年紀較輕。 ❺ 未婚較多。 ❻ 較善於交遊。 ❼ 多有共犯。	❶ 以預謀為多。 ❷ 多為初犯。 ❸ 多使用汽油。 ❹ 少有共犯。 ❺ 年齡較大。 ❻ 教育程度較高。 ❼ 大多單獨行動。

資料來源：張淑慧，1998。

縱火症的六項診斷標準

❶ 不止一次故意縱火。

❷ 放火前緊張或心情激昂。

❸ 對火災及相關狀況或特點覺得好奇或受吸引。

❹ 當縱火、目睹火災或參與火災事後處理時，有高度滿足感。

❺ 縱火行為並非為了金錢利益、理念……，或是判斷力障礙的後果。

❻ 縱火行為無法以品行疾患、躁狂發作，或反社會性人格疾患做更佳解釋。

UNIT **10-3**
縱火犯罪者之動機

有關縱火案件之發生動機，國內外學者、專家及政府研究機構均有從事相關研究。雖然縱火之動機相當複雜，且依少年與成年而有些區分，但這些研究仍透露出珍貴的訊息。

(一) 美國防火協會之分類

美國防火協會（NFPA）所制定之火災報告表之填表說明中，將縱火動機區分成十類：

❶ **詐欺**：包含直接或間接之圖利，但不包含湮滅犯罪。

❷ **縱火狂、心理疾病**：包含欲獲得讚譽和滿足幻想。

❸ **湮滅犯罪**：包含各項湮滅謀殺、犯罪行為之文書或證物之破壞。

❹ 怨恨、報仇、憤怒。

❺ 惡作劇。

❻ 謀殺。

❼ 製造不安或恐怖。

❽ 自殺。

❾ 不屬於以上之動機者。

❿ 動機不明或未記載者。

(二) 美國聯邦調查局之分類

美國聯邦調查局（FBI）於 1992 年出版的「犯罪分類手冊」，將縱火動機分為下列類型：

❶ **破壞性的縱火**
　①惡意的損壞。
　②同儕／團體的壓力。
　③其他。

❷ **興奮性的縱火**
　①尋求震撼者。
　②引起關注者。
　③為使成名者（英雄）。
　④戀態性慾者。
　⑤其他。

❸ **報復性的縱火**
　①對個人的報復。
　②對社會的報復。
　③對機構的報復。
　④對團體的報復。
　⑤恐嚇、威脅。
　⑥其他。

❹ **隱匿犯罪性的縱火**
　①謀殺。
　②自殺。
　③破壞侵入。
　④侵占公款。
　⑤竊盜。
　⑥損壞紀錄文件。
　⑦其他。

❺ **謀利性的縱火**
　①詐欺。
　　Ａ詐領保險金。
　　Ｂ債務清償詐欺。
　　Ｃ解散公司的詐欺。
　　Ｄ隱匿財務損失或債務的詐欺。
　②受僱對他人實施縱火。
　③偽造貨物損失的縱火。
　④生意競爭而縱火。
　⑤其他。

❻ **偏激性的縱火**
　①恐怖活動。
　②種族歧視。
　③暴亂／內部動亂。
　④其他。

❼ **系列性的縱火**
　①連續縱火。
　②重大縱火。

縱火動機的分類

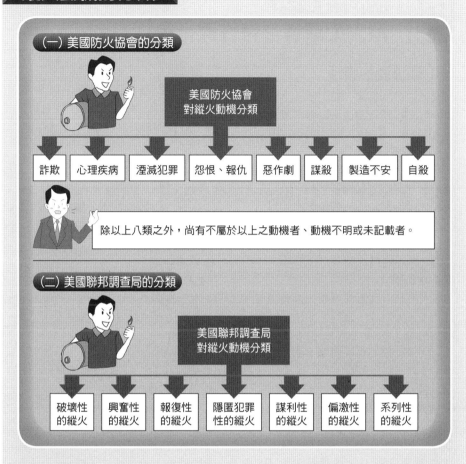

(一) 美國防火協會的分類

美國防火協會
對縱火動機分類

| 詐欺 | 心理疾病 | 湮滅犯罪 | 怨恨、報仇 | 惡作劇 | 謀殺 | 製造不安 | 自殺 |

除以上八類之外，尚有不屬於以上之動機者、動機不明或未記載者。

(二) 美國聯邦調查局的分類

美國聯邦調查局
對縱火動機分類

| 破壞性的縱火 | 興奮性的縱火 | 報復性的縱火 | 隱匿犯罪性的縱火 | 謀利性的縱火 | 偏激性的縱火 | 系列性的縱火 |

 ★縱火六大動機

美國學者 Boudreau、Kwan、Faragher 和 Denault 之研究亦指出，縱火的六大動機如下：

❶ 報復性縱火：此類縱火者大多與他人存有矛盾或利益衝突，因權益受損轉而尋求縱火報復，常見者包括遭資遣的工人、被拋棄的女人等。酒精亦常伴隨著這些縱火者而行，約 50% 之成年縱火者屬此類。

❷ 破壞公物、惡作劇縱火：縱火者以少年犯為主，挑戰權威為其目的，大約有 80% 之少年縱火犯係屬此類。

❸ 掩飾犯行、湮滅證據縱火：部分之縱火犯在進行偷竊、謀殺等犯罪行為後，企圖縱火、湮滅證據。此外，縱火犯亦可能在別處縱火，以遮掩其竊盜活動之進行。

❹ 保險詐欺圖利縱火：此類縱火活動係由較具專業化之縱火犯所進行，偵查不易。具體之表現為保險詐欺。

❺ 恐嚇、勒索性縱火：此類縱火活動之目的為達成恐嚇、勒索之目標。例如：由員工所導引之縱火以威嚇雇主，或由反墮胎人士希冀以縱火方式燒燬進行墮胎之醫院等。

❻ 縱火狂（pyromania）及其他心理動機：pyromania 根據 DSM-III-R 之記載，係指在無可抗拒或熱情之情況下，伴隨著縱火之強烈慾望而縱火。此類縱火犯一般將經歷緊張（tension）之狀況，一旦火災發生時將特別感到興奮、衝動與滿足。其並不是由憤怒、獲取暴利或掩飾其他犯罪而發動。

UNIT **10-4**
縱火犯罪者之特性與行為

(一) 縱火者的特性

縱火犯罪者具有一般犯罪人之共通特徵,但亦有其獨特性,綜合文獻介紹如下:

❶ 生理層面

縱火犯略呈現智能不足現象,智商偏低。部分無特定動機與計畫之縱火犯,其縱火行為多為腦部邊緣體系所導引,此類縱火者受刺激時,常不斷回想過去某些不愉快與火有關之經驗,持續刺激腦部,致出現縱火行為。

❷ 心理層面

縱火犯在心理層面方面,大多呈現挫折感高、低自尊、憂鬱、憤世嫉俗與低自我控制力、鑽牛角尖、具敵視性格(如間接攻擊、直接攻擊、語言攻擊、否定主義、怨恨與疑心)、衝動性、過分活躍等。

❸ 精神病理層面

部分縱火犯屬 pyromania 或偏執狂之思覺失調者,惟學者 Jackson 指出此類個案極為少數,多數無法適用 DSM-III-R 之診斷標準,而以病態縱火犯界定較為恰當,其多具有精神、情緒與人格多重問題,而且重複顯現縱火行為。

❹ 家庭生活

家庭環境惡劣、父母分居、離異、一方死亡或俱亡、父母管教態度偏差等,均為影響縱火犯之家庭層面要因。此外,幼年 5 至 7 歲以前,在家庭未被告誡不可玩火而持續玩火,亦為縱火犯之重要生活事例。另研究亦發現家裡曾被火波及、父親從事與火有關之工作等亦與縱火行為有關。

❺ 社會適應

縱火犯明顯的人際關係不良,缺乏社交之技巧,呈現社會隔離。

綜上言之,縱火犯受不良的家庭及社會環境之影響,且在成長當中歷經多重挫折,從而衍生縱火行為,為社會治安頻添許多變數。

(二) 縱火行為的特性

縱火行為有別於其他犯罪行為樣態,陳金蓮於 1994 年對全臺十九個監獄 184 名縱火受刑人之調查研究發現,縱火行為具有如下之特性:

❶ 犯案時間

縱火時間以晚上九點至凌晨六點之間所占比例最高,占 48.4%,可見為數較多之縱火者選擇夜深人靜時著手犯罪。

❷ 犯案手法

以「臨時起意就地取材者」最多,占 40.8%,其次為「預謀先備器材」者,占 34.2%,再其次為「預謀而就地取材者」占 12.5%。

❸ 縱火場所

以住宅為第一位,占 71.7%,其餘場所比例均甚低。學者 Jackson 引述其研究另指出縱火行為之標的物以公司、機關、學校等之財物為最多(80%),其次為對自己之房間及財物縱火(10%),而部分則以人為攻擊對象(6%)。

❹ 縱火物質

縱火物質以紙張、衣物等最多,占 51.1%,其次為汽油,占 32.1%。

❺ 引火方法

以打火機當作引火方法為最多,占 84.5%,其餘用火柴、香菸、瓦斯當引火物者均不多。

縱火犯各層面之特性

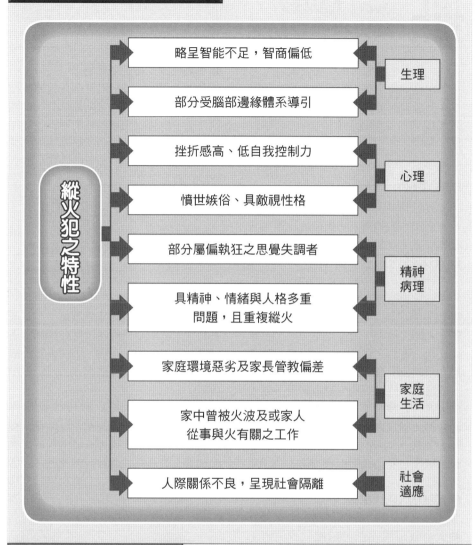

縱火犯之特性

略呈智能不足，智商偏低	生理
部分受腦部邊緣體系導引	
挫折感高、低自我控制力	心理
憤世嫉俗、具敵視性格	
部分屬偏執狂之思覺失調者	精神病理
具精神、情緒與人格多重問題，且重複縱火	
家庭環境惡劣及家長管教偏差	家庭生活
家中曾被火波及或家人從事與火有關之工作	
人際關係不良，呈現社會隔離	社會適應

縱火行為的特性

時間	以晚上九點至凌晨六點之間所占比例最高，占 48.4%。
手法	以「臨時起意就地取材者」最多，占 40.8%。
場所	以住宅為第一位，占 71.7%。
縱火物質	以紙張、衣物等最多，占 51.1%，其次為汽油，占 32.1%。
引火方法	以打火機當作引火方法為最多，占 84.5%。

資料來源：陳金蓮，1994。

UNIT **10-5**
縱火犯罪之防治

縱火犯罪由於成本低，任何人皆可為之，實施簡便，且犯罪成功率高，危害性大，故其防治工作特顯艱鉅。茲從預防及處遇二大層面說明防治之具體做法。

(一) 預防

縱火犯罪之預防工作可從肅清家庭和社會病源、加強個人防火措施及強化建築物安全等方面著手：

❶ 肅清家庭和社會病源

部分縱火犯罪之發生係受到許多不良家庭、社會因素，如：家庭解組、父母管教不當、成功機會不均等產生之緊張、人際之疏離、貧富差距過大、犯罪副文化、不良之媒體及社會風氣、社會體系欠缺公平等之影響。

故應致力於糾正這些社會病態，減少縱火案件之發生，並要具體做到強化親職教育，加強家庭功能，改善不公平之社會制度，對殘障及弱勢團體妥善照顧，廣設心理諮商與輔導機構，做好預防之工作。

❷ 加強個人防火措施

縱火犯罪之發生防不勝防，必須做好個人自我保護措施，始能減少傷害。專家建議必須具備五 A 防範，即：裝備、注意（attention）、機智、逃避、熟練，並提高警覺，減少不幸事故之發生。

❸ 強化建築物安全

為減少火災侵害，有必要強化建築物之防火建材、安裝自動撒水系統、備有安全梯、出入口不堆積雜物等，以強化建築物之自我防護能力。

❹ 清除住家附近的可燃物

縱火手法一般以「臨時起意就地取材者」最多，而縱火物質則以紙張、衣物等為主，故清除住家附近的廢紙、衣物等可燃物品，使得臨時起意就地取材型之縱火犯缺乏燃燒物，有助於防止縱火案件之發生。

❺ 加強社區守望相助

縱火行為往往係在缺乏監控之情境中發生，故應加強鄰里守望相助工作，適時撲滅火勢，以減少火災危害。

(二) 處遇

在縱火犯罪之矯治處遇方面，不應僅將其拘束於矯正機構內，應設專業處遇機構，並依個別化原則，予縱火犯妥適分類，並予周延的評估與介入，以減少再犯。

倘屬 pyromania 或其他精神疾病患者，應由專業精神科醫師予以治療；輕微者，則交由一般輔導人員依其縱火動機輔導；具惡質性反社會行為者，則應審慎觀察、考核與矯治，避免早日假釋出獄，危害大眾。

縱火案件之預防工作

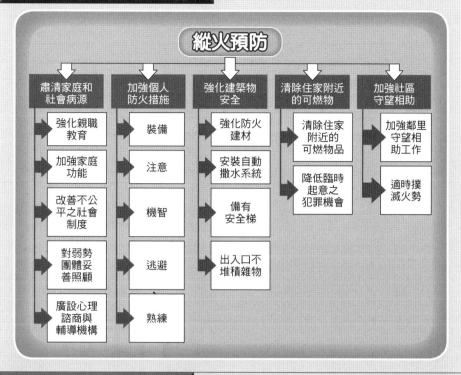

```
                          縱火預防

肅清家庭和        加強個人        強化建築物      清除住家附近      加強社區
社會病源          防火措施        安全            的可燃物        守望相助

強化親職          裝備          強化防火        清除住家        加強鄰里
教育                            建材            附近的          守望相
                                              可燃物品        助工作

加強家庭          注意          安裝自動                        適時撲
功能                            撒水系統        降低臨時        滅火勢
                                              起意之
改善不公          機智          備有            犯罪機會
平之社會                        安全梯
制度

對弱勢            逃避          出入口不
團體妥                          堆積雜物
善照顧

廣設心理          熟練
諮商與
輔導機構
```

縱火犯的矯治處遇

 拘束於矯正機構內 → 依個別化原則，予縱火犯妥適分類，並予周延的評估與介入，以減少再犯。

 倘屬精神疾病患者，應由專業精神科醫師予以治療。輕微者，交由一般輔導人員依其縱火動機輔導；具惡質性反社會行為者，應審慎觀察、考核與矯治，避免早日假釋出獄。

★縱火案件研究

洪聖儀藉高雄市 87 件縱火案件為研究對象，除剖析縱火犯之手法與心理狀態，並針對縱火犯犯罪之趨勢與特性進行調查，研究發現多數縱火犯罪與縱火犯之教育程度、縱火時間有重要關聯性。

而高雄市地區之縱火案件多以凌晨時段、事先策劃、缺乏監控可得縱火工具之場域為主；其縱火動機則為仇恨報復、感情因素與無聊好玩為多數，並指出日後可強化縱火犯之嚇阻對策與消防單位之火場辨識能力。

林志信於縱火犯生命歷程與犯罪模式進行質性訪談與量化性調查，發現縱火犯罪行為、再犯行為則與其前科次數、自我控制、學校與家庭因素相關，並將縱火對象區分為情緒縱火燒物型、情緒縱火燒人型、精神縱火燒物型、非情緒縱火燒物型等四類型。

第11章

校園暴力

● 章節體系架構 ▼

UNIT **11-1**
校園暴力之意涵與影響

(一) 意涵

目前學界對於校園暴力之定義尚無統一之定論。校園暴力若以字義上來解釋，係指發生於學校內的暴力行為或犯罪行為。國內學者高金桂以法律之觀點指出，校園暴力係指在學校內發生於學生與學生之間、學生與老師之間，以及校外侵入者與學生師生之間，所引發侵害生命、身體法益之犯罪行為，即以強暴、脅迫或其他手段（如使用藥物），排除或抑壓被害人之抵抗能力與抵抗意願，以遂行特定不法意圖之犯罪行為。

許龍君則以校園安全之角度來解釋校園暴力，其認為在校園內的教職員工師生及侵入校園之人士，以言語、肢體侵犯他人，使對方心理及生理上受到傷害之行為，即所謂校園暴力。Batsche及Knoff則指出校園暴力通常係指諸如攻擊、竊盜、毀壞財物等行為。另外Forlong與Morrison則認為校園暴力為多面向之概念，包括犯罪行為、阻礙發展與學習，且破壞校風。

(二) 影響

校園暴力之影響非常廣泛，除了對被害人造成身心上之創傷外，對於目睹校園暴力之師生，也會產生心理創傷，更會重創學校之校譽，並危及校園安全，而校園暴力之影響力甚至會擴及施暴者。由此可見校園暴力之影響力相當深遠。以下分就校園暴力之施暴者、受害者這兩方面來探討其影響：

❶ 暴力對於施暴者之影響

校園暴力之施暴者在從事暴力行為時，可使他們感受到權力感與控制感，而部分研究證據顯示校園暴力之施暴者之所以會有暴力行為出現，是因為自卑感作祟。若校園暴力之施暴者在遂行其暴行之後，未獲得適當之輔導，將會導致其在日後遇到問題，便選擇以暴力行為來解決問題。

Olweus之研究調查發現，在相當於我國之國中生這個階段中，在有出現校園暴力之行為者中，有60%的人到24歲前至少會有一項犯罪紀錄。因此，校園暴力之施暴者除了學會用暴力解決問題外，亦會導致其未來之偏差與犯罪行為。

❷ 校園暴力對於受害者之影響

校園暴力之受害者在遭受校園暴力後，將會對其所處的環境感覺焦慮與恐懼，或對學校有逃避、退縮之行為出現，如不想去學校、逃學，甚至是自殺，較極端者甚至會有反撲之行為出現，如對施暴者採取報復行動，或者是轉而去施暴他人。

校園暴力對於其受害者之影響可說是最嚴重也最值得重視的，若其受害之狀況未被察覺或未獲得適當之輔導，將可能對其身心造成深遠之影響，並在其人生中留下永遠無法抹滅之創傷。

校園暴力

| 學生 | 老師 | 教職員 | 侵入校園人士 |

在校園內的師生、教職員工及侵入校園之人士，以言語、肢體侵犯他人，使對方心理及生理上受到傷害之行為，即所謂校園暴力。

校園施暴者之產生

自卑感作祟 ➡ 藉由暴力享受權力 ➡ 未獲得適當輔導 ➡ 導致偏差行為與犯罪行為

校園暴力受害者之身心影響

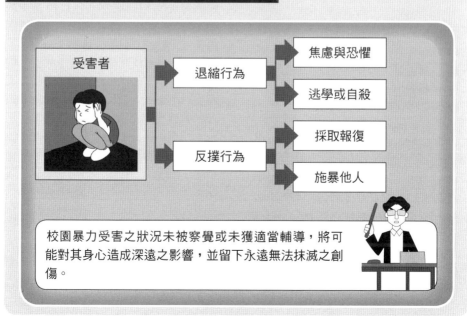

受害者

退縮行為 → 焦慮與恐懼
退縮行為 → 逃學或自殺

反撲行為 → 採取報復
反撲行為 → 施暴他人

校園暴力受害之狀況未被察覺或未獲適當輔導，將可能對其身心造成深遠之影響，並留下永遠無法抹滅之創傷。

UNIT **11-2**
校園霸凌

(一) 霸凌的定義

校園霸凌近年漸受各方關注,也引發廣泛的討論。楊士隆及曾淑萍撰述指出,「霸凌」一詞主要是由 bully 音譯而來,基本上是長期存在於校園的一個嚴重問題,也是屬於「校園暴力」之範疇。

根據霸凌行為的研究先驅者 Olweus 的看法,校園霸凌是一個學生長時間、重複地暴露在一個或多個學生的負面行動中,被欺負、騷擾或被當為出氣筒的情形。而學者 Hoover、Oliver 及 Thomson 則認為,霸凌並不只是單純的身體傷害,而是一種持續性、主動、有一定頻率的侵害行為。根據邱靖惠及蕭慧琳的定義,霸凌係指「蓄意且具傷害性的行為,通常會持續重複出現在固定孩子之間的一種欺凌現象」。

(二) 霸凌之要素

另外,Olweus 認為霸凌應具備以下四個要素:
❶ 攻擊性的行為。
❷ 一種力量失衡。
❸ 重複發生。
❹ 身體的、語言的或間接的。

學者 Barton 則認為,霸凌是指人與人之間的衝突行為,通常具備三項準則:
❶ 霸凌是一種衝突方式,可能直接以肢體上或口語上的強力為之,例如:打、踢、揶揄、嘲諷或性攻擊;或以間接方式為之,如同儕的關係排擠或故意使學童無法參加活動。
❷ 霸凌是針對被害者進行重複的攻擊行為,且持續一段時間以上。

❸ 霸凌是發生在權力不對等的人際關係中,如體型較壯碩者、較有錢有勢者,或在同儕關係中較具領導角色者,較易在霸凌關係中扮演較為優勢的角色。另外,在霸凌行為中,行為人與被害人之間的力量,也可能隱藏著不平衡之狀態,亦即恃強(霸凌者)凌弱(被害者),力量較大之一人或多人(霸凌者)壓制他方力量較小者(被害者)。

(三) 校園霸凌防制準則

教育部於 2020 年 7 月 21 日修正發布校園霸凌防制準則,第 3 條指出霸凌係指個人或集體持續以言語、文字、圖畫、符號、肢體動作、電子通訊、網際網路或其他方式,直接或間接對他人故意為貶抑、排擠、欺負、騷擾或戲弄等行為,使他人處於具有敵意或不友善環境,產生精神上、生理上或財產上之損害,或影響正常學習活動之進行。而校園霸凌係指相同或不同學校校長及教師、職員、工友、學生對學生,於校園內、外所發生之霸凌行為。

另外,有關校園霸凌事件應經過學校防制校園霸凌因應小組確認。防制校園霸凌因應小組,以校長或副校長為召集人,其成員應包括教師代表、學務人員、輔導人員、家長代表、學者專家,負責處理校園霸凌事件之防制、調查、確認、輔導及其他相關事項;高級中等以上學校之小組成員,並應有學生代表。

霸凌呈現的狀態

校園霸凌發生的人時地與結果

| 相同或不同學校學生之間 | 發生於校園內外 | 個人或集體 | 直接或間接 | 貶抑、排擠、欺負、騷擾或戲弄 |

造成被害人處於具有敵意或不友善之校園學習環境，或難以抗拒，產生精神、生理或財產之損害，或影響正常學習活動之進行。

我不要上學
我討厭學校

UNIT **11-3**
校園暴力之類型（一）

(一) 校園暴力之對象

校園暴力之對象又可分就施暴者與受害者來做探討。綜合上述校園暴力之定義，校園暴力之施暴者可區分為：
❶ 學生。
❷ 教職員工。
❸ 校外人士。
而校園暴力之受害者則可區分為：
❶ 學生。
❷ 教職員工。
❸ 學校財物。

(二) 校園暴力之行為類型

依據國內外學者之見解，校園暴力之行為類型通常可分為肢體方面、言語方面、關係方面、性方面等四方面，分述如下：
❶ **肢體方面**：包括遭受推、打、踢、有敵意的舉動等針對肢體之暴力行為。
❷ **言語方面**：羞辱、取綽號、威脅、貶損、嘲諷、恐嚇等言語傷害。
❸ **關係方面**：在人際方面被排擠、在團體中被孤立等，此霸凌的現象亦可涵蓋在言語方面之校園暴力類型的層面中。
❹ **性方面**：包括遭受有關於性或身體性徵之評論、嘲諷或譏笑等之性騷擾。

(三) 校園暴力之受害者類型

校園暴力之受害者類型，主要可分為以下幾種類型：
❶ **消極型**
此類型之受害者相較於同齡之同儕，其體型較為瘦小、孱弱，且在學校大多獨來獨往，缺乏朋友作伴。此外，消極型之受害者的安全感與自信心較低，容易感到焦慮、對自我抱持著負向觀感，如認為自己是愚蠢的，亦常成為他人挪揄之對象。這類型的受害者在遭受校園暴力時，通常是採取默默承受的態度來面對。

❷ **挑釁型**
挑釁型之受害者的個性較為暴躁、自大，行為舉止囂張。此類型之受害者通常是因為他人對其行為與態度感到反感，而對其施予校園暴力。Olweus 認為此類型之受害者在遭受校園暴力時，會採取反擊。

❸ **凱子型**
凱子型之受害者經常向他人誇耀自己的財富，舉止闊綽。因此凱子型之受害者之所以會遭受校園暴力，大多是因為他人覬覦其財富，進而對其施予勒索與恐嚇。

❹ **突出型**
此型之受害者的學業表現、家世背景、外貌、運動表現等，較一般學生來得突出與優秀，深受老師或異性同學的歡迎與喜愛，進而引發其他學生的嫉妒、自卑感等負面情緒，並對此型之受害者施加校園暴力。

校園暴力行為類型

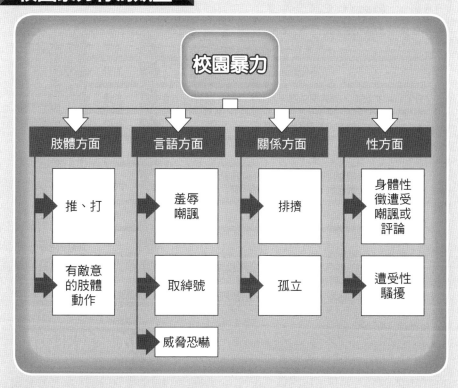

校園暴力受害者類型

UNIT 11-4
校園暴力之類型（二）

在校園霸凌行為方面，Olweus 將其分為肢體的、口語的及性霸凌等三類。而隨著科技的進步及時代的演進，對於校園霸凌行為的分類也有所改變。目前，學者普遍將霸凌分成下列六種類型：

(一) 肢體霸凌

這是臨床上最容易辨認的一種型態，包括：踢打同儕、推擠同儕、惡作劇或是搶奪同儕的物品等行為皆屬之，通常此種霸凌行為易導致身體上的傷害。

(二) 言語霸凌

係指利用口語威脅、嘲諷或刺傷他人，例如：直呼同學之不雅綽號、嘲諷、揶揄、傳播謠言等。口語霸凌雖然不似肢體霸凌會造成身體上的傷害，但是其帶來的心理傷害卻不容小覷，且常會被伴隨關係霸凌之發生。

(三) 關係霸凌

係指人際關係的操弄，使被欺凌的一方被排拒或孤立在團體之外，或切斷其社會連結，例如：操弄友誼關係、故意孤立某人，使之不被同儕所接納或故意使學童無法參與應有之相關活動等。與言語霸凌經常一起發生，且兩者同樣是屬於霸凌剛開始發生的階段。

(四) 轉移型霸凌

係指受欺凌學生長期遭受霸凌之後的轉移攻擊行為。此種轉移行為可能以幾種方式呈現，其中一種是出自於報復心態，會以各形式對施暴者反擊。但另外一種則是將欺凌行為轉嫁至比自己更弱小的對象身上，去欺負比他更為弱勢的人。不論是哪一種方式，皆屬於轉移型霸凌。

(五) 性別霸凌（性霸凌）

根據兒童福利聯盟的定義，「性霸凌」指的是一種蓄意、具傷害性且以身體、性別、性取向或性徵作為欺凌或取笑題材的行為。而校園中的性霸凌可能涉及言語上的霸凌（如：有關性或身體部位或性取向的嘲諷玩笑、評論或譏笑），對身體隱私部位不經意或惡作劇的碰觸，或是嚴重的性侵害。

(六) 網路霸凌

隨著科技的日益發展及網路的普遍，新型態的霸凌也可透過「網路」執行之。所謂的網路霸凌行為包括：使用網路的部落格、聊天室、BBS、網路電話、Facebook、LINE、WeChat 或 Twitter 等，散布不實謠言、貼文辱罵或嘲笑他人，或是利用網路執行上述的言語霸凌、反擊型霸凌或關係霸凌。

網路世界的無遠弗屆，使得霸凌行為的執行，不受時間及地點的限制，也使得受害的範圍更大，影響更為深遠。

以智慧化解言語霸凌

網路霸凌受害範圍大

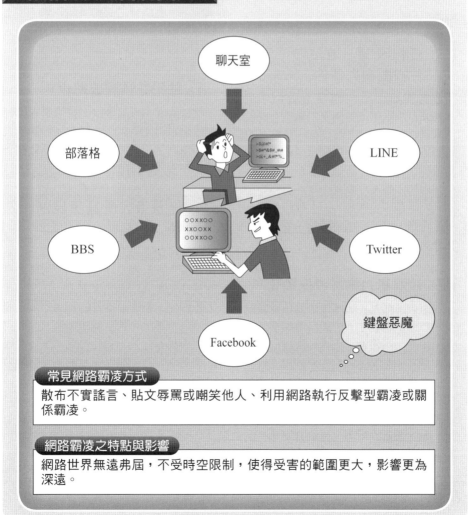

UNIT **11-5**
校園暴力之特徵

根據陳皎眉、蔡德輝與楊士隆之見解，校園暴力事件具備以下特徵：

(一) 行為日趨暴力化

近年來許多校園暴力之案例中，受害者死亡或是受傷不在少數，其中甚至有模仿電影之暴力情節之案例出現，或是將暴行過程錄影之後，放在網路上供人觀看，顯示校園暴力行為日益凶殘與冷血。

(二) 任何時間、地點均可能發生校園暴力事件

教育部國中小校園安全管理手冊（2008）中指出，校園暴力發生之時間通常是在早自習、下課期間、午間休息時間、放學後、放假期間等；而發生地點可能是在教室、走廊、廁所、操場、校門口等。顯示校園暴力事件發生之時間、地點是不受限制的，在學校的任何一個角落、任何一個時機點，都可能正在發生校園暴力事件。

(三) 校園暴力施暴者低齡化

依據教育部之各級學校校園事件統計（2015），國小在「校園暴力與偏差行為」類別之通報數，比大專院校的通報事件還多。尤其，國小的鬥毆事件發生數是大專院校的一倍，疑涉恐嚇勒索事件也遠多於大專院校，此數據顯示校園暴力事件的施暴者年齡層有下降之趨勢，如此嚴重的現象，值得有關單位的關注。

(四) 幫派勢力介入校園事件

近年來，媒體報導不良組織吸收國、高中學生涉入簽賭案件，並教唆學生參與校園之暴力討債，這起嚴重之校園安全事件，讓相關主管單位緊急呼籲社會大眾共同關注此一事件，警方也安排校園掃黑活動，希望能還給學生純淨的學習環境。而研究亦顯示，近來幫派與少年互蒙其利之情況下、彼此滿足需求之情況下，有結合之趨勢（蔡德輝、楊士隆，2002），一旦校園被幫派染黑，校園安全將亮起紅燈。

(五) 共犯之情況普遍化

就校園暴力新聞觀察，校園暴力的施暴者通常為 2 人以上。顯示校園暴力之行為人有共犯之情形甚為普遍，此與一般少年犯罪之特徵相符。

(六) 施暴者與受害者經常相熟識

在許多調查研究中，不少校園暴力事件係發生在同學之間，顯示校園暴力事件往往是熟人所為。事實上，在不少暴力犯罪中，被害者本身的行為即為犯罪原因之一部分，甚至是由被害人促成犯罪人與犯罪行為。由此可見，施暴者與被害者間的互動關係與互動品質對暴力行為之發生具有重要之意義。

近年校園暴力之特徵

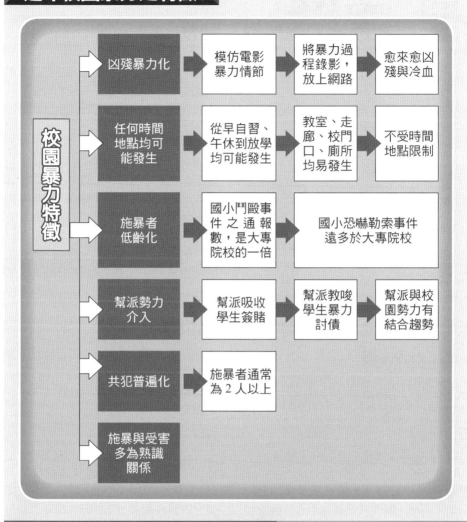

校園暴力特徵

- 凶殘暴力化 → 模仿電影暴力情節 → 將暴力過程錄影，放上網路 → 愈來愈凶殘與冷血
- 任何時間地點均可能發生 → 從早自習、午休到放學均可能發生 → 教室、走廊、校門口、廁所均易發生 → 不受時間地點限制
- 施暴者低齡化 → 國小鬥毆事件之通報數，是大專院校的一倍 → 國小恐嚇勒索事件遠多於大專院校
- 幫派勢力介入 → 幫派吸收學生簽賭 → 幫派教唆學生暴力討債 → 幫派與校園勢力有結合趨勢
- 共犯普遍化 → 施暴者通常為 2 人以上
- 施暴與受害多為熟識關係

校園暴力多發生在同學之間

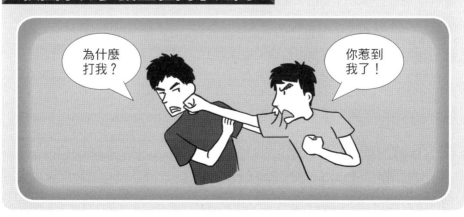

為什麼打我？

你惹到我了！

UNIT **11-6**
校園暴力施暴者之特性

根據學者的研究，涉及校園暴力及霸凌行為之施暴者在生理、心理、家庭、學校、人際關係等方面，表現出獨特的特性，茲分述如下：

(一) 生理方面

校園暴力之施暴者通常身體強壯、精力旺盛、活動力強。而大部分的調查研究顯示校園暴力可能同時出現在男、女性中，但男性的校園暴力行為普遍高於女性。研究也發現，男女生在霸凌行為上有顯著差異，一般而言，男生多肢體霸凌，而女生則較多是屬於言語霸凌及關係霸凌。

(二) 心理方面

研究顯示具校園暴力行為的孩童與青少年，其心理特質較其同儕來得負面。校園暴力施暴者通常具以下的心理特性：

❶ 有從眾的個性，缺乏自主性責任的行為。

❷ 自我中心行為，罪惡感淡薄，帶給他人困擾、麻煩等卻事無關心的傾向強烈。

❸ 較無焦慮感與不安全感，具衝動、敵意、攻擊性、跋扈、反社會性、強烈的自尊心等之負面特質。

❹ 校園暴力施暴者通常藉由對他人施予暴力行為來獲得滿足感，其對受害者缺乏同理心，且對其施暴行為不具罪惡感，甚至將責任推卸於受害者身上。

(三) 家庭方面

研究證據顯示，校園暴力施暴者通常來自慣用體罰的家庭。而施暴者的雙親具低劣的問題解決技巧，有時會對孩子表現敵意與拒絕，並放任孩子於童年時表現攻擊行為，甚至教導孩子在遇到挑釁時應予以反擊。

研究顯示，若父母疏於管教，或是使用權威式的管教方式，經常對孩子打罵，則可能增加孩子出現暴力或霸凌行為的可能性。因為，根據學習理論的觀點，若父母採用權威與打罵的教養方式，易讓孩子學習、模仿父母的行為，而將這套行為模式帶入手足或同儕的相處上，進而產生暴力攻擊或霸凌的情形。

(四) 學校方面

研究顯示校園暴力施暴者在學校有適應不良的情形出現，例如低學業成就，亦較無法自學校教師獲得社會支持。

(五) 人際關係

校園暴力施暴者在同儕中表現得較不合群，而在團體中，自我表現慾望強烈，活動性甚強。但令人訝異的是，根據自陳報告顯示，校園暴力施暴者較易結交朋友，且可在同學中獲得與未參與校園暴力者相等的支持。

施暴者的生理分析

施暴者男性多於女性

男性多肢體霸凌

女性多言語和關係霸凌

施暴者的心理特質與人際關係分析

心理方面

❶ 有從眾個性，缺乏自主責任行為。

❷ 自我中心，罪惡感淡薄。

❸ 具衝動、反社會性等負面特質。

❹ 藉由施暴獲得滿足感，缺乏同理心。

家庭方面

❶ 來自慣用體罰的家庭。

❷ 父母對孩子時常表示敵意與拒絕。

❸ 疏於管教，放任甚至教導孩子暴力行為。

學校方面

❶ 適應不良。

❷ 低學業成就。

❸ 較無法獲得學校老師的支持。

人際關係

❶ 較不合群。

❷ 自我表現慾望強烈。

❸ 較易結交朋友。

UNIT **11-7**
校園暴力之防治

根據楊士隆、曾淑萍之撰述，校園暴力之防治可從以下面向努力：

(一) 家庭方面

❶ 注重親子溝通。
❷ 培養孩子正確之價值觀。
❸ 定期與學校師長交流。
❹ 教導孩子如何保衛自身安全。

(二) 學校方面

以下就學校環境、教師、學校來做探討。

❶ 學校環境

要能有效預防及減少校園暴力或霸凌事件之發生，最重要的是要加強學校的防範措施，其主要的目的在於降低犯罪之酬賞，促使犯案更加困難，以及提升犯罪之風險原則。相關的策略包括：

①加強校園門禁管制，確實執行外部安全管制措施。

②加強巡邏暴力及侵害事件易聚集之特定地點。

③加強照明設備、減少校園死角，並強化軟硬體之保全措施。

❷ 師生關係

①經營良好的師生關係。

②隨時注意學生出、缺席紀錄，確實掌握缺席者行蹤。

③強化自我保護意識，避免成為合適之犯罪標的物。

④加強學生拒絕誘惑之能力，避免貪念。

⑤勿偏愛或歧視特定學生。

⑥勿公開羞辱，顧及學生之自尊心。

❸ 學校教育

①五育均衡發展。

②訂立明確、合時宜的校規，並確實執行。

③全面檢討獎懲制度，多給予鼓勵、獎賞，少懲戒。

④避免體罰之使用。

⑤加強校園暴力宣導教育。

⑥實施校園生活問卷調查，主動發覺校園暴力事件。

⑦處罰前聆聽申辯與處罰後的輔導。

⑧設置匿名投訴系統，落實當事人隱私之保護。

⑨建立校園緊急事件反應計畫。

⑩加強人員面對危機之訓練。

(三) 社會方面

❶ 建立完善通報機制，並確實記錄與呈報校園安全與災害事件。
❷ 設置學校警備安全人員，正式納編，且給予更完善之設備與訓練。
❸ 結合社區多元的資源來共同維護校園安全。
❹ 規劃正當之休閒活動。

從家庭方面預防校園暴力

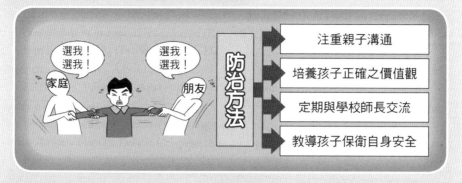

從學校方面預防校園暴力

預防之策略方向	執行方法
學校環境	加強校園門禁管制。
	加強巡邏暴力及侵害事件易聚集之特定地點。
	加強照明設備並減少校園死角。
師生關係	經營良好的師生關係。
	隨時注意學生出、缺席紀錄。
	強化自我保護意識、加強學生拒絕誘惑之能力。
	勿偏愛、勿歧視、羞辱特定學生。
學校教育	五育均衡發展，訂立明確、合時宜的校規。
	全面檢討獎懲制度、加強校園暴力宣導教育。
	實施校園生活問卷調查。
	處罰前聆聽申辯與處罰後的輔導。
	設置匿名投訴系統，落實當事人隱私之保護。
	建立校園緊急事件反應計畫，加強人員危機訓練。

從社會方面預防校園暴力

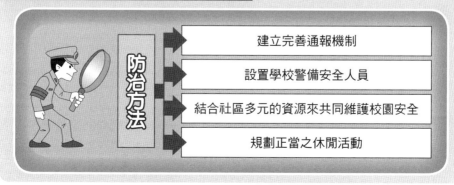

第 **12** 章

竊盜犯罪

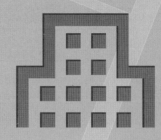

●●●●●●●●●●●●●●●●●●●●● 章節體系架構 ▼

UNIT **12-1**
竊盜及其集團之特性與地域選擇

(一) 竊盜犯之特性

竊盜犯在所有犯罪類型當中較易形成次文化團體，而成群結黨、互通聲氣。綜合學者 Sutherland、Maurer、Irwin 及楊士隆研究之心得，竊盜及其集團之特性如下：

❶ 職業竊盜以犯罪為職業。

❷ 竊盜犯在行竊時，除被害者之疏忽外，多經細密之規劃。

❸ 竊盜犯智商高，善於利用、操縱人。

❹ 竊盜犯及其集團具有共通之黑話，以便獲取認同。

❺ 竊盜犯經常收買或賄賂執法人員，以逃避偵查。

❻ 竊盜犯除犯罪機會呈現或臨時起意之外，通常亦與其他同伴聚集在適當之地點，商議交換情報。

❼ 竊盜犯對於受害者並不同情，並合理化其行為。

❽ 竊盜犯對同夥誠實、有義氣，絕不告密。

❾ 竊盜犯行竊時大多能保持冷靜、沉著，泰山崩於前而面不改色。

❿ 強調高超之行竊技術，並迅速奪取鉅額金錢。

⓫ 竊盜犯與其他行業相同，獲得成員之認可。

⓬ 竊盜犯普遍認為世界欠缺公平，反社會傾向甚濃。

⓭ 竊盜犯不能擁有正常之家庭生活，集團成員與組織即為其家庭。

⓮ 竊盜犯禁止使用金融卡，以避免為執法人員偵破。

⓯ 竊盜犯不能公開地參與社交活動，必須隱姓埋名。

(二) 竊盜犯之地域選擇

職業竊盜在決定是否從事犯罪行為、在何處及何時犯罪，或目標物為何之同時，大多對各項因素予以周延分析、考量。

Taylor 和 Gottfredson 指出，某一地域為犯罪人選中之原因與該地域特徵給予潛在犯罪人之意象有關。這些特徵包括以下幾點特質：

❶ **物理環境特色**

倘地域之環境特色顯得非常富裕、奢靡或可通暢無阻的進出，或者具有物理環境頹廢、空屋雜陳、垃圾亂倒、廢棄之汽機車林立、街道坑坑洞洞、缺乏管理等特色，則極易吸引竊盜犯之入侵。

❷ **住民之人口特色及行為型態**

當住民具有良好之社經地位，自然具有吸引力，而成為犯罪之首要目標。此外，若住民流動性高、缺乏對公共事務之關心，則易吸引潛在犯罪人之注意，甚至啟動其作案動機。

❸ **警察之巡邏、查察狀況**

強化警察對社區之巡邏、查察情形，對於社區治安之維護亦有相當貢獻。倘社區缺乏警察之關心，則可能提升潛在犯罪者作案之動機與意願。

❹ **犯罪人彼此間之訊息交換**

除了前述之區域特徵外，犯罪人彼此間亦可能交換犯罪相關訊息，例如：了解犯罪之困難度、可能遭遇之反抗等，俾以選擇合適之犯罪標的，順利達成犯罪之目的。

❺ **犯罪人個人之知識與特質**

犯罪者之專業知識與特質亦可能影響其對區域標的物之選擇，例如：職業竊盜者對犯罪區域之選擇相對挑剔，諸如偷竊之對象、周遭環境之防禦情形、逃跑路線等各項考慮均趨於縝密。

竊盜犯選擇犯罪地域之考慮因素及發展過程

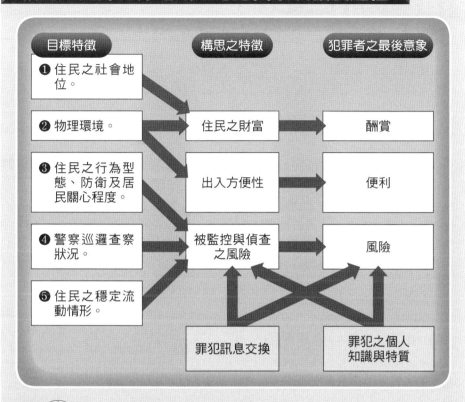

★竊盜犯之目標物選擇

　　有學者提及,脫逃容易且不易引起民眾群起反抗之地域,亦為罪犯之最愛。該地域之考量,主要係以地點是否秩序維護良好、垃圾亂倒及對於人們社會衝突的冷漠為指標。

　　學者 Taylor 及 Gottfredson 曾提出下列五個主張:

❶ 許多犯罪人在從事犯罪行為時是相當理性的,但其理性並不是漫無限制,經常受到個人之喜好、經驗及社會之影響。
❷ 如同潛在犯罪者所意識到的,在目標區域之物理與社會環境經常是互相交織的。
❸ 目標之選擇是多重層級,且是連續的過程。
❹ 在選擇目標地域或犯罪時間時,潛在犯罪人經常受到其接觸之其他犯罪人風俗及喜好之影響。
❺ 選擇犯罪之區域與地點被視為係同一件事。

UNIT 12-2
竊盜及其集團之江湖規矩

根據犯罪學學者 Sutherland 之研究，竊盜及其集團之江湖規矩大致包括：

(一) 必須互相協助

基本上，職業竊盜不管是否與其他竊盜犯或集團存有嫌隙，當其他竊盜犯或集團面臨執法人員監控或逮捕之危險性時，其會直接或間接地透過第三者知會。此種情形並非罕見，天天都可能發生。職業竊盜不願其他同伴或集團因此而被執法人員瓦解，並認為此舉對彼此都有好處，因為任何竊盜在工作時，皆可能面臨此項危險之情境。

(二) 須與獄中夥伴分享所得

倘竊盜集團成員因案入獄，職業竊盜仍應輪流將部分所得寄給難友充當禮物，此項做法除有助於維繫感情外，亦反映出其集團生死與共、富貴同享之價值觀。

(三) 須與其他同夥互通有利情報

竊盜犯須與其他同夥交換有關利潤高、適合作案之地點與警察活動之情報。假使竊盜犯發現不良之作案地點，其大多會彼此相互勸告，以避免被逮捕。

(四) 絕不告密、出賣朋友

竊盜犯，尤其是職業竊盜，即使彼此不和或互相打擊，亦絕不出賣朋友或互相告密。蓋倘告密對彼此皆沒好處，則將使集團陷於崩潰、瓦解之危險境界，該竊盜犯亦會淪為此行社會地位最底層而備受輕視。如果其中一名有告密行為，竊盜集團即可能散發其消息，導致同道同聲譴責，不願接受他，使其無立足之地。

(五) 非法所得須與竊盜集團夥伴同享

竊盜犯獲取之所得必須與集團夥伴同享，以建立生死、命運與共之情感，強化組織的凝聚力。

(六) 不對其同伴詐欺

基本上，詐欺手段之行使，就竊盜犯而言，僅可對潛在獵物（受害者）為之，在同夥間則絕不允許，否則，將促使竊盜集團的社會秩序帶來巨大之破壞，危及成員之情感及組織之凝聚力，更易為警方所分化、偵破，產生無窮之禍患。

(七) 絕不陷其他同伴於不利

竊盜犯絕不妨礙其他同夥之竊盜行為，或因不當之行動致其同夥陷於被逮捕之危險境界。行竊時可能遇到的麻煩，多半來自業餘竊盜犯之好奇或因其他極少數竊盜犯之疏忽，導致遭執法人員逮捕之危險。

(八) 彼此相互信任

竊盜犯彼此必須相互信任，不可存疑，否則不僅無法建立深厚之革命情感，同時將危及集團之生存。事實上，彼此相互信任之結果，可進一步交換犯罪與被執法人員偵查訊息，有利於安全地獲取巨大利潤。

竊盜集團的江湖規矩

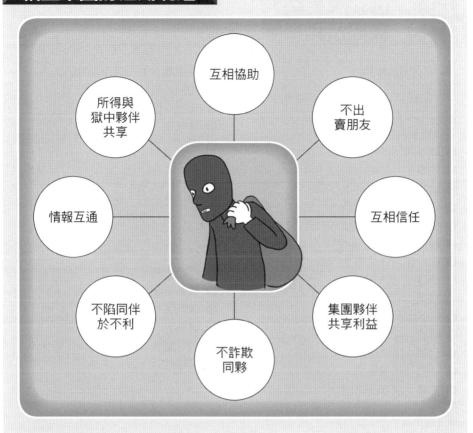

 ★竊盜買收贓物市場

　　學者 Patrick Colquhoun 之著作中曾提及：「在考量各種不同偷竊者、強盜及詐欺犯特性時，毫無疑問地，收買贓物者是當中最具邪惡者，如果缺乏他們協助購買偷來或詐欺來的贓物，竊盜犯則必須放棄其交易。」

　　柯義民在對臺灣地區 112 名汽車竊盜犯進行問卷調查後，發現大部分被竊汽車都有其銷贓管道（占 93.8%），足見買收贓物市場在竊盜上扮演重要之角色。根據學者 Steffensmeir 之研究，買收贓物市場之維持須具有下列條件：

❶ 現金交易。
❷ 具有做好買賣之知識，俾以創造賺錢機會。
❸ 與提供贓物者維持長期之密切關係。
❹ 具有良好之管道與買主接觸，確保價錢與安全。

　　至於買賣贓物之行情，國內目前大約是批發價之三至五成，例如：2 萬元價值之電視，銷贓價錢約為 3,000 至 5,000 元。

UNIT 12-3
竊盜及其集團之黑話

(一) 江湖術語

至於竊盜犯之黑話，根據臺北市刑大偵五隊累積辦案之經驗，發現竊盜犯及其集團具有下列之江湖術語：

❶ 窩裡雞：扒手之總稱。
❷ 跑輪子：在車上的扒手。
❸ 跑大輪：在火車上行竊。
❹ 雞老闆：扒竊集團之首領。
❺ 凱子或點子：行竊之對象。
❻ 藍頭：鈔票。
❼ 跑小輪：在公車上行竊。
❽ 跑檯子：在銀行裡行竊，又稱高買。
❾ 金鋼：真的。
❿ 老四：扒手對刑警之稱呼。
⓫ 眩的：假的。
⓬ 插頭：西裝褲兩邊之口袋。
⓭ 後門：後褲口袋。
⓮ 推車：在扒竊行動中，前後左右製造擁擠的人，其任務為掩護雞老闆下手。

(二) 臺北監獄竊盜累犯之用語

筆者對臺北監獄竊盜累犯之訪談研究，大致證實這些特殊江湖術語的存在，但其用語略有出入：

❶ 歐里雞：扒手的通稱。
❷ 雞老闆：扒竊集團之領導人。
❸ 推車：行竊時擋人者。
❹ 老闆：行竊時實際下手者。
❺ 顧門或照水：把風者。
❻ 抓雞：偷機車。

(三) 集團暗語

張清芳、游再順蒐錄以下竊盜集團暗語：

❶ 殺肉場：進行贓車解體的場所。
❷ 殺肉：拆解。
❸ 穿衣：借屍還魂改造車子。
❹ 塔仔車：借屍還魂車。
❺ 回收：賣出去的車子、再偷回來殺掉。
❻ 欠前腿：需要前半部的料。
❼ 叫牛仔去做：請監理站黃牛去檢車。
❽ 一支：一部車。
❾ 師傅仔：偷手。
❿ 做幾工：偷幾部車子。
⓫ 鬥紡：幫忙開贓車。
⓬ 傢俬：贓車。
⓭ 傢俬頭：作案工具。
⓮ 彎曲仔：L 型開鎖工具。
⓯ 沒空莫來：前面有臨檢不要過來。
⓰ 過來泡茶：沒有路檢。

竊盜集團或監獄竊盜累犯的江湖術語

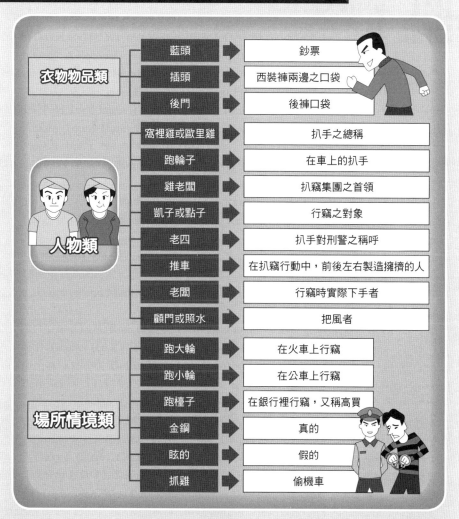

衣物物品類	藍頭	鈔票
	插頭	西裝褲兩邊之口袋
	後門	後褲口袋

人物類	窩裡雞或歐里雞	扒手之總稱
	跑輪子	在車上的扒手
	雞老闆	扒竊集團之首領
	凱子或點子	行竊之對象
	老四	扒手對刑警之稱呼
	推車	在扒竊行動中，前後左右製造擁擠的人
	老闆	行竊時實際下手者
	顧門或照水	把風者

場所情境類	跑大輪	在火車上行竊
	跑小輪	在公車上行竊
	跑檯子	在銀行裡行竊，又稱高買
	金鋼	真的
	眩的	假的
	抓雞	偷機車

竊盜集團常見偷車暗語

殺肉場　欠前腿　叫牛仔去做　鬥紡　沒空莫來

塔仔車　師傅仔　做幾工　傢俬　過來泡茶

資料來源：張清芳、游再順，1998。

UNIT 12-4
竊盜犯之刑罰認知

竊盜犯之累（再）犯比例一向偏高，目前刑罰是否產生應有的嚇阻效果，似為決定其重操舊業之關鍵。事實上，在當前財富充斥之物慾社會中，欲使懶散好逸惡勞成習之竊盜犯改邪歸正恐非易事。茲以楊士隆之研究，說明竊盜犯對刑罰之認知。

圖解犯罪心理學

(一) 刑罰之威嚇性

許多竊盜犯基本上並不特別擔心遭判刑，尤其是短刑期者。蓋監獄目前有服刑超過刑期三分之一即予假釋之制度存在，刑罰並不太重，但多數竊盜犯卻認為保安處分較嚴厲。

一名竊盜累犯即指出：「我不會擔心遭判刑，反而較怕保安處分。刑期為二年半，現在只要三分之一即可假釋，應該很快就能出去了，刑罰還算可以。」

另一名竊盜累犯則另指出：「我認為竊盜罪大致上都是判不會超過三年，一般人所怕的並不是刑期，而是保安處分，不過現在保安處分時間也不長，就算延長亦不會超過四年半。我這次判一年二個月算是很合理，與我所想像的差不了多少。」

(二) 犯罪矯治之效果

竊盜犯之矯治在實務上一向面臨許多挑戰，或由於竊盜犯獨特之行為樣態（如：道德感低落、反社會傾向濃）及迥異之成長歷程，加上外界各項巨大財富誘因之影響，其矯治成功比率一向偏低，累（再）犯情形甚為普遍。讓我們傾聽竊盜犯之看法：

一名竊盜犯提及：「就矯治成效而言，我想大概是沒有效，大家都是在這裡混日子，想快點出監，獄方有什麼規定就依規定辦理，只要在這裡不要違規就能很快出監。」

另一名竊盜累犯亦指出：「我認為矯治成效不好，在這裡只要不犯錯，好好工作，也不必太出鋒頭，過一天算一天，只要能早點出去才是真的，其他都是假的。」

竊盜累犯比例偏高

許多竊盜犯基本上並不特別擔心遭判刑，尤其是短刑期者。但多數竊盜犯卻認為保安處分較嚴厲。

內心話

我不擔心遭判刑，較怕保安處分。反正現在只要服刑三分之一即可假釋，很快就能出去了。

內心話

我認為竊盜罪大致上都是判不會超過三年，一般人所怕的並不是刑期，而是保安處分，不過現在保安處分時間也不長，就算延長亦不會超過四年半。

老實講

目前刑罰是否產生應有的嚇阻效果，似為決定其重操舊業之關鍵。

犯罪矯治的挑戰和效果

老實講

由於竊盜犯獨特之行為樣態（如：道德感低落、反社會傾向濃）及迥異之成長歷程，加上外界各項巨大財富誘因之影響，其矯治成功比率一向偏低。

內心話

就矯治成效而言，我想大概是沒有效，大家都是在這裡混日子，只要在這裡不要違規就能很快出監。

UNIT *12-5*
竊盜犯之防治

　　有關竊盜犯之防治，傳統以犯罪成因為導向（如：偏重犯罪者家庭、學校、社會背景因素）而提出之「肅清社會病源策略」與「個別處遇之犯罪防治策略」，並無法遏止竊盜犯罪持續猖獗惡化之事實。

　　相對地，從犯罪者本身之理性抉擇、認知與決意觀點導引之對策，則非常務實且具防治效能。根據筆者之研究，較具前瞻性、效能之防治竊盜犯罪策略，乃必須強化嚇阻效能並兼採情境犯罪預防措施。分述如下：

(一) 強化嚇阻效能

　　係指強化刑罰之力量，包括貫徹刑罰之迅速性、確定性與嚴厲性，加強對竊盜犯之制裁。其具體措施，如：竊盜慣犯入勞動場所強制工作、加重竊盜慣犯刑度，不輕予假釋等規定均是。

(二) 採行情境犯罪預防策略

　　「情境犯罪預防」，係指對某些獨特之犯罪類型（尤其是竊盜犯罪），以一種較有系統、常設的方法對犯罪環境加以設計、管理，俾以增加犯罪者犯罪之困難與風險、減少酬賞之降低犯罪機會的預防措施。其措施包括：目標物強化、防衛空間設計、社區犯罪預防策略，如：鄰里守望相助、民眾參與巡邏及其他疏導或轉移犯罪人遠離被害人之策略等。目前，隨著學理與實務發展，情境犯罪預防進而拓展成五項原則、二十五項技術，其具體內容包括：

❶ 增加犯罪之阻力
　①目標物強化。
　②通道控制。
　③出入口檢查。
　④轉移潛在犯罪人。
　⑤控制犯罪促進物。

❷ 提升犯罪之風險
　①擴充監控。
　②自然監控。
　③減少匿名性。
　④職員協助監控。
　⑤正式監控。

❸ 降低犯罪之酬賞
　①隱匿目標物。
　②移置目標物。
　③財物之辨識。
　④搗亂市場。
　⑤拒絕利益。

❹ 減少犯罪刺激
　①減低挫折與壓力。
　②避免爭執。
　③減少情緒挑逗。
　④減少同儕壓力。
　⑤避免模仿。

❺ 移除犯罪藉口
　①設立規則。
　②敬告規則。
　③激發良心。
　④協助遵守規則。
　⑤管制藥物與酒精。

　　總之，竊盜犯之防治應從了解犯罪者本身之認知與行動綱領出發，在知己知彼的情況下，始能研擬妥適因應對策。而強化刑事司法嚇阻之效能，並籲請政府與民眾，重視採行情境犯罪預防措施，則為減少竊盜犯罪，降低被害機會之必要做法。

傳統竊盜犯之防治

以犯罪成因為導向	⟷	肅清社會病源策略	→	無法遏止竊盜犯罪持續猖獗惡化之事實
		個別處遇之犯罪防治策略		

較具前瞻性之防治竊盜犯罪策略

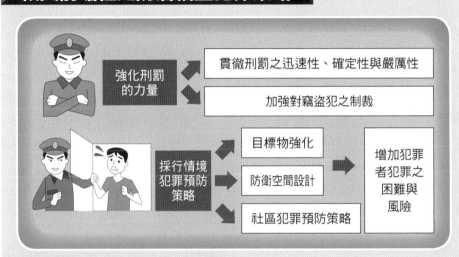

強化刑罰的力量	⟷	貫徹刑罰之迅速性、確定性與嚴厲性
		加強對竊盜犯之制裁

採行情境犯罪預防策略	→	目標物強化	→	增加犯罪者犯罪之困難與風險
	→	防衛空間設計		
	→	社區犯罪預防策略		

情境犯罪預防五原則

增加犯罪之阻力　提升犯罪之風險　降低犯罪之酬賞

減少犯罪刺激　移除犯罪藉口

第13章

詐欺犯罪

UNIT 13-1
詐欺犯罪之意涵與型態

(一) 意涵

臺灣在2003年以後，有組織的跨境詐騙集團逐漸成型，大量蒐購人頭帳戶及電話，結合電子金融服務轉帳之匯款功能，進行詐騙行為，手法並逐步轉型，於近年透過網際網路與電信科技，結合境外，逐行詐騙不法活動，引發亞太各國關注。

刑法第339條規定普通詐欺犯罪係指意圖為自己或第三人不法之所有，以詐術使人將本人或第三人之物交付者，或以前項方法得財產上不法的利益或使第三人得之者。刑法第341條另規定意圖為自己或第三人不法之所有，乘未滿18歲人之知慮淺薄，或乘人精神障礙、心智缺陷而致其辨識能力顯有不足或其他相類之情形，使之將本人或第三人之物交付者，亦屬之。

(二) 型態

❶ 常見詐欺犯罪型態

根據臺灣內政部警政署刑事警察局（2003）編印「預防詐騙宣導手冊」之資料，臺灣地區常見之詐欺犯罪型態摘要如下：

①信用卡詐欺。
②行動電話簡訊詐欺。
③金融卡匯款方式詐欺。
④網路購物詐欺。
⑤網路銀行轉帳詐欺。
⑥金光黨詐欺。
⑦虛設行號詐欺。
⑧保險詐欺。
⑨巫術或宗教詐欺。
⑩假身分詐欺。
⑪打工陷阱詐欺。
⑫謊報傷病救急詐欺。
⑬假募款詐欺。
⑭非法炒匯期貨詐欺。
⑮瘦身美容沙龍詐欺。
⑯網路交友詐欺。
⑰網路虛設行號詐欺。
⑱假護膚真詐財手法。

❷ 常見詐騙手法

近年內政部警政署刑事警察局165反詐騙諮詢專線發布以下常見之詐騙手法：

①假廣告詐欺。
②投資貿易博覽會詐欺。
③假冒律師，利用雲端服務，對外招攬訴訟詐欺案。
④網路假借轉賣票進行詐欺。
⑤網路手遊買虛寶，撿便宜不成遭詐騙。
⑥國際租屋詐欺。

★常見詐欺犯罪之實例

信用卡詐欺

❶歹徒設法先行得知消費者信用卡內碼後，據以偽、變造該信用卡，再勾結商家大肆消費。

❷歹徒以偽造、拾得他人遺失之身分證，向銀行申請信用卡後盜刷。

❸歹徒在原申請人未收到銀行寄出的信用卡前，將其攔截後盜刷。

❹歹徒以空白信用卡，用打凸機、錄碼機、燙印機打上持卡人身分資料、卡號及發卡日期，複製猶如真品的信用卡，再和廠商勾結刷卡，嗣向銀行要求理賠後對分利益。

❺被害人利用信用卡在電腦網路上購物消費，致信用卡卡號遭到網路駭客入侵攔截，繼而被冒用盜刷。

虛設行號詐欺

❶刊登廣告虛設行號，廣招職員，以就業為餌，詐取就業保證金。

❷虛設行號出售統一發票，便利他人逃漏稅之詐欺犯罪。

❸虛設公司行號，以空頭支票對外購貨或舉債，達到詐財目的。

❹假稱經營事業利潤優厚，並以缺乏資金為由，利用人貪圖暴利之心理弱點，引誘入股，四處吸金詐財。

非法炒匯期貨詐欺

　　以投資公司名義，辦理投資講座，吸收追求高薪和喜好投資理財的年輕學子和社會新鮮人投入，以提供「外匯保證金交易」能夠獲取厚利為餌，慫恿不知情的客戶，下海加入外匯、期貨交易買賣，由客戶與該投資公司，進行非法外匯、期貨對賭，利用不實操縱的外匯、期貨行情變動詐騙客戶，讓客戶血本無歸。

瘦身美容中心騙術四部曲

　　誘惑、促銷、推託、恐嚇與假成功案例（自己人客串）。瘦身中心為突破消費者的心防，常以速戰速決方式，讓結伴而去的客人誤以為同伴已簽約，因此也跟著簽約。同時，業者對外宣傳的課程聽來物美價廉，但業者常故意批評顧客身材，迫使顧客花錢購買更多課程。

網路手遊詐騙

　　被害者玩知名手機遊戲時，看到張貼「臺幣 1,000 元可換 80 萬鑽石，用 LINE 聯繫」的訊息，遠低於一般行情，便與對方聯繫，對方表示虛寶張貼在寶物交易平臺，並傳了網址，受害者不疑有他至超商購買新臺幣 1,000 元遊戲點數儲值來支付，沒想到對方說因為平臺規定購買 1,000 元的商品必須先儲值 5,000 元才能出貨，等被害者儲值 5,000 元遊戲點數後，對方又說被害者帳戶被凍結了，必須以 2 萬元的點數儲值後才會解鎖，解鎖後點數會全數退還，被害者依照指示操作，陸續被詐騙。

UNIT 13-2
詐欺犯罪之特徵與犯罪手法及流程

(一) 犯罪之特徵

新興詐欺模式具有以下之共同特徵：

❶ 詐騙規模龐大、組織集團化、分工細密、詐騙時地無設限。

❷ 向遊民或信用破產者收買個人身分證件，並於金融機構開設人頭帳戶。

❸ 透過網路或各項不法管道蒐購民眾之個人資料作為聯絡之用。

❹ 以冒名律師、會計師或知名人士做見證。

❺ 以大眾傳播媒體為媒介工具：搭配簡訊、報紙分類廣告、信函、電話 CALL-IN、CALL-OUT、網路等方式通知民眾。

❻ 以手機、網路、傳單、郵寄或其他大眾傳播媒體為媒介工具。

❼ 以退稅、中獎，獲得其他財物、利益為由，要求被害人透過網路或提款機轉帳匯款。

❽ 被害人未曾與該詐欺集團人員見面。

❾ 被害人匯款後皆未獲得應得的獎金或財物。

❿ 加害人於收到贓款後，大多重複以各種理由或藉口要求被害人再繼續匯款，或失去聯絡，或恐嚇、騷擾被害者。

⓫ 透過各種不法管道進行洗錢。

⓬ 與時事結合，以中獎、獲得利益為由要求民眾轉帳匯款，例如 SARS 盛行，即通知民眾領補償金；繳稅時節就通知民眾退稅，令民眾不疑有他。

(二) 犯罪手法之流程

根據網路蒐錄之資料，詐騙犯罪手法之流程大致如下：

❶ 人頭帳戶

詐欺集團以公司節稅或股票抽籤等為理由，每一帳號為 2,000 至 5,000 元不等之金額向不知情的民眾收購。

❷ 寄發彩券與宣傳海報

以郵寄、投遞信箱、夾報或至大賣場整箱之飲料貨品上夾單，誘騙不知情民眾受騙。

❸ 提供律師、會計師、公司電話號碼供查詢、查證

這類的歹徒犯罪手法，一般流程如下：

①傳送簡訊到被害人手機。

②被害人回電 080 聯絡電話（要求被害人留聯絡電話及姓名）。

③被害人聯絡見證律師。

④會計部門主動聯絡被害人。

⑤提款機操作程序。

⑥先輸入轉帳銀行代號。

⑦輸入轉帳帳號：被害人輸入第一組內碼（即是轉帳金額），被害人輸入第二組內碼（即是轉帳金額），重複謊稱帳戶有問題獎金無法匯入。

（再給被害人另一組帳戶）被害人重新輸入第一組內碼（也是轉帳金額），要求被害人再次輸入第二組內碼（也是轉帳金額）。

常見詐欺犯罪特徵

集團組織化，
分工細密

向遊民收買
證件，開設
人頭帳戶

冒名律師或知
名人士作見證

以大眾傳播媒體
為媒介

要求被害人
轉帳匯款

與時事結合，令
民眾不疑有他

資料來源：http://www.phpb.gov.tw/mk/html/c-c4-c7.htm。

犯罪手法大致流程

❶ 人頭帳戶：詐欺集團以公司節稅或股票抽籤等為理由，每一帳號為
2,000 至 5,000 元不等之金額向不知情的民眾收購。

❷ 寄發彩券與宣傳海報：以郵寄、投遞信箱、夾報或至大賣場整箱之
飲料貨品上夾單，誘騙不知情民眾受騙。

❸ 提供律師、會計師、公司電話號碼供查詢、查證。
①傳送簡訊到被害人手機；②被害人回電 080 聯絡電話（要求被害人
留聯絡電話及姓名）；③被害人聯絡見證律師；④會計部門主動聯絡
被害人；⑤提款機操作程序；⑥先輸入轉帳銀行代號；⑦輸入轉帳帳
號。

資料來源：http://ksbo.kmph.gov.tw/ksbo_page_16.htm。

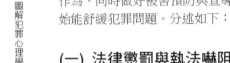

UNIT 13-3
詐欺犯罪之防制

詐欺犯罪涉及加害者之理性抉擇與計畫性犯案，而其發生更與被害者之貪念與疏忽密切相關。因此，防制詐欺犯罪必須加強對詐欺犯罪之法律懲罰與嚇阻作為，同時做好被害預防與宣導措施，始能舒緩犯罪問題。分述如下：

(一) 法律懲罰與執法嚇阻作為

❶ 善用嚇阻理論

目前刑法規定普通詐欺犯罪處五年以下有期徒刑、拘役或科／併科 50 萬元以下罰金，但刑罰仍難與詐欺犯之非法暴利所得相稱，而整體詐欺犯罪之平均刑度並不高，更反映出前項事實。應強化懲罰與嚇阻作為，善用「嚇阻理論」的三項特性，刑罰迅速性、確定性及嚴屬性來對抗跨國境電信詐欺犯罪，避免其再次詐欺。

❷ 打擊協助詐騙之不肖業者

電信詐欺犯罪主要利用資通訊匯流的漏洞，將非法電信機房及基地轉移到各國，利用當地國民為人頭，向當地電信公司申請企業公司用戶，以及縝密組織分工，對兩岸民眾進行各種態樣詐騙。犯嫌能架設機房的技術都數來自第二類電信業者（系統商）透過 Skype 或微信等教導裝設與使用，主要仰賴詐騙產業中的通訊技術專家，以及不肖二類電信業者以合法掩護非法之作為，未來應加強打擊這些協助詐騙的不法二類業者。

(二) 政府與民間強化預防宣導　與監督管理

❶ 強化標的物 —— 增加犯罪阻力

①謹慎提供個人資料予各種場所。

②校園及相關單位加強宣導詐騙案例，可強化潛在被害者之預防。

③教導民眾不幸被詐騙，應冷靜查證，並可撥打 165 反詐騙專線，由專業的警察人員協助辨認是否為詐騙事件。

❷ 增加監控機制 —— 增加犯罪風險

①電信業者從嚴審查申請，對外包電信工程人員從嚴把關，以防不肖業者與詐騙集團勾結，盜轉接民眾電話。由於犯罪者常利用人頭電話（手機）聯繫、行騙，故電信相關單位核發電話時，應加強審核，例如建立徵信機制確實審核申請人姓名、居住地址等資料是否屬實。

②金融機構應從嚴審查申請，並訓練員工使其具備辨識詐騙手段，能及時通知警察人員阻止被害者交付金錢的管道。

③警察機關應利用各項勤務、加強巡守聯繫，並與電信、金融業者取得密切聯繫，聯合防止被害者被詐騙。

綜合言之，詐欺犯多屬理性之罪犯，目前對詐欺犯罪之懲罰似嫌過輕，而民眾在貪婪心之作祟與疏忽無知下，未能做好被害預防措施，以致詐欺犯罪一再發生，造成許多家庭悲劇。因此強化對當前詐欺犯之懲罰與嚇阻作為，同時加強政府與民間犯罪預防宣導措施，始有助於舒緩詐欺犯罪之發生。

以法律嚇阻詐欺行為

嚇阻理論三特性

刑罰迅速性　　刑罰確定性　　刑罰嚴厲性

政府與民間合作

校園宣導　　電信業者從嚴把關

金融機構從嚴審查　　警察機關加強合作

犯罪預防

●●●●●●●●●●●●●●●●●●●●● 章節體系架構 ▼

UNIT **14-1**
犯罪預防之意涵與犯罪之成本

(一) 犯罪預防之意涵

❶ 定義

為「犯罪之預防」下一定義並不容易。雖然，犯罪預防此一名詞曾被運用至任何控制犯罪行為之各項措施。犯罪學學者曾提供以下定義：

①犯罪預防係指那些可預防、控制及減少犯罪之所有活動。這些活動不僅可能著重於個人情況之改善，同時亦涵蓋其社會與物理環境之整頓，並可能在呈現犯罪行為之前或後進行之。

②犯罪預防係指減少實際犯罪概念及／或犯罪恐懼感之任何行動措施。這些措施並不侷限於刑事司法體系之各項控制犯罪努力，並且包括其他政府與民間組織之預防活動。

❷ 需各界共同努力

國內蔡德輝及楊士隆則指出犯罪預防係指預防、控制、排除、減少犯罪行為發生，及降低犯罪恐懼感之較具組織性的措施。其活動範疇涵蓋在犯罪發生前後之個人、家庭、學校、社會、政治、經濟、物理環境、法律等之改善，及刑事司法體系之各項預防及控制犯罪活動，而此有賴政府與民間相關組織、人士努力始能達成目標。

(二) 犯罪之成本

由犯罪發生衍生之各項成本分析，可充分了解犯罪預防工作之重要性。犯罪之成本大致包括：

❶ 犯罪之代價

如面臨監禁之痛苦、事業中斷、家庭破碎分離、名譽受損等。

❷ 被害者之傷害成本

如生理、心理之傷害、財物損失、事業之中斷、反社會心理之形成、對犯罪之高度恐懼感等。

❸ 政府防制犯罪之鉅額花費

防制犯罪之政府相關機關如法院、地檢署、調查局、警察局、矯正部門監獄看守所等，均將編列鉅額經費以達成防制犯罪所需之人員與設備。

❹ 民眾防制犯罪之潛在成本

如被害保險之增加、保全人員之聘雇、家庭住宅安全之強化，如裝設防盜警鈴、進出管制電眼等、自我保護措施之額外花費，如外出攜帶電警棒、瓦斯噴霧器等。另外，因犯罪恐懼感增加，而減少外出之自由喪失等則難以估算。

❺ 經濟、社會發展之危機

以許多開發中國家為例，治安之惡化常造成經濟與社會發展之重大阻礙，而影響國家之生存及對外競爭能力。

由前述之分析獲知，犯罪之成本至為高昂，難以計數，因此犯罪防治對策著重於「預防」層面乃日形重要。

犯罪預防的意涵與概念

著重個人情況之改善	涵蓋社會與物理環境之整頓	減少實際犯罪概念	控制、排除、減少犯罪行為	有賴各界共同努力，方可達成目標

犯罪成本十分高昂

犯罪需付代價

被害者傷害成本

政府、民眾防制需成本花費

造成經濟、社會發展之阻礙

UNIT **14-2**
犯罪預防之模式（一）

(一) 技術導向的犯罪預防模式

美國學者 Peter Lejins 於 1967 年主張犯罪預防可由採取的技術不同，分成懲罰的、矯治改善、機械的犯罪預防模式，相關做法如下：

❶ **懲罰預防模式**：如以死刑、隔離等威嚇懲罰手段達成減少及預防犯罪之目標。

❷ **矯治改善預防模式**：如改善、矯正促使個人從事犯罪行為之不良個人、家庭、學校、社會、經濟情況。

❸ **機械預防模式**：如以各項障礙物之架設或目標物之強化等手段，使犯罪更不易得手均屬之。

(二) 目標導向 —— 公共衛生三級犯罪預防模式

目標為導向之犯罪預防模式係由學者 Brantingham 及 Faust 藉公共衛生疾病預防模式，說明犯罪預防活動之分類所提出。根據公共衛生疾病預防之觀點，在犯罪防治上之應用如下：

❶ **第一層次之犯罪預防**

第一層次之犯罪預防著重於鑑定出提供犯罪機會以及促使犯罪發生之物理與社會環境因素，並予規劃、設計與改善，以減少犯罪之發生。

隸屬於第一層次犯罪預防之活動包括環境設計、鄰里守望相助、一般嚇阻、公共教育、私人警衛等。環境設計包括採行適當之建築設計，以使犯罪更加困難，易於民眾監控，並增加安全感；鄰里守望相助及市（區）民參與巡邏則有助於民眾對鄰里安全之掌握，增加潛在犯罪者之監控。

一般嚇阻則包括警察之巡邏及加重刑罰以使潛在之犯罪者不致犯罪；公共教育則極易影響民眾對犯罪之認知，因此，教育與訓練內涵，有助於預防犯罪。至於私人警察可補充正式司法機構之預防犯罪功能，對維護社會治安具有相當之貢獻，亦屬第一層次之犯罪預防。這些及其他預防措施大致而言，有助於抑制犯罪之發生，降低犯罪率，以及對犯罪之恐懼感。

❷ **第二層次之犯罪預防**

第二層次之犯罪預防活動係指對潛在犯罪人予以早日辨識，並在其從事非法活動前予以干預。

隸屬此一層次之範疇包括個人問題行為之早期識別與預測、高犯罪區域之分析，鎖定並予干預、少年轉向運動之採行，以減少少年進入刑事司法體系、學校之早期發現潛在問題學生，並予輔導等。

❸ **第三層次之犯罪預防**

第三層次之犯罪預防，係指對真正之罪犯予以干預，進行矯治與輔導，以避免其再犯。刑事司法體系之逮捕、起訴、監禁、矯治處遇等皆屬此一層次之範疇。

技術導向之犯罪預防模式

懲罰預防模式	矯治改善預防模式	機械預防模式
嚇阻	改善個人情況	目標物強化
隔離	改善家庭情況	出入口管制
死刑	改善學校情況	
	改善社會情況	
	改善經濟情況	

目標導向 —— 公共衛生三級犯罪預防模式

第一層次犯罪預防
- 環境設計
- 守望相助
- 一般嚇阻
- 公共教育
- 私人警衛

曾有案例，在揚言攻擊學校前，因學校同學即時報告，加上警方積極處置，遏止可能發生的校園槍擊案。

第二層次犯罪預防
- 早期辨識與預測
- 高犯罪區域分析
- 減少少年犯罪
- 輔導問題學生

第二層次之犯罪預防活動係指對潛在犯罪人予以早日辨識，並在其從事非法活動前予以干預。

第三層次犯罪預防
- 對罪犯進行矯治與輔導
- 刑事體系之逮捕、起訴、監禁、矯治處遇

第三層次之犯罪預防，係指對真正之罪犯予以干預，以避免其再犯。

UNIT *14-3*
犯罪預防之模式（二）

(三) 過程取向的犯罪預防模式

基於理性選擇理論，犯罪人的犯罪過程大致會經歷犯罪決意、犯罪情境搜索、實際著手犯罪三個階段，因此 Brantingham 提出以犯罪過程的預防措施，分述如下：

❶ **犯罪決意階段之預防**
　①法律之制定。
　②社會預防活動。
　③教育。

❷ **犯罪搜尋階段之預防**
　①鄰里守望相助。
　②財產註記。
　③市民參與巡邏。
　④環境規劃與建議。

❸ **實際犯罪行為階段之預防**
　①目標物強化。
　②裝設電子監控警報裝置。

(四) 依犯罪者成因分類的犯罪預防模式

根據學者 Naud'e 之見解，犯罪預防模式依犯罪研究策略之不同，可區分成以下四大類，分述如下：

❶ **生物心理模式**
生物心理預防模式之論點著重於促成個體犯罪之內在病態因素，例如：生理缺陷、性染色體異常、荷爾蒙分泌異常、心智缺陷、人格異常、精神分裂等之防治。

其犯罪預防措施大多在行為發生後，處遇措施可以是個人或團體導向的諮商輔導，並且可在機構內或機構外進行。惟此一犯罪預防模式因對象僅侷限於個人，未及於犯罪發生之大型環境，故所能發揮之功能有限，並且成本甚高且費時，故遭受許多學者抨擊。

❷ **社會學模式**
社會學預防模式較注重改善影響潛在犯罪者從事犯罪行為之社會環境，包括貧窮、失業、家庭解組、學校教育體系失當、種族衝突、社會體系欠缺公平等。

這些社會環境負因會導致人格發展不良，社會化欠當，價值、規範觀念無法內化，文化之衝突，進而促使犯罪之發生。

❸ **機械物理環境模式**
機械物理環境模式認為犯罪之發生端賴犯罪之機會而定，且強調大部分的犯罪集中於少數的特定地點範圍以及可以預測的時間內。

因此，對高犯罪地域可以透過適當的都市環境設計、建築規劃加以預防，重要之措施包括物理環境及安全改善（含軟、硬體），以減少歹徒之侵害等。

❹ **法律制裁懲處模式**
法律制裁懲處模式係以 18 世紀犯罪古典學派之論點為其基礎，其認為犯罪人之所以決定犯罪係經過犯罪危險性之衡量，透過經濟效益評估，理性選擇所採取之行為。

因此，其主張藉著刑罰之確定性與嚴屬性之懲罰措施來嚇阻潛在犯罪者，達成預防犯罪之目標。

過程取向的犯罪預防模式

```
過程取向的犯罪預防模式 ──┬── 犯罪決意階段 ──┬── 法律之制定
                          │                  ├── 社會預防活動
                          │                  ├── 教育
                          ├── 犯罪搜尋階段 ──┼── 鄰里守望相助
                          │                  ├── 財產註記
                          │                  ├── 市民參與巡邏
                          │                  ├── 環境規劃與建議
                          └── 實際犯罪行為階段 ─┬── 目標物強化
                                               └── 電子監控警報裝置
```

依犯罪者成因分類的犯罪預防模式

生物心理模式	<ul><li>促成個體犯罪之內在病態因素之防治。</li><li>對象侷限個人。</li><li>在行為發生後進行輔導或諮商。</li></ul>
社會學模式	<ul><li>環境負因會導致人格發展不良,進而促使犯罪。</li><li>著重改善影響潛在犯罪者從事犯罪行為的社會環境。</li></ul>
機械物理環境模式	<ul><li>透過適當環境設計、建築規劃加以預防。</li><li>物理環境及安全改善。</li></ul> 
法律制裁懲處模式	<ul><li>藉由刑罰嚇阻潛在犯罪者。</li></ul> 

UNIT 14-4
犯罪預防之模式（三）

(五) 克拉克的犯罪預防模式

美國羅格斯大學刑事司法研究所所長克拉克（Clarke）指出，在過去一百年當中，包括肅清社會病源策略、嚇阻及矯治處遇等策略，曾被應用犯罪預防實務中，其指出這些策略經實務之長期考驗，並未具有令人滿意之效能。因此另提出犯罪預防之另一可行方向 —— 情境犯罪預防策略，以彌補前述傳統犯罪預防策略之窘態與缺陷。依克拉克教授之見解，犯罪預防模式應包括下列四類：

❶「肅清社會病源」犯罪預防模式

係指犯罪之產生受到許多不良社會因素，如：人際之疏離、貧富差距過大、犯罪次文化之影響、不良之媒體及社會風氣等之影響，因此本模式強調應對這些社會病態加以糾正、改善，減少犯罪之發生。

具體之做法包括家庭功能之提升、學校教育之落實，呼籲道德重振、改善社會風氣及大眾傳播媒體之病態現象、提供就業機會與輔導等均屬之。一般而言，肅清社會病源犯罪預防模式倡議者之理想甚高，亦具學理支持，同時大致為政策執行者及民意代表所青睞，然而卻因實務之許多難處及其他外在因素，而使得其成效大打折扣。儘管如此，此項預防策略在每次治安危機出現時，經常扮演督促之重要角色。

❷「嚇阻」犯罪預防模式

係指採行各類威嚇手段，以預防犯罪之發生。一般而言，嚇阻模式可區分為一般嚇阻及特別嚇阻二項。一般嚇阻係指藉著懲罰威嚇效果，欲使民眾了解犯罪將被懲罰，以使社會一般人知畏懼，避免犯罪。

特別嚇阻乃指藉著對犯罪人之懲罰，使其懼怕進而影響其未來可能衍生之犯罪行為。雖然嚇阻策略之效果迄今仍備受爭議，惟倡議者指出倘能在下列三項要件之配合下，嚇阻仍將產生一定之預防效果，即：①刑罰之迅速性（指犯罪與刑罰回應時間應縮短）；②刑罰之確定性（指觸法者將受到應有之懲罰）；③刑罰之嚴厲性（指科刑嚴厲）。

❸「矯治」犯罪預防模式

係指藉著對判決確定有罪各類收容人之矯治以達成預防犯罪之效果。基本上，屬於此項矯治模式之預防包括「機構性」矯治處遇及「社區性」矯治處遇二大類。前者係在具封閉性與強制結構本質之犯罪矯治機構中，對各類收容人透過教育、職業訓練、生活指導、宗教教誨及其他心理輔導、精神疾病之矯治，以改變其偏差與犯罪行為，進而順利復歸社會，避免再犯；後者基本上係指將犯罪人置於社區、家庭或機構中，運用社區資源及各類輔導處遇技術並促使犯罪人參加各項方案，增強社會適應能力，達成犯罪矯治之目標，具體範疇包括社區服務、中途之家、觀護工作、監外就業等。

克拉克教授之犯罪預防模式分類

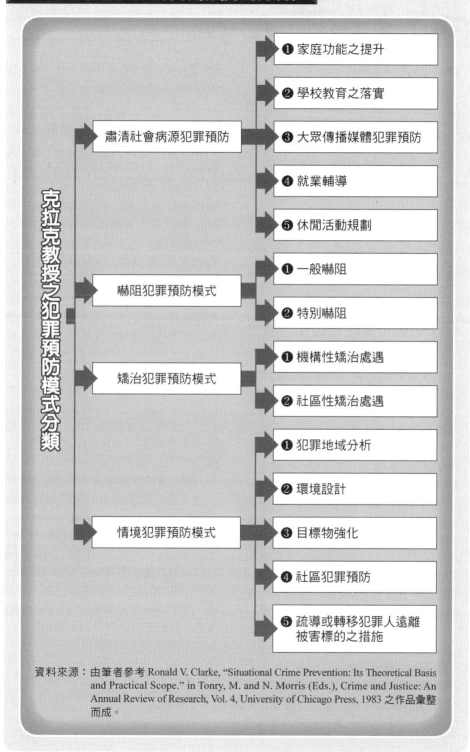

克拉克教授之犯罪預防模式分類

肅清社會病源犯罪預防
- ❶ 家庭功能之提升
- ❷ 學校教育之落實
- ❸ 大眾傳播媒體犯罪預防
- ❹ 就業輔導
- ❺ 休閒活動規劃

嚇阻犯罪預防模式
- ❶ 一般嚇阻
- ❷ 特別嚇阻

矯治犯罪預防模式
- ❶ 機構性矯治處遇
- ❷ 社區性矯治處遇

情境犯罪預防模式
- ❶ 犯罪地域分析
- ❷ 環境設計
- ❸ 目標物強化
- ❹ 社區犯罪預防
- ❺ 疏導或轉移犯罪人遠離被害標的之措施

資料來源：由筆者參考 Ronald V. Clarke, "Situational Crime Prevention: Its Theoretical Basis and Practical Scope." in Tonry, M. and N. Morris (Eds.), Crime and Justice: An Annual Review of Research, Vol. 4, University of Chicago Press, 1983 之作品彙整而成。

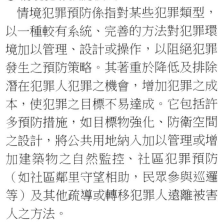

❹ 情境犯罪預防模式

情境犯罪預防係指對某些犯罪類型，以一種較有系統、完善的方法對犯罪環境加以管理、設計或操作，以阻絕犯罪發生之預防策略。其著重於降低及排除潛在犯罪人犯罪之機會，增加犯罪之成本，使犯罪之目標不易達成。它包括許多預防措施，如目標物強化、防衛空間之設計，將公共用地納入加以管理或增加建築物之自然監控、社區犯罪預防（如社區鄰里守望相助，民眾參與巡邏等）及其他疏導或轉移犯罪人遠離被害人之方法。

(六) 古典與實證犯罪預防整合模式

古典犯罪學派者（始於 18 世紀末）相信人有自由意志且為趨樂避苦動物，因此以嚴刑峻罰可嚇阻犯罪人不犯罪；惟隨著實證犯罪學派（始於 19 世紀末）經科學研究發現人會受生物、心理、社會環境因素影響而犯罪，進而主張應排除或改善上開可能影響人犯罪的因素，爰提出各種對策與計畫以改善人的犯罪性（或稱犯罪傾向）；但犯罪仍無法受到有效的控制，在 1970 與 1980 年代，隨著被害調查的發展與相關研究與理論的提出，犯罪防控者思索古典犯罪學派，開始務實地透過控制犯罪機會以達犯罪預防的方式已陸續獲得顯著成果。

因此，筆者主張在應用上順序應為首先改善影響犯罪的相關因素，讓犯罪人不想犯罪；倘無法完全改善犯罪因素則可透過威嚇理論的刑罰立法嚴屬性、執法的迅速與確定性讓犯罪人不敢犯罪；惟當前兩者失效時，潛在被害者可透過環境設計等情境犯罪預防手段，讓犯罪人不能／不易著手犯罪。

(七) 情境犯罪預防之發展

情境犯罪預防可追溯至 1967 年由美國 Peter Lejins 提出的犯罪預防技術之一，透過以各項障礙物來強化潛在目標物被破壞風險之機械預防模式，接著在 1972 年由美國建築師紐曼發表的「防衛空間」認為可以藉由特殊的建築設計降低犯罪機會，而達到犯罪預防的效果。其後傑佛瑞在 1977 年出版《透過環境設計以預防犯罪》一書，擴充並應用紐曼的防衛空間概念，獲得相當成效，以下將簡介情境犯罪預防的發展與內容：

❶ 源起

根據柯恩與費爾森於 1979 年提出的日常活動理論，主張犯罪是由有動機的犯罪者、適合的標的物與監控者不在場的聚合而發生。克拉克參考犯罪聚合因素於 1983 年提出情境犯罪預防的概念，惟尚未經實證檢驗，遂著重在研究犯罪者如何著手犯罪，直至 1985 年由克拉克與康尼斯發展出理性選擇理論，強調描繪犯罪者如何搜索犯罪標的物與著手兩個階段的理論，克拉克以理性選擇理論為繼續驗證情境犯罪預防理論，並於 1992 年出版《情境犯罪預防》一書，主張透過增加犯罪困難、提升犯罪風險、降低犯罪酬賞三項原則與其十二種技術可有效達到犯罪預防。

古典與實證犯罪預防整合模式比較

不敢犯罪	學派	古典犯罪學派
	模式	懲罰與威嚇模式
	做法	懲罰、隔離、死刑等提高刑罰的嚴厲性、迅速性與確定性
不想犯罪	學派	實證犯罪學派
	模式	改善與矯治模式
	做法	肅清社會病源，改善影響犯罪因素，矯治犯罪者，降低其犯罪性
不能／不易犯罪	學派	當代新古典犯罪學派
	模式	機械式情境預防
	做法	以提高犯罪阻力、提升犯罪風險並降低犯罪酬賞之目標，透過環境設計來降低被害風險

情境犯罪預防的發展

1967 年

● 由美國 Peter Lejins 提出的犯罪預防技術之一，透過以各項障礙物來強化潛在目標物被破壞風險之機械預防模式。

1972 年

● 美國建築師紐曼發表的「防衛空間」認為可以藉由特殊的建築設計降低犯罪機會，而達到犯罪預防的效果。

1977 年

● 傑佛瑞出版《透過環境設計以預防犯罪》一書，擴充並應用紐曼的防衛空間概念，獲得相當成效。

1979 年

● 柯恩與費爾森提出日常活動理論，主張犯罪是由有動機的犯罪者、適合的標的物與監控者不在場的聚合而發生。

1983～1985 年

● 克拉克參考犯罪聚合因素於 1983 年提出情境犯罪預防的概念。1985 年由克拉克與康尼斯發展出理性選擇理論，強調描繪犯罪者如何搜索犯罪標的物與著手兩個階段的理論。

1992 年

● 克拉克以理性選擇理論為繼續驗證情境犯罪預防理論，並於 1992 年出版《情境犯罪預防》一書。

UNIT **14-6**
犯罪預防之模式（五）

❷ 發展

　　克拉克的情境犯罪預防在 1992 年透過實證研究支持後，持續蒐集實證資料驗證其理論，並於 1997 年加入促使產生罪惡感或羞恥感原則，將該理論發展為四項原則與十六項技術。

　　克拉克與艾克經過蒐集實證資料驗證後，於 2003 年將 1997 年的情境犯罪預防第 4 項原則分成「減少犯罪刺激」與「移除犯罪藉口」，並提出情境犯罪預防五項原則與二十五項技術，其預防策略如下：

①提升犯罪阻力

　　「提升犯罪阻力」的設計為情境犯罪預防最為基本之策略，其主要目的在於增加犯罪人在犯罪時所需投入之努力及阻礙。

②增加犯罪風險

　　根據對犯罪人之訪談結果，Clarke 及 Eck 發現相較於犯罪被逮捕之後果，犯罪人較為擔心被逮捕之風險。從犯罪人觀點來解釋，這是可以理解的，因為被逮捕後，他們難以避免後續的處罰，但是在被逮捕前，他們可以藉由小心謹慎的作為以降低被逮捕之風險。

③降低犯罪酬賞

　　根據理性選擇理論的主張，犯罪人在犯罪之前會進行成本效益分析，總是希望在犯罪中獲得利益。利益可以是有形的、物質的利益，如金錢、值錢的物品等；利益也可以是無形的酬賞，包括性慾的抒解、陶醉、興奮、復仇、同儕的尊重等。

④減少犯罪刺激

　　學者針對監獄及酒吧進行研究，發現擁擠、不舒服及粗魯的對待會激化暴力事件的發生。因此，情境犯罪預防不僅應該針對犯罪發生的機會，也應針對犯罪發生之情境發展策略，予以設計、操弄與管理，以減少犯罪之刺激。

⑤移除犯罪藉口

　　犯罪人常會對其行為作道德判斷，並會找藉口合理化及中立化其行為，以減輕其內心之罪疚感或羞恥感。有鑑於此，情境犯罪預防的第 5 個原則即是透過一些策略及設計之採用，將規範清楚地界定與呈現、協助人們遵守規範、激發人們的良心，以藉此移除偏差或犯罪行為之可能藉口，嚇阻偏差或犯罪行為之發生。

情境犯罪預防之二十五項技術

提升犯罪阻力	增加犯罪風險	降低犯罪酬賞	減少犯罪刺激	移除犯罪藉口
❶ 標的物的強化 ① 汽車防盜鎖 ② 加強門鎖	❻ 擴充監控 ① 結伴而行 ② 守望相助	⓫ 目標物隱匿 ① 車上勿放置貴重物品 ② 使用無標的的運鈔車	⓰ 減低挫折與壓力 ① 改善服務，避免衝突 ② 增加座位	㉑ 設立規則 ① 飯店住宿規則 ② 國家公園及山地管制採入山登記制度
❷ 管制通道 ① 停車場之管制 ② 團體 ③ 進門時有聲響	❼ 增加自然監控 ① 防衛空間 ② 街燈 ③ 超商設立透明落地窗	⓬ 目標物之移置 ① 商店櫃檯減少存放現金 ② 避免攜帶大量現金	⓱ 避免爭執 ① 將敵對球迷分隔開來 ② 計程車採跳表制	㉒ 敬告規則 ① 殘障專用停車位 ② 張貼敬告標示
❸ 出入口檢查 ① 下車繳回票根 ② 商店物品的磁條措施	❽ 減少匿名性 ① 學生穿制服上下學 ② 計程車司機辨別證	⓭ 財物之辨識 ① 車輛識別號碼 ② 個人識別號碼	⓲ 減少情緒挑逗 ① 在公眾場合注意錢財 ② 夜歸婦女注意安全	㉓ 激發良心 ① 張貼警告標語 ② 設置速限提醒板
❹ 轉移潛在犯罪人 ① 提供公用廁所 ② 公共垃圾桶	❾ 職員協助監控 ① 保全人員 ② 管理人員	⓮ 搗亂市場 ① 取締非法流動攤販 ② 檢視報紙小廣告	⓳ 減少同儕壓力 ① 指定駕駛 ② 阻擋孩子與有負面影響的朋友交往	㉔ 協助遵守規則 ① 公廁管理 ② 改善圖書館之借書管理
❺ 控制犯罪促進物 ① 嚴格控制青少年購買噴漆 ② 強化玻璃杯	❿ 強化正式監控 ① 防盜警鈴 ② 閉路電視（cctv） ③ 測速照相	⓯ 拒絕利益 ① 假人警察 ② 塗鴉立即清除 ③ 墨水標籤	⓴ 避免模仿 ① V 晶片 ② 立即修復遭破壞之物品或塗鴉	㉕ 管制藥物與酒精 酒駕肇事，可能有罰鍰、扣車、吊扣、吊銷駕駛執照等處罰

資料來源：Ronald Clarke and Ross Homel, "A Revised Classification of Situation Crime Prevention Techniques," in Crime Prevention and Crossroads (Ed.), Steven Lab (Cincinnati: Ander- son, 1997), p. 4.

一、中文部分

小午（1993）。煙毒族群的術語。關愛月刊，第 16 期。

王鐘鋒。新興合成大麻流行趨勢及檢驗技術發展現況，載《2015 年毒品犯罪防制工作年報》，第 94 頁。

方文芳、李欣岱、蘇千田、李芸霏與鐘國軒（2010）。酒癮及酒精戒斷症候群，家庭醫學與基層醫療，25（7），260-267。

台灣精神醫學會譯（2014）。DSM-5 精神疾病診斷準則手冊。合記圖書出版社。

江淑如（1992）。談校園恐嚇被害之防範，諮商與輔導，77，42-43。

江漢光（1997）。犯罪與暴力的精神醫學觀，犯罪問題的因應：社會與科技層面之探討研討會。行政院國家科學研究委員會。

沈子勝（1996）。公共場所火災避難現況調查分析之研究，警政學報，第 28 期。中央警察大學警政研究所印行。

沈政主編（1992）。法律心理學。五南圖書。

吳清山、林天佑（2005）。校園霸凌，教育研究月刊，130，143。

吳建昌（2000）。青少年暴力犯罪之成因：生物與精神因素，文載於蔡德輝、楊士隆主編，青少年暴力行為：原因、類型與對策。中華民國犯罪協會印行。

李璞良（1996）。異常快樂殺人。Ressler 等原著。台灣先智出版社。

呂榮泰譯（1985）。犯罪與精神醫學。中田修原著。開朗出版社。

法務部犯罪研究中心（2012）。犯罪狀況及其分析。法務部印行。

林山田（1988）。刑法特論。三民書局。

林山田、林東茂（1990）。犯罪學之發展史，文載於犯罪學。三民書局。

林文隆（1993）。思覺失調症，文載於沈楚文等著，新編精神醫學。永大書局出版。

林天德（1993）。變態心理學。心理出版社有限公司。

林玉財（1993）。智能不足，文載於沈楚文等著，新編精神醫學。永大書局出版。

林忠穎、陳光宏、張新儀、曾芳儀、陳娟瑜（2014）。台灣地區酒精使用型態與醫療使用行為之關係探討，台灣衛誌，Vol. 33, No. 2。

林宗義（1990）。精神醫學之路。稻鄉出版社。

林茂榮、楊士隆（1995）。少年犯罪矯治之挑戰與未來發展趨勢，法學叢刊。法學叢刊雜誌社印行。

林茂榮、楊士隆（2021）。監獄學：犯罪矯正原理與實務（修訂新版）。五南圖書。

林憲（1983）。臨床精神醫學。茂昌圖書有限公司。

林憲、林信男（1987）。精神鑑定。橘井出版社。

林家興（1991）。藥物濫用與心理輔導，諮商與輔導，第 62 期。

林漢堂（1992）。濫用藥物問題之探討，警學叢刊，第 23 卷第 2 期。中央警官學校印行。

邱靖惠、蕭慧琳（2009）。台灣校園霸凌現象與危機因素之解析，兒童及少年福利期刊，15，147-170。

兒童福利聯盟（2006）。兒童校園「性霸凌」現況調查報告。

兒童福利聯盟（2007）。兒童校園「霸凌者」現況調查報告。

兒童福利聯盟文教基金會（2004）。國小兒童校園霸凌（bully）現象調查報告。

圖解犯罪心理學

周秀玲（2008）。高中職受凌因素之研究 —— 以嘉義市為例。未出版碩士論文，國立中正大學犯罪防治研究所。

周愫嫻（1997）。犯罪現況與社會經濟發展分析，犯罪問題的因應：社會與科技層面之探討研討會。行政院國家科學研究委員會。

周震歐（1973）。犯罪心理學。自印。

邵慧綺（2005）。淺談智障者常接觸之法律課題，特殊教育季刊，97，32-39。

邵慧綺（2009）。淺談智能障礙學生的法治教育，屏師特殊教育，17，34-39。

洪福源（2001）。國中校園欺凌行為與學校氣氛及相關因素之研究。未出版碩士論文，國立彰化師範大學教育研究所。

范世華（1993）。情感性精神疾病，文載於沈楚文等著，新編精神醫學。永大書局印行。

侯友宜（2003）。性謀殺犯罪剖繪研究，犯罪學期刊，6（1），129-148。

高金桂（1984）。青少年濫用藥物與犯罪之研究。文景出版社。

高金桂（1993）。校園暴力之現況與型態。校園暴力研討會，國立台灣師範大學成人教育中心主辦。

校園霸凌防制準則（2020）。

高漢聲主編（1993）。犯罪心理學。南京大學出版社。

馬英九等（1995）。法務部新加坡考察報告。法務部印行。

馬傳鎮（1983）。犯罪心理學。台灣警察專科學校印行。

馬傳鎮（1992）。犯罪心理學之定義，文載於監獄學辭典。法務部編印。

陳勝英（1996）。生命不死。張老師文化事業股份有限公司。

陳賢財（1992）。煙毒犯慣用暗語之探討，法務通訊 —— 獄政管理專刊，第 66 期。

陳火炎（1989）。台灣地區縱火調查之研究。中央警官學校消防學系。

陳巧雲、洪蘭（2005）。以檢視腦波型態探討衝動性暴力行為與大腦抑制機制，刑事法雜誌，49，1-31。

陳金蓮（1993）。縱火調查技術之研究。文笙書局。

陳金蓮（1994）。縱火問題之研究，警政學報，第 25 期。中央警官學校警政研究所出版。

陳皎眉（1998）。校園的衝突與暴力，學生輔導，57，20-31。

陳景虹（1997）。缺乏 MAO 易有暴力傾向。中國時報，4 月 20 日。

陳景虹（1998）。缺乏 MAO-A 酶的小鼠不打架了。自由時報，4 月 16 日。

許春金、馬傳鎮（1994）。少年食用早餐習慣與偏差行為及價值觀關係之調查研究。台灣省政府糧食局委託。

許春金（2010）。犯罪學。三民書局。

許龍君（1998）。校園安全與危機處理。五南圖書。

教育部（2008）。教育部國中小校園安全管理手冊。

教育部（2015）。103 年校園事件統計分析報告。2016 年 7 月 21 日，取自：https://csrc.edu.tw/Content/FileManageFiles/20151231084938-103%E5%B9%B4%E6%A0%A1%E5%9C%92%E4%BA%8B%E4%BB%B6%E7%B5%B1%E8%A8%88%E5%88%86%E6%9E%90%E5%A0%B1%E5%91%8A.pdf。

黃妙紋（2007）。父母管教方式、收看暴力電視節目與校園霸凌之相關研究 —— 以台北縣國小高年級學童為例。未出版碩士論文，銘傳大學教育研究所。

參考文獻

黃軍義（1995）。強姦犯罪之訪談研究。法務部印行。

黃軍義（1997）。強姦犯罪成因及相關問題之研究。法務部印行。

黃軍義、葉光輝（1998）。縱火犯罪行為之研究。法務部印行。

黃軍義（2002）。縱火犯罪行為成因及防制對策之研究。法務部印行。

黃軍義、葉光輝（2001）。報復洩恨型縱火行為的動機與形成歷程，犯罪學期刊，第 8 期。

黃富源（1988）。校園暴行之研究與抗制，現代教育，12，24-41。

黃富源、黃徵男（1999）。性侵害加害人之特質與犯罪手法之研究。內政部性侵害防治委員會專題研究計畫。

黃徵男（1990）。煙毒犯之矯正。獄政管理專刊論文集（二）。法務部印行。

黃徵男（2002）。新興毒品與青少年藥物濫用。新興犯罪問題與對策研討會論文集。

黃承章（2009）。憂鬱症受刑人在監處遇與適應情形之分析。國立台北大學犯罪學研究所碩士論文。

張大華譯（1986）。犯罪之透視。國際文化事業有限公司出版。

張甘妹（1995）。犯罪學。自印。

張伯宏（2001）。煙毒犯之相關問題與對策，文載於楊士隆、林健陽主編，犯罪矯治問題與對策（修訂版）。五南圖書。

張清芳、游再順（1998）。汽車大盜瘋情話。台北日臻出版社有限公司。

張信務（2007）。營造友善校園 ── 「從去霸凌開始」。北縣教育，61，31-35。

張淑慧、曾平毅、廖有祿、陳金蓮（1998）。台灣地區縱火受刑人基本特性及類型分析，中央警察大學學報，第 33 期。中央警察大學行政警察研究所印行。

張麗卿（1994）。刑事法學與精神醫學之整合。五南圖書。

曾文星、徐靜（1995）。最新精神醫學。水牛出版社。

楊士隆（1990）。心理學研究對犯罪學的貢獻，警學叢刊，第 20 卷第 3 期。中央警官學校印行。

楊士隆（1990）。情境犯預防之應用性與遠景，警政學報，第 17 期。中央警官學校警政研究所出版。

楊士隆（1993）。避免收容人設陷與操縱 ── 瞭解監所次級文化為有效收容人管理之關鍵，矯正月刊，第 17 期。

楊士隆（1994）。社區與少年犯罪防治，學生輔導，第 32 期。教育部訓委會印行。

楊士隆（1994）。情境犯罪預防之技術與範例，警學叢刊，第 25 卷第 1 期。中央警官學校印行。

楊士隆（1995）。監獄受刑人擁擠問題之實證研究。行政院國家科學委員會出版。

楊士隆（1995）。女性少年犯罪行為之探討，社區發展，第 27 期。

楊士隆（1995）。運用環境設計預防犯罪之探討，警學叢刊，第 25 卷第 4 期。中央警官學校印行。

楊士隆（1997）。受刑人生活適應問題之研究，文載於楊士隆、林健陽主編，犯罪矯治問題與對策（修訂版）。五南圖書。

楊士隆（1997）。竊盜犯罪：竊盜犯與犯罪預防之研究。五南圖書。

楊士隆（1997）。認知行為療法在強姦犯矯治上之應用。犯罪矯正期刊，創刊號。中華民國犯罪矯正協會出版。

圖解犯罪心理學

楊士隆（1997）。認知處遇在暴力犯罪者矯治上之應用，法學叢刊，第 166 期。

楊士隆（1998）。台灣地區少年殺人犯、暴力犯及非暴力犯犯罪危險因子之比較研究。國立中正大學學術研究計畫。

楊士隆（1998）。台灣地區殺人犯罪之研究。行政院國科會專題研究計畫。

楊士隆（2001）。受刑人生活適應問題之研究，文載於楊士隆、林健陽主編，犯罪矯治問題與對策（修訂版）。五南圖書。

楊士隆、曾淑萍（2006）。暴力犯罪型態與防治對策。治安良策民眾安居研討會，財團法人向陽文教基金會與東吳大學法學院主辦。

楊士隆主編（2012）。校園犯罪與安全維護。五南圖書。

楊士隆、曾淑萍（2012）。校園犯罪之預防，文載於校園犯罪與安全維護，楊士隆主編。五南圖書。

楊士隆主編（2020）。暴力犯罪：原因、類型與對策。五南圖書。

楊士隆、王俸鋼（2020），獨狼式恐怖份子之特性、犯罪模式與防制對策，文載於楊士隆主編（2020），暴力犯罪：原因、類型與對策。五南圖書。

楊士隆、李思賢、朱日僑、李宗憲（2020）。藥物濫用、毒品與防治。五南圖書。

楊士隆、何明洲（2015）。竊盜犯罪防治：理論與實務。五南圖書。

楊士隆、吳芝儀等（2010）。認知行為處遇法在犯罪矯正上之應用。法務部矯正人員訓練所印行。

楊士隆、許福生、顧以謙、鄭凱寶、蘇婷亭（2016）。性侵害犯罪主要型態之犯罪模式 —— 以地方法院判決書分析為例，警學叢刊，第 46 卷第 4 期。中央警察大學印行。

楊士隆、鄭瑞隆（1999）。台灣地區強姦犯罪之成因與處遇對策之研究。行政院國家科學委員會專題研究計畫。

楊士隆、鄭瑞隆、張究安、林俊仁、許明慧、陳姿君（2009）。女性智障性侵被害情境與防治之研究，犯罪學期刊，12（2），117-155。

楊士隆、鄭凱寶（2012）。大專院校校園詐欺犯罪問題與防制，海峽兩岸高校安全管理論壇。中國香港。

楊士隆、鄭凱寶（2017）。情境犯罪預防之應用：臺灣之經驗與案例。中國犯罪學學會年會研討會。

楊士隆（2020）。犯罪心理學（修訂新版）。五南圖書。

鄔佩麗、洪儷瑜（1996）。校園暴行之預防及處理策略模式研究，在「校園暴力行為之預防、診斷及處理策略模式研究」（頁 1-159）。行政院教育改革審議委員會。

雷新俊（2009）。校園霸凌事件的防制與輔導，學生事務，48（1），19-26。

鄧煌發、李修安（2012），犯罪預防。一品文化出版社印行。

廖榮利（1993）。精神病理與社會工作。五南圖書。

廖訓誠（1994）。縱火犯罪之研究。中央警官學校警政研究所碩士論文。

趙居蓮譯（1995）。變態心理學。桂冠圖書公司。

蔡邦居（1998）。犯罪少年犯罪思考型態與偏差行為之研究。國立中正大學犯罪防治研究所碩士論文。

蔡俊章（2007）。擄人勒贖犯罪及其偵查預治策略之研究，犯罪學期刊，10（2），145-194。

蔡維禎（1997）。濫用藥物，律師雜誌，第 208 期 1 月號。

蔡德輝（1992）。青少年犯罪防治之有效途徑，文載於莊懷義等編著，青少年問題與輔導。空中大學出版。

蔡德輝（1993）。少年犯罪原因與輔導策略，訓育研究，32（3）。中國訓育學會訓育研究季刊雜誌社出版。

蔡德輝、楊士隆（1995）。飆車少年暴力行為之研究，犯罪學期刊，創刊號。

蔡德輝、楊士隆（2002）。幫派入侵校園問題與防治，載於蔡德輝、楊士隆（主編），青少年暴力犯罪：原因、類型與對策。五南圖書。

蔡德輝、楊士隆（2010）。約會強暴與熟識者強暴之研究。內政部性侵害防治委員會專題研究計畫。

蔡德輝、楊士隆（2019）。犯罪學（修訂新版）。五南圖書。

蔡德輝、楊士隆主編（2002）。青少年暴力行為：原因、類型與對策。五南圖書。

蔡德輝、楊士隆（2021）。少年犯罪：理論與實務（修訂新版）。五南圖書。

樂羽嘉（2016）。普通人是如何變成恐怖分子。2018 年 12 月，取自：https://www.cw.com.tw/article/article.action?id=5076892。

衛生福利部食品藥物管理署（2017）。民國 97-106 年新興影響精神活性物質（NPS）在我國有檢出紀錄之品項。2018 年 4 月 12 日，取自：https://www.fda.gov.tw/upload/133/2018021314593237075.pdf。

蕭開平（2017），新興濫用物質致死案例（2001～2015），「新興影響精神物質因應策略研討會」，衛生福利部食品藥物管理署主辦，台大社科院 —— 梁國樹國際會議廳。

魏麗敏、黃德祥（2003）。高中職校園欺凌行為相關因素之研究（Ⅰ）（計畫編號：NSC 91-2413-H-142-010）。行政院國家科學委員會。

二、外文部分

Abrahamson, D. (1944). *Crisis and the Human Mind*. New York: Columbia Univ. Press.

Aichhorn, A. (1955). *Wayward Youth* (trans.). New York: Meridian Books (original works published in 1925).

Aind, R. W. and T. Yamamoto (1966). Behavior Disorders of Childhood, *Electroencephalography and Clinical Neurophysiology*, 21: 148-56.

Aiello Emilia, Lídia Puigvert and Tinka Schubert (2018). Preventing violent radicalization of youth through dialogic evidence-based policies. *International Sociology*, 33: 14.

Akers, Ronald L. (1973). *Deviant Behavior: A Social Learning Approach*. 1st (ed.). Belmont. Cal: Wadsworth.

Akers, Ronald L. (1977). *Deviant Behavior: A Social Learning Approach*. 2nd (ed.) Belmont. Cal.: Wadsworth.

Akers, Ronald L. (1994). *Criminological Theories: Introduction and Evaluation*. Rxbury Publishing Company.

Alexander, J. F. and H. Staub (1931). *The Criminal, the Judge and the public*. New York: Macmillan.

圖解犯罪心理學

Allison, J. A. & L. S. Wrightsman (1993). *Rape: The Misunderstood Crime*. Newbury Park. CA: Sage.

American Association on Mental Deficiency (AAMD) (1973). *Manual on terminology and classification in mental retardation* (Rev. ed.). H. J. Grossman (ed.). Special Publication Series No. 2, 11+. Washington, D.C.

American Psychiatry Association (1994). *Diagnostic and statistical manual of mental disor- ders*. Fourth Edition (DSM-IV). Washington, D.C.: APA.

Andrews, D. A. and James Bonta (1994). *The Psychology of Criminal Conduct*. Cincinnati, OH: Anderson Publishing Co.

Athens, Lonnie (1997). *Violent Criminal Acts and Actors Reviseited*. University of IIlinois Press.

Bakker, Edwin and Beatrice de Graaf. (2011). *Preventing Lone Wolf Terrorism: some CT Approaches Addressed*, in: Perspectives on Terrorism, Vol. 5, Issue 5-6, 43.

Bancroft, J. (1983). *Human Sexuality and its Problems*. Edinburgh: Churchill-Livingstone. Bandura, A. (1969). *Principles of behavior modification*. New York: Holt, Rinehar and Win-ston.

Bandura, A. (1973). *Aggression: A Social Learning Analysis*. Englewood Cliffs. NJ: Prentice Hall.

Bandura, A. (1977). *Social Learning Theory*. Englewood Cliffs. NJ: Prentice Hall.

Banks, Ron. (1997). Bullying in Schools. ERIC digest (Urbana, Ill.). EDO-PS-97-17.

Baron, L. M. Sraus, and D. Jaffee (1988). Legitimate violence, Violent atitudes, and rape: A test of the cultural spillover theory, in R. A. Prentky and V. L. Quinsey (eds.), *Human sexual aggression: Current perspectives*. New York: New York Academy of Science.

Bartol, Curt R. (1991). *Criminal Behavior: A Psychosocial Approach*. New Jersey: Prentice Hall.

Barton, E. A. (2006). *Bully prevention: Tips and strategies for school leaders and classroom teachers*. Thousand Oaks, California: Corwin press.

Bates, Rodger A. (2012). "Dancing with Wolves: Today's Lone Wolf Terrorists." *Journal of Public and Professional Sociology*, 4(2): 1-15. http://digitalcommons.kennesaw. edu/jpps/vol4/iss1/1.

Batsche, G. M., & Knoff, H. M. (1994). "Bullies and their victims: Understanding a pervasive problem in the schools." *School Psychology Review*, 23(2): 165-174.

Baumeister, R. F., L. Smart, and J. M. Boden (1996). Relationship of threatened egotism to violence and aggression: the dark side of high-esteem, *Psychological Review*, 103. (1): 5-33.

Becker, G. S. (1968). Crime and Punishment: An Economic Approach, *Journal of Political Economic*, No. 77: 169-217.

Berman, Louis (1938). *New Creation in Human Beings*. New York: Doubleday.

Blackburn, Ronald (1993). *The Psychology of Criminal Conduct: Theory, Research and practice*. New York: John wiley and Sons.

參考文獻

Blackburn, Ronald (1996). Mentally Disordered Offenders, in Hollin, C. R. (ed), *Working with Offenders: Psychological Practice in Offender Rehabilitation*. Chichester: Wiley.

Blair, C. D. and R. I. Lanyon (1981). Exhibitionism: An etiology and treatment, *Psychologi- cal Bulletin*, 89: 439-463.

Blumberg, N. H. (1981). Arson Update: A review of the literature on firesetting. *Bulletin of the American Adacemy of Psychiatry and the Law*, 9: 255-265.

Borum, R. (2003). Understanding the terrorist mind-set. *FBI L. Enforcement Bull*, 72: 7.

Borum, R. (2011). Radicalization into violent extremism II: A review of conceptual models and empirical research. *Journal of Strategic Security*, 4: 3.

Brodsky, S. L. (ed.) (1973). *Psychologists in the Criminal Justice System*. Urbana, IL: Uni- versity of Illinois Press.

Brantingham, P. L. & Faust, F. L. (1976). A conceptual model of crime prevention. *Crime and Delinquency*, 22: 284-298.

Brantingham, P. L. (1989). Crime Prevention: The North American Experience, in *The geographic of Crime*, Edited by David J. Evans and David T. Herbert, Published by Routledge.

Brown, B. B., and I. Altman (1981). Territoriality and Residential Crime: A Conceptual Framework, in *Enviornmental Criminology*, edited by P. J. Brantingham and P. L. Brantingham, Beverly Hills, Calif.: Sage.

Brown, Stephen E., Finn-Aage Esbensen and Gillbert Geis (1994). *Criminology: Explain Crime and its context*. Cincinnati OH: Anderson.

Bukoski, William J. (1985). School-Based Substance Abuse Prevention: A Review of Pro- gram Research, *Journal of children in contemporary Society*, 18 (1 & 2): 95-116.

Bumpass, E. R., F. D. Fagelman, and R. J. Rirx (1983). Intervention with children who set fires, *American Journal of Psychotherapy*, 37: 328-345.

Burgess, A. W. & L. L. Holmstrom (1985). The Rape Trauma Syndrome, *American Journal of Psychiatry*, 131: 981-999.

Burgess, Robert L. and Ronald L. Akers (1966). A Differential Association-Reinforcement Theory of Criminal Behavior, *Social Problems*, 14: 128-147.

Carson, Robert C., James N. Butcher, and James C. Coleman (1988). *Abnormal Psychology and Modern Life*. Eight Edition, Harpercollins Publishers.

Charach, A., Pepler, D. & Ziegler, S. (1995). Bullying at school: A Canadian Perspective. *Education Canada*, 35, 12-18.

Charney, F. L. (1979). Inpatient treatment programs, in W. H. Reid (ed.), *the Psychopath: A comprehensive study of antisocial disorders and behaviors*. New York: Brunner/Mazwl.

Christiansen, K. O. (1974). Seriousness of Criminalities and Concordance among Danish Twins, in Roger, Hood (ed.). *Crime, Criminology, and Public Policy*. The Free Press: New York.

Clarke, R. V. (1980). Situational Crime Prevention: Theory and Practice. *British Journal of Criminology*, 20: 136-147.

Clarke, R. (1983). Situational Crime Prevention: Its Theoretical Basis and Practical Scope. *Crime and Justice: An Annual Review of Research*, 4, pp. 3-36.

Clarke, R. V. and Cornish, D. B. (1985), Modeling Offenders' Decision: A Framework for research and policy, in Tonny, M. and Morris, N. (eds.), *Crime and Justice*. An Annual Review of Research Vol. 6. University of Chicago Press.

Clarke, R. and D. Cornish (1985), Modeling Offenders' Decisions: A Framework for Research and Policy, in T. Michael and N. Morris (eds) Crime and Justice. *An Annual Review of Research*, Vol. 6, pp. 147-185. Chicago, IL: The University of Chicago Press.

Clarke, R. V. (1988). Guest Editor's introduction to the special issue on situational prevention, in *Journal of Security Administration*, 11: 4-7.

Clarke, R. V. (1992). *Situational Crime Prevention: Successful Case Studies*. New York: Herrow and Heston.

Clarke, R. V. (1997). Situational Crime Prevention: Successful Case Studies (2nd ed.). New York, NY: Harrow & Heston Publishers.

Clarke, R.V. & Homel, Ross. (1997). A Revised Classification of Situational Crime Prevention Technique, in *Crime Prevention and Crossroads*, ad., Steven Lab, Cincinnati: Anderson: 4.

Clarke, R.V. & Eck, J. (2003). Theory for Practice in situational crime prevention. Classifying common police problems: Aroutine activity approach. Monsey, NY Criminal Justice Press.

Cleckley, H. (1976). *The mask of sanity*. St. Louis: The C. V. Mosby Company.

Cohen, Lawrence E. and Marcus Felson (1979). Social Change and Crime Rate trends: A Routine Activity Approach, *American Sociological Review*, Vol. 44: 588-608.

Cohen, M. L., R. Garafalo, R. Boucher, and T. Seghorn (1971). The psychology of rapists, *Seminars in Psychiatry*, 3: 307-227.

Cohen, L & Felson, M. (1979). Social change and crime rate trends: A routine activity approach. American Sociological Review 44: 588-608.

Cornish, D. & Clarke, R. (eds.) (1986a). *The Reasoning Criminal, Rational Choice Perspectives on Offending*. New York: Springer Verlag.

Cornish, D. & Clarke, R. (1986b). Situational Prevention, Displacement of Crime and Rational Choice Theory, in Kevin Heal and Gloria Laycock (eds) *Situational Crime Prevention. From Theory into Practice*, pp. 1-16. London: HMSO.

Cornish, D. & Clarke, R. (2003). Opportunities, Precipitators Criminal Decisions: A Reply to Worley's Critique of Situational Crime Prevention. in Smith, M. J. & Cornish, D. B. (Eds.), Theory for Practice in Situational Crime Prevention: Crime Prevention Studies (Vol. 16, pp. 41-96). *Monsey*, NY: Criminal Justice Press.

Craft, M. (1976). *Psychopathic disorders*. Oxford Pergamon Press.

Craig, W. M. (1998). "The relationship among bullying, victimization, depression, anxiety, and aggression in elementary school children." *Personality and Individual Differences*, 24, 123-130.

參考文獻

Critchton, R. (1986). The powers of John Barelycorn: Beliefs about the effects of alcohol on social behavior, *American Psychologist*, 41: 751-764.

Dalgaard-Nielsen, A. (2010). Violent Radicalization in Europe: What We Know and What We Do Not Know, Studies in Conflict and Terrorism, 33: 797-814.

Dalton, Katharina (1978). Menstruation and Crime, in Leonard D. Saviz and Norman John- ston, *Crime in society*. New York: John Wildy & Sons.

D'Asaro, B. C. Grossback and C. Nigro (1975). Polyamine Levels in Jail Inmates, *Journal of Orthmlecular Psychiatry*, 4: 149-152.

Day, K. (1993). Crime and mental retardation: a review, in Howells. K. & C. R. Hollin (eds.), *Clinical Approaches to Mentally Disordered Offender*. Chichester: Wiley.

Deloughery, Kathleen, Ryan D. King, and Victor Asal. (2013). "Understanding Lone-actor Terrorism: A Comparative Analysis with Violent Hate Crimes and Group-based Terrorism." Final Report to the Resilient Systems Division, Science and Technology Directorate, U.S. Department of Homeland Security. College Park, MD: START.

Demaray, M. K., & Malecki, C. K. (2003). Perceptions of the frequency and importance of social support by students classified as victims, bullies, and bully/victims in an urban middle school. *School Psychology Review*, 32, 471-489.

Denkowski, G. C. and K. M., Denkowski (1985). The mentally retarded offender in the state prison system: identification, prevalence, adjustment, and rehabilitation, *Criminal Justice and Behavior*, 12: 55-70.

Dollard, J. C., L. Doo, N. Millen et al. (1939). *Frustration and Aggression*. New Haven: Yale University Press.

Ellis, A. (1979). The sex offender, in Hans Toch (eds.), *Psychology of Crime and Criminal Justice*. Waveland Press Inc.

Ellis, L. (1982). Empathy: A factor in antisocial behavior, *Journal of Abnormal Child Psychology*, 2: 123-233.

Ellis, L. (1987). Relationships of criminality and psychpathy with eight other apparent be- havioural manifestations of sub-optimal arousal personality and individual Differences, 8: 905-925.

Epps, Kevin (1996). Sex Offenders, in Hollin, C. R. (ed). *Working with Offenders: Psycho- logical Practice in Offender Rehabilitation*. Chichester: Wiley.

Erikson, E. H. (1968). *Identity, Youth and Crisis*. New York: Norton.

Finkelhor, D. and S. Araji (1986). Explanations of pedophilia: A four factor model, *The Journal of Sex Research*, 22: 145-161.

Fishbein, Diana H. (1990). Biological Perspectives in Criminology, *Criminology*, Vol. 28. Number 1. February.

Fox, James A. and Jack Levin (1985). *Mass Murder*. New York: Plenum Press.

Freud, Sigmund (1963). *An Outline of Psychoanalysis*. trans, James Strachey. New York: Norton.

Furby, L., M. R. Weinrott, and L. Blackshaw (1989). Sex offender recidivism: A review, *Psychological Bullein*, 105: 3-30.

圖解犯罪心理學

Gallagher, B. J. III (1987). *The Sociology of Mental Illness* (2nd ed.). Englewood Cliffs, NJ: Prentice Hall.

Gibbs, J. (1975). *Crime, Punishment and Deterrence*. New York Elsevier.

Glueck, Sheldon and Eleanor Glueck (1950). *Unraveling Juvenile Delinquency*. Cambridge, MA: Harvard University Press.

Goring, Charles (1972). *The English Convict: A Statistical Study, His Majesty's Stationery Office*. London, Reprinted by Patterson Smith. Montclair. N. J.

Groth, A. N. (1979). *Men who rape: The psychology of the offender*. New York: Plenum.

Gunderson, J. (1974). Management of manic States: the problem of firesetting, *Psychiatry*, 37: 137-146.

Halleck, Seymour (1971). *Psychiatry and the Dilemma of Crime*. Berkely, Calif: University of California Press.

Hathaway, Starke (1939). The personality inventory as an ais in the diagnosis of psycho-pathic inferiors, *Journal of Consulting Psychology*, 3: 112-117.

Healy, W. and A. F. Bronner (1936). *New Light on Delinquency and its Treatment*. New Ha- ven, Conn, Yale University Press.

Hearnshaw, L. S. (1964). *A Short History of British Psychology 1884-1940*. London: Methuen.

Heitmeyer, W. (2002). Rechtsextremistische Gewalt. *Internationales Handbuch der Gewaltforschung*, 501-546.

Henn, E. A., M. Herjanic, & R. H. Vander pear (1976). Forensic Psychiatry: Diagnosis of criminal responsibility, *The Journal of Nervous and Mental Disease*, 162, 423-429.

Hickey, Eric W. (1991). *Serial Murders and Their Victims*. Pacific Grove: Brooks/Cde Pub- lishing Company.

Hippchen, L. (1978). *Ecologic Biochemical Approaches to Treatment of Delinquests and Criminals*. New York: Von Nostrand Reinhold.

Hirschi, Travis (1969). *Causes of Delinquency*. Berkely: University of California Press.

Hirschi, T. and M. J. Hindelang (1977). Intelligence and Delinquency: a revisionist review, American Sociological Review, 42: 571-587.

Hollin, Cive R. (1989). *Psychology and Crime: An Introduction to Criminological Psychol-ogy*. New York: Routledge.

Holmes, Ronald M. and James De Burger (1988). *Serial Murder*. Newbury Park, CA: Sage Publications.

Holmes, R. M. & Stephen T. Holmes (1996). *Profiling Violent Crimes: An Investigative Tool*. Thousand Oaks, CA: Sage.

Hoover, J., Oliver, R., & Thomson, K. (1993). Perceived victimization by school bullies: New research and future direction. Journal of Humanistic Education and Development, 32,76-84.

Hunt, D. E. (1990). Drugs and Consensual Crimes: Drug Dealing and Prostitution,in Tonry. M. & J. Q. Wilson (eds.), *Drugs and Crime*. Chicago: University of Chicago Press. Hunter, A. (1978). *Symbols of Incivility*. Paper presented at the annual meeting of the Ameri-can Society of Criminology. Dallas. November.

Hutchings, Barry and Sarnoff A. Mednick (1977). Criminalities in Adoptees and Their Adoptive and Biological Parents: A Pilot Study, in Mednick and Christiasen (eds.), *Biosocial Bases of Criminal Behavior*. Gardner Press, New York.

Irwin, John (1970). *The Felon*. University of California Press.

Jackson, Howard F. (1994). Assessment of Fire-Setters, in Marry Mc Murran & John Hodge (eds.), *The assessment of criminal behaviours of clients in Secure Settings*. Jassia King- sley Publishers.

Jacobs, P. A., M. Brunton, and M. M. Melville (1965). Agressive Behavior: Mental Subnor- mality and The XYY Male. *Nature*, 28: 1351-1352.

Jaffe, J. H., T. F. Babor, and D. H. Fishbein (1988). Alcoholics, Aggression and antisocial behavior, *Journal of Studies on Alcohol*, 49, 211-218.

James, Jennifer (1977). Prostitutes and Prostitution, in Deviants: *Voluntary Actors in a Hostile World* (eds.), Edward Sagarin and Fred Montanino. Morrist own, N. J.: Geneeal Learning Press.

Jeffrey, Clarence R. (1965). Criminal Behavior and Learning Theory, *Journal of Criminal Law, Criminology, and Politics Science*, 56: 294-300.

Jellinek, E. M. (1960). *The disease concept of alcoholism*. New Brunswick, N. J: Center for alcoholic studies.

Kafrey, D. (1980). Playing with matches: Children and fire, in D., Canter (ed.), *Fire and hu- man behavior*. Chicheser, England: Wiley.

Kennedy, R. J. H. (1962). The forms of drinking, in. W. C. Bier (ed.), *Problems in addiction*. New York: Fordham University Press.

Khosrokhavar, F. (2014). Radicalisation. *Éditions de la Maison des sciences de l'homme*.

Knight, R. A. (1988). A taxonomic analysis of child molesters, in R. A. Prentky and V. L. Quinsey (eds.), *Human sexual aggression: Current perspectives*. New York: New York Academy of Science.

Kohlberg, Lawrence (1969). *Stages in the development of Moral Thought and Action*. New York: Holt, Rinehart and Winston.

Kretschmer, Ernest (1925). *Physique and Character*. English translation of second edition by W. J. H. Sprott. London.

Lab, Steven P. (1992). *Crime Prevention: Approaches, Practice and Evaluations*. Second Edition. Anderson Publishing Co.

Lambert, N. M. (1988). Adolescent outcomes for hyperactive children: perspectives on gen- eral and specific patterns of childhood risk for adolescent educational, social and men- tal health problems. *American Psychologist*, 43, 786-799.

Lawson, W. K. (1984). Depression and crime: a discursive approach, in M Craft and A. Craft (eds.), *Mentally Abnormal Offenders*. London: Bailliere Tindall.

Lejins, Peter. (1967). The Field of Prevention, in Amos, W. and Wellford, C.(Eds.), Delinquency Prevention: Theory and Practive, Englewood Cliffs, New Jersey: Prentice-Hall.

Lewis C. E., L. Robins, and J. Rice (1985). Association of alcoholism with antisocial personality in urban men, *J. Nerv. Ment Dis.*, 173(3): 166-174.

Loeber, R., & Dishion, T. J. (1984). Boys who fight at home and school: Family conditions influencing cross-setting consistency. *Journal of Consulting and Clinical Psychology*, 52, 759-768.

Lombroso, C. and W. Ferrero (1968). *The Female Offender*. New York: Philosophical Library.

Lonsdale, D. and S. P. Shamberger (1980). Red cell transketolase as an indicator of nutritional deficiency, *American Journal of Clinical Nutrition*, 33: 205-211.

Luckenbill, David F. (1977). Criminal Homicides as a Situated Transaction. *Social Problems*, 25: 176-186.

Lunde, D. T. (1976). *Murder and Madness*. San Francisco: San Francisco Book Co.

Mark. Hamm and Ramon Spaaij. (2015). Lone Wolf Terrorism in America: Using Knowledge of Radicalization Pathways to Forge Prevention Strategies. Final Report, U.S. Department of Justice.

Maurer, David W. (1940). *The Big Con: The Story of the Confidence Men and the Confidence Game*. Indianapolis: Bobbs-Merrill.

Megargee, E. (1966). Undercontrolled and Overxontrolled Personality Types in Extreme Antisocial Aggression. Psychological Monographs: General and Applied, 80, 1-29.

McCord, William and Joan McCord (1964). *The psychopath: An essay on the criminal mind*. New York: Van Norsand Reinhold.

McMurran, Marry (1996). Alcohol. Drugs and Criminal Behavior, in Hollin. C. R. (ed.), *Working with Offenders: Psychological Practice in Offender Rehabilitation*. Chichester: Wiley.

Mednick, Sarbiff A. et al. (1982). Biology and Violence, in Marvin E. Wolfgang and Neil Alan Weiner (eds.), *Criminal Violence*. Sage, Beverly Hills. Cal.

Messner, Steven F. (1989). Economic Discriminalization and Societal Homicide Rates: Fur-ther Evidence of the Cost of Inequality. *American sociological Review*, 54: 579-611.

Messner, Steven F. & Kenneth Tardiff (1986). Economic Inequality and Levels of Homicide: An Analysis of Urban Neighborhoods, *Criminology*, 214: 297-317.

McCAULEY, C. & Moskalenko S. (2008). Mechanisms of Political Radicalization: Pathways Toward Terrorism. *Terrorism and Political Violence*, 20: 415-433.

Moghaddam, F. M. (2005). The Staircase to Terrorism: A Psychological Exploration. *American Psychologist*, 60(2), 161-169.

Moran, R. (1978). Biomedical research and the politics of crime control: A historical perspective, *Contemporary Crisis*, 2: 335-357.

Morton, J. H., R. G. Addition., L. Hunt and J. J. Sullivan (1953). A Clinical Study of Premenstrual Tension, *American Journal of Obstetrica and Gynecology*, 65: 1182-1191.

Mungas, D. (1983). An empirical analysis of specific syndromes of violent behavior, *Journal of Nervous and Mental Disease*, 171, 354-361.

Muro, D. (2016). What does Radicalisation Look Like? Four Visualisations of Socialisation into Violent Extremism, *Notes Internacionals*, 163.

National Fire Protection Association (1981). *Uniform Coding for Fir Protection*. NFPA. MA.

Nansel, T. R., Overpeck, M., Pilla, R. S., Ruan, W. J., Simons-Morton, B. & Scheidt, P. (2001). Bullying behaviors among US youth: Prevalence and association with psychosocial adjustment. *Journal of the American Medical Association*, 285, 2094-2100.

Nansel, T. R., Craig,W., Overpeck, M. D., Saluja, G., Ruan, W. J., & the Health Behavior in School-Aged Children Bullying Analyses Working Group. (2004). Cross-national consistency in the relationship between bullying behaviors and psychosocial adjustment. Archives of Pediatrics & Adolescent Medicine, 158, 730-736.

Newman, O. (1972). *Defensible Space: Crime Prevention through Urban Design*. New York: Macmillan.

Olweus, D. (1973). Personality and aggression. In J. K. Coie & D. D. Jensen (Eds.), Nebraska Symposium on Motivation. Lincoln: University of Nebraska Press, pp. 261-321.

Olweus, D. (1978). Aggression in the Schools: Bullies and Whipping Boys. New York: Wiley.

Olweus, D. (1984). Aggressors and their victims: Bullying at school. In N. Frude & H. Gault (Eds.), *Disruptive Behavior Disorders in Schools* (pp. 57-76). New York: Wiley.

Pallone, Nathaniel J. and James J. Hennessy (1992). *Criminal Behavior: A process Psychol- ogy Aanalysis*. New Brunswick, NJ: Transaction Publishers.

Piaget, J. (1932). *The Moral Judgement of the Child*. London: Kegan Paul.

Prentky, Robert (1995). A Rationale for the Treatment of Sex Offenders: Pro Bono Publico, in J. McGuire (ed.), *What Works: Reducing Reoffending-Guidelines from Research and Practice*. John Wiley & Sons.

Rabin, Albert I. (1979). The antisocial personality-psychopathy and Sociopathy, in *Psychol- ogy of Crime and Criminal Justice*, Edited by Hans Toch. Waveland Press. Inc.

Rain, A. (1993). *The Psychopathology of Crime*. Academic Press Inc. San Diego.

Riedel, M. Field (1991). *Stranger Violence: A theorical Inquire*. Manuscript.

Robins, L. N. et al. (1984). Lifetime prevalence of specific Psychiatric disorders in three Sites. *Arch. Gen. Psych.*, 41, 949-958,

Rojek, D. G. and J. L.William (1993). Interracial Vs. Intraracial Offenders in Terms of the Victim/Offender Relationship, in A. V. Wilson, *Homicide: the Victiml Offender Connection*. Anderson Publishing Co. Cincinnati. OH.

Ross, R. R. and E. A. Fabiano (1985). *Time to think: A Cognitive Model of Delinquency Prevention and Offender Rehabilitation*. Johnson City, Tenn: Institute of Social Sciences and Arts.

Roth, Jeffrey A. (1994). *Psychoactive Substances and Violence*. National Institute of Justice, Research in Brief. Washington. D. C.: United States Department of Justice. February.

Rowe, David and D. Wayne Osgood (1984). Heredity and Sociological Theories of Delinquency: A Reconsideration, *American Sociological Review*, 49: 526-540.

Santamour, Miles and Bernadette West (1977). *The Mentally Retarded Offender and Corrections*. Washington. D. C.: Government Printing Office.

Santtila, Pekka and Jaana Haapasalo (1997). Neurological and Psychological Risk Factors Among Young Homicidal, Violent, and Nonviolent Offenders in Finland. *Homicide Studies*, Vol. 1, No. 3, August, 234-253.

Schlapp, Max G. and Edward H. Smith (1928). *The New Criminology*. New York: Boni & Liveright.

Schmid, A. P. (2013). Radicalisation, De-Radicalisation, Counter-Radicalisation: A Conceptual Discussion and Literature Review. *International Centre for Counter-Terrorism – The Hague*.

Scully, D. (1990). *Understanding Sexual Violence: a Study of Convicted Rapists*. Boston: Unwin Hyman.

Sellin, Thorsten and Marvin Wolfgang (1964). *The Measurement of Delinquency*. New York: Wiley.

Shah, S. A. and L. H. Roth (1974). Biological and Psychological factors in Criminalities, in D. Glasser (ed.), *Handbook of Criminology*. Chicago: Rand McNally.

Shapiro, A. (1969). Delinquent and disturbed behavior within the field of mental deficiency, in A. V. S. De Rueck and R. Porter (eds.), *The Mentally Aboral Offender*. London: J. & A. Churchill.

Sheldon, William H. (1949). *The Varieties of Delinquent Youth: An Introduction to Constitu- tional Psychiatry*. New York: Harper & Bros.

Siegel, Larry J. (2006). *Criminology*. Six Edition. West Publishing Company.

Siegel, Larry J. and J. Senna (1991). *Juvenile Delinquency: Theory, Practice, and Law. Fourth Edition*. West Publishing Co.

Skinner, B. F. (1938). *The Behavior of Organisms*. New York: Appleton-Century-Crofts.

Skinner, B. F. (1953). *Science and Human Behavior*. New York: Macmillan.

Skogan, Wesley G. (1990). *Disorder and Decline-Crime and the Spiral of Decay in American Neighborhoods*. New York: Free Press.

Snow, C. P. (1961). *Either-or. Prfressive*, 25: 24-25.

Sobol, J. J. (1995). *Victim characteristics and behavioral attributes in criminal homicide: A case study in Buffalo, 1922-1993*. Paper presented at the annual meeting of the Ameri- can Society of Criminology. Boston.

Stitt, B. Grant and David J. Giacopassi (1992). Trends in the connectivity of theory and research in Criminology. *The criminologist*, 17: 1, 3-6.

Sutherland, Edwin H. (1937). *The Professional Thief*. Chicago: University of Chicago Press. Sutherland, Edwin H. (1939). *Principles of Criminology*. Third Edition. Philadelphia: J. B. Lippincott.

参考文獻

圖解犯罪心理學

Sutherland, Edwin H. (1947). *Principles of Criminology*. Fourth Edition. Philadelphia: J. B. Lippincott.

Sutherland, Edwin H. and Donald R. Cressey (1992). *Principles of Criminology*. Eleventh Edition. Dix Hills, NY: General Hall.

Sutker, P. B., R. P. Archer, and D. G. Kilpatrick (1979). Sociopathy and antisocial behavior: Theory and Treatment, in Turner. S. M., K. S. Calhoun, and H. E. Adams (eds.), *Handbook of clinical behavior therapy*. New York: Wiley.

Taylor, Ralph B. and Stephen Gottfredson (1986). Environmental Design,Crime, and Prevention: An Examination of Community Dynamics, in *Community and Crime*, Edited by Albert J. Resii. Jr., and Michael Tonry. The University of Chicago Press.

Thomas, Charles W. and John R. Hepbur (1983). *Crime, Criminal Law and Criminolgy*. Dubuque, Iowa: WM. C. Brown Company Publishers.

Toch, Hans (1986). *Psychology of crime and criminal justice*. Illinois: Waveland Press.

Tomasina, M. The Radicalization Milieu: Pathways and Trajectories in Violent Extremism. From: https://www.ictyn.org/index.php/publications/online-content/172-radicalisation-and-violent-extremism/574-the-radicalization-milieu-pathways-and-trajectories-in-violent-extremism.

Transnational Institute (2011). Legal Highs, The Challenge of New Psychoactive Substances. *Series on Legislative Reform of Drug Policies*, No. 16.

U. S. Deartmentt of Justice (1988). *Report to the nation on crime and justice*. Washington. D.C.: U.S. Department of Justice.

UNODC (2013). New Psychoactive Substances, World Drug Campaign, https://www.unodc.org/documents/drugs/printmaterials2013/NPS_leaflet; http://www.emcdda.eu/publications/2015/new-psychoactive-substances /WDC13_NPS_leaflet_EN_LORES.pdf.

UNODC (2016), Council Decision 2005/387/JHA).

UNODC (2018). New Psychoactive Substances：Legal Responses, from the World Wide Web: https://www.unodc.org/LSS/Page/NPS/LegalResponses.

Vold, George B. and Thomas J. Bernard (1986). *Theoretical Criminology*. Third Edition. Revised by Thomas J. Bernard. New York: Oxford University Press.

Vreeland, R. G. and B. M. Levin (1980). Psychological aspects of firesetting, in D. Caner (ed.), *Fires and Human Behavior*. Chichester. England Wiley.

Waldo, Gordon and Simon Dinitz (1967). Personality Attributes of the Criminal: An Analy- sis of Research Studies. 1950-1965, *Journal of Research in Crime and Delinquency*, 4: 185-202.

Walker, N. (1965). *Crime and Punishment in Great Britain*. Edinburgh: Edinburgh University Press.

Walker, Samuel (1989). *Sense and Nonsense about crime*. California: Brooks/Cole.

Wallace, A. (1986). *Homicide: The Social Reality*. Sydney: Bureau of Research and Criminal Statistics of New South Wales.

Walters, G. D. (1990). *The criminal lifestyle: patterns of serious Criminal conduct*. Newbury Park. Calif.: Sage Publications.

West, D. J. (1965). *Murder followed by Suicide*. London: Heinemann.

West, D. J. (1988). Psychological Contributions to Criminology, *British Journal of Criminology*, 28(2), Spring.

West, D. J. and D. P. Farrinngton (1973). *Who Becomes Delinquent?* London: Heinemann Educational.

WHO (2011). Global Status Report on Alcohol and Health. Geneva: WHO.

Wikstrom, P. H. (1991). Cross-national comparisons and context specific trends in Criminal Homicide, *Journal of Crime and Justice*, 1, 71-96.

Williams, D. (1969). Neural Factors Related to Habitual Agression-Consideration of Differences Between Habitual Aggressives and Others who Have Committed Crimes of Violence. *Brain*, 92: 503-520.

Williams, K. R. and M. A. Straus (1985). *Justifiable and Criminal Homicide Family Members, Acquaintances, and Strangers: Regional Cultural, and Environmental Factors*. Washington. DC. National Institute of Justice.

Winick, Charles (1979). The alcohol offender, in Hans Toch (eds.), *Psychology of Crime and Criminal Justice*. Waveland Press Inc.

Witkin, H. A. (1978). XYY and Criminality, in L. D. Savitz and N. Johnston. *Crime in Society*. John Wiley & Sons. Ins.

Wolfgang, Marvin E. (1958). *Patterns in Criminal Homicide*. New York: Wiley.

Wolfgang, Marvin E. (1966). Criminal Homicide and the Subculture of Violence, in Marvin Wolfgang (ed.), *Study in Homicide*, pp. 3-11. New York: Harper and Row.

Wolfgang, M. E. and F. Ferracuti (1967). *The Subculture of violence*. Beverly Hills: Sage.

Wolford, M. R. (1972). Some attitudinal. Psychological and sociological characteristics of incarcerated arsonists, *Fire and Arson Investigator*, 1, 8-13.

Woodward, M. (1955). The role of low intelligence in delinquency, *British Journal of Delinquency*, 6: 281-303.

World Health Organization (1964). *WHO Expert Committee on Addiction Producing Drugs: 13th Peport*. # 23. Geneva: author.

World Health Organization (1977). *International Classification of Diseases*. Ninth Revision. WHO.

Yochelson, S and S. E. Samenow (1976). *The Criminal Personality*, Vol. 1: A Profile for Change. New York: Jason Aronsen.

Zahn, Margaret A. (1990). Intervention Strategies to Reduce Homicide, in Weiner. Neil Alan. Margaret A. Zahn. and Rita J. Sagi (eds.), *Violence: Patterns, Causes, and Public Policy*. Harcort Brace Javanovich. Inc.

Zimring, Franklin E. and Gordon Hawkins (1997). *Crime is not the Problem-Lethal Violence in American*. New York: Oxford.

Zuriff, G. E. (1985). *Behaviorism: A Conceptual Reconstruction*. New York: Columbia University Press.

參考文獻

三、網路資料

www.womenclinic.com .tw/book09-8.htm

http://www.hercafe.com.tw/hertalk/womanwoman/papers/0011.htm

www.buddhanet.com.tw

http://www.phpb.gov.tw/mk/html/c-c4-c7.htm

http://www.gio.gov.tw/info/publish/2000adv/921113.htm

http://ksbo.kmph.gov.tw/ksbo_page_16.htm

https://www.165.gov.tw/list_fraud.aspx?page=1

https://www.165.gov.tw/news.aspx?id=1298

https://www.165.gov.tw/fraud.aspx?id=242/243/244

Australian Institute of Criminology (2008). Drug Use Monitoring in Australia: 2007 annual report on drug use among police detainees. Retrieved April 22, 2009, from: http://www.aic.gov.au/publications/rpp/93/

https://www.muckrock.com/news/archives/2017/may/08/fbi-cve

https://www.cw.com.tw/article/article.action?id=5076892

國家圖書館出版品預行編目資料

圖解犯罪心理學 / 楊士隆著.
--二版. --臺北市：五南圖書出版股份有限公司，
　　2021.08
　　　　面；　公分.
ISBN 978-986-522-804-0 (平裝)
1.犯罪心理學
548.52　　　　　　　　　　110007703

1QKB

圖解犯罪心理學

作　　者 ― 楊士隆(312)

發 行 人 ― 楊榮川

總 經 理 ― 楊士清

總 編 輯 ― 楊秀麗

副總編輯 ― 劉靜芬

責任編輯 ― 呂伊真、黃麗玟

封面設計 ― 姚孝慈

出 版 者 ― 五南圖書出版股份有限公司

地　　址：106 台北市大安區和平東路二段339號4樓

電　　話：(02)2705-5066　傳　　真：(02)2706-6100

網　　址：https://www.wunan.com.tw

電子郵件：wunan@wunan.com.tw

劃撥帳號：01068953

戶　　名：五南圖書出版股份有限公司

法律顧問　林勝安律師事務所　林勝安律師

出版日期　2020 年 10 月初版一刷
　　　　　2021 年　8 月二版一刷
　　　　　2024 年　5 月二版二刷

定　　價　新臺幣 380 元